BAEDEKER SMART

W0468932

PROVENCE

Perfekte Tage mit dem Duft von Lavendel

Verlag Karl Baedeker – www.baedeker.com

Inhalt

Kapiteleinteilung: siehe vordere Umschlaginnenseite

TOP 10

Nicht verpassen! Unsere Hitliste hilft Ihnen, die wichtigsten Reiseziele, von der absoluten Nummer eins bis zur Nummer zehn, einzuplanen.

1 MARSEILLE ► 98
Die lebendige, multinationale Stadt hat viel zu bieten. Neues architektonisches Aushängeschild ist das Museum der Zivilisationen Europas und des Mittelmeers (Mucem).

2 MONACO ► 44
Der Nobelort atmet Reichtum und Exklusivität. Der Prachtbau des Casinos von Charles Garnier steht für den Luxus an der Côte d'Azur.

3 NICE ► 47
Das malerisch an der Riviera gelegene Nizza ist italienisch geprägt. Flaneure schätzen die Promenade. Henri Matisse ist nur einer der vielen Künstler, die sich an der Promenade des Anglais niederließen.

4 AIX-EN-PROVENCE ► 101
Universität, Märkte und Festspiele sorgen das ganze Jahr über für Trubel. Der Cours Mirabeau im Herzen der Stadt gehört mit seinen Cafés und prachtvollen Hausfassaden zu den schönsten Straßen der Welt.

5 SAINT-TROPEZ ► 72
Stars und Sternchen machen den Ort mit seinem Hafen und seinen Stränden jeden Sommer zum Tummelplatz des Jetsets. Erst im Herbst und Winter findet das Städtchen seine Ruhe wieder.

6 LES CALANQUES ► 103
Die Felsenküste zwischen Marseille und Cassis ist ein Paradies für Wanderer, die atemberaubende und geschützte Landschaften direkt am Meer entdecken wollen (Abb. links).

7 AVIGNON ► 148
Die Festungsmauer aus dem Mittelalter ist noch erhalten. Mitten in der Stadt kündet der Papstpalast von einstiger großer Macht.

8 FONDATION MAEGHT ► 51
Marguerite und Aimé Maeght gehörten 1964 zu den ersten Privatleuten, die in Südfrankreich ein Kunstmuseum für die eigene Sammlung erbauen ließen. Sie birgt Spitzenwerke von Joan Miró, Alberto Giacometti und Marc Chagall.

9 LUBERON ► 154
Rund um Apt bietet die Provence wahre Postkartenansichten: Lavendelfelder, Olivenhaine, Schlösser, Schluchten, fruchtbare Täler und kaum bewachsene Hochebenen.

10 CAMARGUE ► 120
Rosarote Flamingos, weiße Pferde und schwarze Stiere sind zwischen Meer und Binnenseen, Salzgärten und Reisfeldern die Hauptdarsteller im Delta der Rhône.

DAS PROVENCE

Erleben, was die Provence ausmacht, ihr einzigartiges Flair spüren. So, wie die Einheimischen selbst.

EINKAUFEN AUF DEM MARKT

Auf den Märkten der Provence gibt es nichts, was es nicht gibt. Schnuppern Sie an frischem Gemüse oder reifen Früchten, würzigem Käse, herzhaften Kräutern oder frischem Fisch in Cannes (Marché Forville, ➤ 59), in der Altstadt von Nizza (➤ 47), auf den Plätzen von Aix-en-Provence (➤ 101) oder am Alten Hafen, dem Vieux-Port, von Marseille (➤ 98).

GEFÜHL

BADEN IN DER GROSSSTADT
Gut 10 km lang ist der Strand an der Promenade des Anglais in Nizza (➤ 47); neben Kieseln und Sand gibt es sogar Grünflächen an der Corniche von Marseille (➤ 98). Da findet sich selbst im Hochsommer ein Plätzchen für ein erfrischendes Bad im Meer. Und wer das Salz auf der Haut nicht mag: Auch die meisten öffentlichen Strände verfügen mittlerweile über Duschen.

WANDERN AN DER KÜSTE
Die alten Zöllnerpfade feiern eine Renaissance und führen auf Schritt und Tritt direkt am Meer entlang. Einer der schönsten Küstenwanderwege *(sentier littoral)* zieht sich auf der Halbinsel von Saint-Tropez (➤ 72) von L'Escalet zum Cap Lardier. Dort findet man selbst im Hochsommer einsame Buchten zum Baden.

PÉTANQUE SPIELEN
Für den französischen Volkssport Pétanque tut es auch ein einfacher Schotterplatz. Auf der Place des Lices in Saint-Tropez (➤ 72) versu-

Alle frischen Zutaten für die Bouillabaisse erhält man auf dem Markt.

chen zuweilen die Film- und Popstars, die Kugel möglichst nah an das kleine Schweinchen *(cochonnet)* zu legen. Marseille richtet Anfang Juli mit dem Mondial La Marseillaise à Pétanque das weltweit größte der für alle offenen Turniere aus.

RADELN AUF DER INSEL

Es fahren nur ganz wenige Autos auf der Île de Porquerolles vor Hyères (➤ 76). Mieten Sie sich ein Fahrrad und strampeln Sie auf den Wegen des Eilands. Sie werden auf der Fahrt atemberaubende Landschaften mit Felsklippen, aber auch traumhaft stille Buchten zum Baden entdecken.

LICHT FÜR MODERNE KUNST

Paul Cézanne hat Ende des 19. Jahrhunderts in Aix-en-Provence mit dem Licht der Provence das Zeitalter der modernen Kunst eingeläutet. Seine illustren Kollegen wie Vincent van Gogh, Pablo Picasso, Nicolas de Staël, Henri Matisse und Marc Chagall haben in Arles, Mougins, Antibes, Nizza oder St-Paul-de-Vence das Werk weitergeführt und schließlich zeitgenössischen Künstlern wie Yves Klein, César und Ben Vautier den Weg geebnet.

FRÜHSTÜCK IM GARTEN

Es muss nicht immer der große Luxus sein. Herrlich schläft es sich in kleineren Häusern wie der Villa Rivoli in Nizza (➤ 63). Sie liegt nur ein paar Schritte von der Promenade des Anglais entfernt. Das Frühstück wird bei schönem Wetter im kleinen Garten des Hauses serviert, das in der Belle Époque erbaut wurde.

SPEISEN DIREKT AM MEER

Meeresrauschen ist die Begleitung bei einem Mittagessen, vielleicht einer Bouillabaisse, oder einem Diner, das man in Marseille direkt am Wasser einnehmen kann. Das Strandlokal und Drei-Sterne-Restaurant Le Petit Nice (➤ 111) bietet neben exquisiter Küche auch Gelegenheit zum Sonnenbad auf der Terrasse – mitten in der Großstadt.

Pétanquespieler trifft man immer wieder auf den Plätzen in provenzalischen Orten

Das Magazin

PROVENZALISCHE Kultur

Die Provence ist berühmt für mildes Klima und eine schöne Landschaft, für gute Küche und edles Parfüm, aber auch für eine eigene Tradition in Sprache, Literatur und Brauchtum.

Einst durchzog eine Sprachgrenze Frankreich: Im Norden sprach man die *Langue d'Oil* (Französisch), im Süden die *Langue d'Oc* (Okzitanisch), wozu auch das Provenzalische gehört. Seine literarische Blüte erlebte das südliche Idiom vom 11. bis 13. Jahrhundert mit der altokzitanischen Troubadour-Dichtung. Danach schwand seine Bedeutung zusehends. Der Dichter Frédéric Mistral gründete 1854 die literarische Gesellschaft »Félibrige«, um darüber Sprache und kulturelle Identität seiner provenzalischen Heimat zu bewahren. Echtes Provenzalisch hört man heute am ehesten im Département Bouches-du-Rhône – um Arles, Glanum und Les Baux – sowie in Monaco, Menton und Nizza – als Monégasque, Menton-

Links: Daudets Mühle nahe Fontvieille

nais und Nissart. Frédéric Mistral wurde für sein bekanntestes Werk, das auf Provenzalisch verfasste Versepos *Mirèio,* 1904 mit dem Literaturnobelpreis ausgezeichnet. Aus der Provence stammen auch seine berühmten Autorenkollegen Henri Bosco, Alphonse Daudet, Jean Giono und Marcel Pagnol. Pagnol wurde in Deutschland durch seine Autobiografie *Marcel. Eine Kindheit in der Provence* (1961) bekannt. In seinem Heimatort Aubagne ist eine Erinnerungsstätte eingerichtet, deren Besuch ebenso lohnt wie der des ehemaligen Wohnhauses von Giono *(Der Husar auf dem Dach,* 1955) in Manosque. In Fontvieille kann man die Mühle besichtigen, wo Daudet angeblich seine berühmten *Lettres de mon Moulin (Briefe aus meiner Mühle,* 1866) niederschrieb.

Trachtentreiben

Das Leben in der Provence ist intensiv mit altem Brauchtum verbunden, besonders in der Adventszeit, wenn *santons* (Krippenfiguren, ➤ 65, 113), *pastorales* (weihnachtliche Singspiele auf Provenzalisch), Volkstänze und Noëls (provenzalische Weihnachtslieder) im Vordergrund stehen. Das ganze Jahr über findet man Märkte und Veranstaltungen, bei denen oft traditionelle Tracht getragen wird. Die schönsten

Arlesianer Trachten bei einer Prozession und bei der Fête des Gardians

Trachten tragen die Frauen von Arles: fein gearbeitete Spitzenblusen und -überkragen, oft kombiniert mit Kleidern aus bunt gemusterten Stoffen, reich bestickte, *fichus* genannte Samtkappen und Schmuck.

Provenzalisch heute

Das Provenzalische erlebt derzeit ein Comeback: Es wird wieder an Schulen und Universitäten unterrichtet, und es gibt Überlegungen, es neben Französisch als zweite Amtssprache einzuführen. Straßen- und Hinweisschilder in der Provence sind schon oft in beiden Sprachen gehalten, und ein TV-Sender in Nizza strahlt sein Programm in Nissart (der örtlichen Dialektvariante des Provenzalischen) aus, mit französischen Untertiteln.

Ungebrochen ist die regionale Tradition ohnehin auf kulinarischer Ebene, was sich im breiten Angebot typischer Gerichte wie Bouillabaisse, Tapenade und Ratatouille äußert.

In Arles und der benachbarten Camargue frönt man seit einiger Zeit auch wieder dem *cours camarguais*, der regionaltypischen Form des Stierkampfs. Im Amphitheater von Nîmes dagegen finden noch Stierkämpfe in der verbreiteten Form statt.

Auch Mode aus der Provence macht auf den Laufstegen dieser Welt von sich reden. Pionier war der 1951 in Arles geborene Modeschöpfer Christian Lacroix, der das Haus, das seinen Namen trägt, 2009 allerdings verlassen hat. Heute ist er als Designer für Bühnenkostüme und Firmenuniformen aktiv, er hat die Innengestaltung der Hochgeschwindigkeitszüge übernommen sowie Straßenbahnen in Montpellier gestaltet. Aktuelles Modezentrum in der Provence ist Marseille mit Marken wie Le Marseillais, Pomponette, Madame Zaza of Marseille, Kulte, Pain de Sucre oder Créatis.

Typisch für die traditionellen provenzalischen Stoffe sind die pastelligen Farben

So spielt man PÉTANQUE

Die Sportart Boule assoziiert man mit Frankreich. Das Spiel wurde 1910 in La Ciotat nahe Marseille erfunden, unter dem Namen Pétanque. Ein gutes Maß an Strategie und Präzision ist erforderlich, um die schweren Metallkugeln so nah wie möglich bei dem *cochonnet* genannten kleinen Holzball zu platzieren. Die Bezeichnung Pétanque leitet sich von *pieds tanqués* (fixierte Füße) ab, denn die Füße eines Spielers müssen innerhalb eines Kreises verharren, wenn er seine Kugel wirft. Gespielt wird auf planiertem Sand oder Kies, und die Mehrzahl der Gemeinden verfügt über ein *terrain de pétanque* oder Boulodrome – gewöhnlich auf dem Hauptplatz oder vor einem Café.

Pétanque folgt strengen Regeln: Die Spieler werfen abwechselnd ihre *boules* auf die Bahn, entweder um die beste Position nahe dem *cochonnet* zu erobern oder um gegnerische Kugeln aus dem Feld zu schießen. Wessen Kugel nach einem Durchgang dem Holzbällchen am nächsten ist, gewinnt einen Punkt. Ein komplettes Spiel endet meist mit 13 Punkten.

Boule bzw. Pétanque ist Frankreichs beliebteste Sportart, und neben 17 Millionen Franzosen begeistert es inzwischen Menschen in über 50 Ländern. Wenn Sie mehr darüber wissen möchten, schauen Sie doch mal auf www.petanque-dpv.de oder www.ffpjp.info.

PANORAMABLICKE

Unberührte Sümpfe in der Camargue, anmutige Buchten an der Riviera, schneebedeckte Gipfel in den Alpes-Maritimes: Angesichts dieser Attraktivität und großen Vielfalt lohnt es sich, durch die Landschaften zu streifen.

Frühestes und bis heute beliebtestes Reiseziel in der Provence ist die Riviera. Von der mondänen Côte d'Azur mit ihren Bars und Restaurants bis zu den versteckten kleinen Buchten bei Esterel entfaltet sich hier eine abwechslungsreiche Meeresküste vor dem Panorama wildromantischer Klippen und dem Grün von Fichten, Pinien und Buschwerk. Einige der schönsten Aussichten auf diese grandiose, teils noch recht unberührte Landschaft »erfährt« man über die kühnen Serpentinen der Corniche de l'Esterel (► 81) zwischen St-Raphaël und Théoule-sur-Mer.

Wilder Westen

Weiter im Westen locken die 2012 zum Nationalpark erklärten fjordartigen Calanques (► 103) mit weißen Felsen, die schwindelerregend steil aus dem türkisfarbenen Wasser emporsteigen – am besten lassen sie sich per Boot erkunden, etwa von Cassis (► 109) aus, oder auf schmalen Fußpfaden über die Klippen. Die Camargue (► 120) zählt zu Europas bedeutendsten Feuchtgebieten – ein wildes Ensemble brackiger Lagunen, endloser Reisfelder, Sanddünen und Salzmarschen, wo sich weiße Wildpferde, schwarze Rinder, rosa Flamingos und exotische Wasservögel tummeln.

Landeinwärts

Angesichts jener überwältigenden Vielfalt kommen manche Urlauber gar nicht auf die Idee, der Küste einmal den Rücken zu kehren und sich landeinwärts zu begeben, obwohl das Hinterland mit seinen Hügeln, Wäldern, Bergen und Schluchten wunderschön ist.

Jenseits ausgetretener Pfade stößt man hier auf sonnenüberglänzte kleine Weingärten, mit rotem Mohn gesprenkelte Wiesen, Olivenhaine und Lavendelfelder, auf denen sich die Pflanzenbahnen wie hellvioletter Cordsamt bis zum Horizont erstrecken – man erlebt den echten Zauber der Provence. Streift man durch die *garrigue,* das weitläufige Land mit Büschen und Macchie, begegnet man zugleich der Küche der Region, mit dem Duft all der Wildkräuter, der Herbes de Provence: Basilikum, Rosmarin, Majoran, Estragon und Thymian. Ein Paradies für Wanderer sind die Wege durch die hellen Kalkfelsen der Châine des Alpilles.

Naturparks

Die Provence beherbergt allein vier Nationalparks *(parc national)* mit der Insel Port-Cros (1963), den Gebirgszügen der Ecrins (1973) und des Mercantour (1979) sowie den Calanques zwischen Marseille und Cassis (2012). Sie alle stehen unter besonderem Schutz des Staates.

Lohnende Ausflugsziele sind darüber hinaus die weitgehend geschützten Landschaften in den regionalen Naturparks *(parc naturel régional)* in der Camargue (1970; ➤ 120), im Luberon (1977; ➤ 154), im Verdon (1887; ➤ 78), in den Alpilles (2007; ➤ 135) und den Préalpes d'Azur nahe Vence und Grasse (2012; ➤ 58).

Abenteuerlich winden sich die Straßen durch das provenzalische Hügelland

Maler in der Provence

Die Landschaft der Provence hat unzählige Facetten. Ihr magisches Licht zog Generationen von Künstlern in ihren Bann. Vor allem im späten 19. und frühen 20. Jahrhundert besuchten viele französische Maler die Region. Einige ließen sich hier sogar dauerhaft nieder.

Paul Cézanne (1839–1906)

Der Bankierssohn aus Aix-en-Provence verbrachte fast sein ganzes Leben in dieser Gegend. Ihre zerklüftete Kalksteinlandschaft hielt er in zahlreichen Bildern fest. Das Lieblingsmotiv des Freilichtmalers war die Montagne Ste-Victoire (► 104), die er mehr als 60-mal aus allen Perspektiven und zu allen Tageszeiten auf die Leinwand bannte, so auf den Gemälden der *Montagne Sainte-Victoire* und der *Paysage* (Landschaft) um Aix. Seine Heimatstadt hat ihm zu Ehren einen Parcours angelegt, der durch kleine Bronzeplaketten im Pflaster markiert ist. Dieser Weg führt auch zu dem Haus, in dem er die letzten sieben Lebensjahre verbrachte (9, avenue

Das Musée Renoir bei Cagnes-sur-Mer (links) und das Café la Nuit in Arles (oben)

Paul-Cézanne, Tel. 04 42 21 06 53, ► 102). Beim Blick auf die hier bewahrten unvollendeten Bilder, die Paletten und seinen alten schwarzen Hut hat man den Eindruck, als habe der Maler das Atelier eben erst verlassen.

Pierre Auguste Renoir (1841–1919)

Der Faszination des provenzalischen Lichts erlag auch der Impressionist Renoir, der ab 1903 zunächst in Haut-de-Cagnes lebte und sich 1907 in Cagnes-sur-Mer in seinem großzügigen Altersdomizil »Les Collettes« niederließ. Dort saß er im Schatten hundertjähriger Olivenbäume stundenlang im Rollstuhl vor der Staffelei und malte, die Pinsel an die arthritischen Finger gebunden. Seine ehemalige Villa beherbergt heute das Musée Renoir (► 60), dessen Einrichtung im Original erhalten ist. Neben Gemälden, Zeichnungen und Skulpturen finden sich hier auch Paletten und andere Utensilien.

Vincent van Gogh (1853–1890)

Der Niederländer zog 1888 nach Arles, denn seiner Auffassung nach lag »alle Zukunft der Kunst im Süden«. Dort wohnte er zunächst mit dem Künstler Paul Gauguin in dem »Gelben Haus«, das sich auf Werken ins Bild gebannt wiederfindet. Die intensiven Farben und das Licht, das in der Provence herrscht, regten den Künstler zu Hunderten von Gemälden an, unter anderem zu den berühmten *Sonnenblumen* und zum *Café de Nuit* (Nachtcafé). Nach einem Streit mit Gauguin – bis heute ist ungeklärt, ob

van Gogh sich selbst ins Ohr schnitt oder von seinem Freund verletzt wurde – zog er sich 1889 in das Sanatorium von Arles zurück (➤ 124, 136). Der Innenhof des Gebäudes ist wieder so bepflanzt, wie van Gogh ihn damals malte. Ironischerweise befand sich jedoch lange kein Gemälde des Künstlers in Arles. Im Jahr 2014 aber erhielt die Fondation Vincent van Gogh Arles in der Stadt ihren neuen Sitz und organisiert hier auch Ausstellungen.

Henri Matisse (1869–1954)

Matisse, der ab 1917 in und bei Nizza wohnte, vermachte der Stadt seine gesamte Sammlung eigener Kunstwerke (heute im Musée Matisse, ➤ 50). Sie reicht von frühen Kopien Alter Meister über Bilder seiner fauvistischen Phase und die farbintensiven Werke der Reifezeit bis hin zu den Scherenschnitten des Alters. Einen Höhepunkt der Spätzeit bildet die Ausgestaltung der Chapelle du Rosaire (Rosenkranzkapelle) in Vence (➤ 58): Matisse entwarf die farbigen Fenster und die glasierten Wandkeramiken (Detail oben) – für den Künstler selbst war dies »das letzte Ziel eines arbeitsamen Lebens und Gipfelpunkt eines großen, aufrichtigen und schwierigen Strebens«.

Pablo Ruiz y Picasso (1881–1973)

Nach dem Zweiten Weltkrieg kehrte der Spanier aus Paris zurück in den Süden, wo ihm der Bürgermeister von Antibes im Château Grimaldi ein Atelier zur Verfügung stellte. Als Dank hinterließ der Künstler der Stadt alle hier entstandenen Werke, einschließlich der Keramiken, die er im nahe gelegenen Vallauris geschaffen hatte (heute Musée Picasso, ➤ 59). Der alternde Picasso genoss die entspannte, mediterrane Atmosphäre der Provence und zog 1961 endgültig nach Mougins.

DIE NEUE SCHULE VON NIZZA

Die »Schule von Nizza« um Louis Bréa (nach 1480) erhielt nach 1950 eine avantgardistische Neuauflage in einer Gruppe abstrakt arbeitender Maler und Objektkünstler, darunter Martial Raysse, César, Arman, Jean Tinguely und Yves Klein. Als kritische Kommentare zu Konsumgesellschaft und akademischer Kunst sind die Werke Armans zu verstehen, in denen er Alltagsgegenstände verwandte und »Destruktionen« schuf (MAMAC, ➤ 50).

Raoul Dufy (1877–1953)

Der aus Le Havre gebürtige Raoul Dufy schloss sich eine Zeit lang den Fauvisten an und entwickelte später einen markanten eigenen Stil. Schon vor dem Ersten Weltkrieg lernte er bei einem Aufenthalt in Martigues bei Marseille die französische Riviera kennen, die er fortan in heiteren, farbenfrohen Ölgemälden und Aquarellen schilderte. Mehrere seiner Werke besitzt das Musée Cantini in Marseille (➤ 99).

Paul Signac (1863–1935)

Aus wohlhabender Pariser Familie stammend, wollte Signac ursprünglich Architekt werden, wandte sich dann jedoch früh der Malerei zu und wurde ein Weggefährte des Pointillisten Georges Seurat. Er gilt als Entdecker von St-Tropez, das seinerzeit noch ein verschlafenes Fischernest war. Einige Ansichten Signacs von St-Tropez befinden sich im dortigen Musée de l'Annonciade (➤ 72, 75).

Landschaft und Licht der Provence waren Inspiration für viele Künstler

Provence für **Gourmets**

Die provenzalische Küche schwelgt unter südlicher Sonne im Überfluss. Olivenöl, Tomaten, Knoblauch und aromatische Herbes de Provence verleihen den Gerichten die typisch mediterranen Akzente.

Weit über die Grenzen Frankreichs hinaus sind Spezialitäten wie der Marseiller Fischeintopf Bouillabaisse (► Abb. 6/7) oder der *salade niçoise,* ein delikates Ensemble aus grünem Salat, schwarzen Oliven, Tomaten, Thunfisch, Sardellen und hart gekochten Eiern, bekannt. Die Küstenregion lockt mit schmackhaften Fischgerichten wie den *telines camarguais* (Schalentiere mit Aïoli) oder den *oursins* (Seeigeln), beliebt sind auch *loup de mer* (Wolfsbarsch) und *rouget* (Meeräsche). Feinschmecker fragen im Restaurant gerne nach *beignets de courgettes* (frittierten Zucchiniblüten), *pain bagnat* (Salat Niçoise in Brotteig) und *mesclun* (einer Mischung herzhafter Blattsalate) – alles in bester Qualität erhältlich bei Lou Pilha Leva in der Altstadt von Nizza. Probieren Sie an einem der Stände auf dem Markt am Cours Saleya eine *pissaladière* (Zwiebelkuchen mit Sardellen und Oliven) oder *socca* (Pfannkuchen aus Mehl von Kichererbsen). Frische Ware von gut sortierten Märkten ist ein Grundpfeiler der Esskultur, deren exzellenter Ruf vorwiegend in oft unscheinbaren Bistros mit bodenständiger Küche auf hohem Niveau gepflegt wird.

> Frische Ware von gut sortierten Märkten: Grundpfeiler provenzalischer Esskultur

Gourmettempel

Die Provence hat nicht wenige Gourmetrestaurants zu bieten – wohl kein Zufall, war sie doch Heimat von Auguste Escoffier, dem »Koch der Könige

Überquellende Frische am Marktstand auf der Place Richelme in Aix-en-Provence

Oignons doux
de chez Nous
1 € 50
La Botte

und König der Köche«, der hier inzwischen einige würdige Nachfolger fand. Der sicherlich berühmteste ist Alain Ducasse, dessen Restaurant Le Louis XV in Monte Carlo mit drei Michelin-Sternen prunkt (im Hôtel de Paris, Place du Casino, Tel. 03 77 98 06 88 64). Wahre Zauberer am Herd sind auch Christian Sinicropi mit seinem Restaurant La Palme d'Or im Hôtel Martinez in Cannes (La Croisette, Tel. 04 92 98 74 14) und Gérald Passédat im Le Petit Nice von Marseille (► 111). Hier erleben Sie provenzalische Küche vom Allerfeinsten, die ihr (teures) Geld allemal wert ist.

Weine der Provence

Die Provence zählt zu den größten und ältesten Weinanbaugebieten Frankreichs – schon vor 2600 Jahren pflanzten hier griechische Siedler die ersten Rebstöcke. Die ausgedehntesten Kulturen erstrecken sich heute an den Felsabhängen *(côtes)* des Südwestens mit Grenache, Cinsault, Carignan, Syrah und Sémillon als den dominierenden Rebsorten. Berühmt für seine kräftigen Rot- und reichen, vollmundigen Weißweine ist das Rhône-Tal, während weiter südlich die Trauben für leichtere, fruchtige Weiß- und Roséweine gedeihen.

Bekannte *Appellationen* sind Côtes de Provence, Côtes du Ventoux, Les Coteaux d'Aix-en-Provence oder Les Coteaux des Baux. 75 Prozent des provenzalischen Weines macht der Rosé aus (die Hälfte der französischen Gesamtproduktion), als beste Rosés gelten diejenigen aus Bandol, wo auch hervorragende Rote gemacht werden. Als Geheimtipp werden die

SCHLEMMEN UND SCHLUMMERN

Was gibt es Schöneres, als entspannt ein leckeres Mahl zu genießen und anschließend einfach ins Bett zu fallen? Diesen Wunschtraum erfüllen in der Region immer mehr Gourmetrestaurants, indem sie neben exquisiter Küche auch Übernachtungsmöglichkeiten bieten, wie Edouard Loubet im Landhaus La Bastide de Capelongue in Bonnieux, wo neben einem Zwei-Sterne-Restaurant (Spezialitäten des Luberon, www.capelongue.com) 43 komfortable Zimmer zur Verfügung stehen. Ähnlich gut aufgehoben ist man bei seiner prominenten Kollegin Reine Sammut in der Auberge La Fenière (Lourmarin, Tel. 04 90 68 11 79; www.reinesammut.com), mit aparten Gartenzimmern und zwei Jahrmarktswagen aus Holz, in denen man sein Haupt zur Ruhe betten kann. Vergleichsweise schlicht, doch nicht minder charmant gibt sich die Bastide de Moustiers (Moustiers-Ste-Marie, Tel. 04 92 70 47 47; www.bastide-moustiers.com): Das Olivenöl ist vom Nachbarn, der Gemüsegarten gleich hinterm Haus und die Käseplatte wird ausschließlich mit einheimischem *chèvre* bestückt. »Das Produkt ist der Star«, lautet die Devise. Schließlich ist es die »rustikale« Adresse des hiesigen Superstars unter den Köchen: Alain Ducasse!

Weine von Bellet gehandelt, einem winzigen Anbaugebiet bei Nizza, und die nach Myrte schmeckenden Weißen von Cassis, der ältesten *Appellation* der Provence. Weltruf genießen die Tropfen aus dem Rhône-Tal, wie Châteauneuf-du-Pape, Vacqueyras, Gigondas und Beaumes-de-Venise (exquisiter süßer Muskateller!). Viele Weingüter und Kellereien bieten Verkostungen *(dégustations)* an – es wird erwartet, dass Sie im Anschluss mindestens eine Flasche des Weins erwerben …

Pastis-Paradies

Ein paar Eiswürfel, darauf Pastis, einen Schuss Wasser – und schon hat man den magischen Dreiklang für einen typisch provenzalischen Aperitif im Glas. Denn der Anisschnaps wird zwar in ganz Frankreich konsumiert, stammt aber ursprünglich aus Marseille. Santé!

Bouillabaisse

Es ist nicht so leicht, in der Provence eine authentische Bouillabaisse zu bekommen, weil viele Restaurants nur einen müden Abklatsch dieser köstlichen Spezialität aus Marseille servieren. Bis zu zwölf Sorten Fisch und Meeresfrüchte geben sich ein Stelldichein in der rostroten Fischsuppe, der Bouillabaisse, die auf einem mit Safran, Fenchel und Kräutern gewürzten Fond basiert. Empfehlenswerte Marseiller Adressen: L'Epuisette (158, vallon des Auffes, Tel. 04 91 52 17 82) und Le Miramar (12, quai du Port, Tel. 04 91 91 41 09) am Alten Hafen. Bon appétit.

La Bastide de Capelongue in Bonnieux

Spielwiese der SCHÖNEN & REICHEN

Die Provence – vor allem die Riviera – ist ein Paradies für Paparazzi. Sie finden ihre Motive beim Film-Festival in Cannes wie im dekadenten St-Tropez – Stars und Millionäre sorgen hier verlässlich für den nötigen Glamour.

Ohne solvente Besucher aus dem Ausland wäre die Provence vielleicht heute noch eine bescheidene, abgeschiedene Idylle! Als Erste kamen Ende des 18. Jahrhunderts Engländer in die Küstenorte, um im Klima eines milden Winters ihre Malaisen auszukurieren, später folgten reiche Exilanten aus ganz Europa, die die französische Riviera zur Nobeladresse machten. Von Esterel bis zur italienischen Grenze hinterließen sie ihre teils exotisch wirkenden Domizile, so etwa die Villa Ephrussi de Rothschild (► 61). Ein Abglanz jener aristokratischen Atmosphäre lässt sich heute noch bei einer Fahrt über die Corniches (► 52) oder am Cap d'Antibes erahnen oder auch beim Besuch der Vororte von Cannes, Menton und Nizza. Dort residieren hinter dicken Mauern Superreiche wie der Popstar Elton John oder der russische Oligarch Roman Abramowitsch, dessen schlossartiges Anwesen in Cap d'Antibes einst dem Herzog von Windsor gehörte.

Das Bild der Provence wurde nicht unwesentlich vom Film in die Welt getragen. Legendär: Brigitte Bardot am Strand von St-Tropez *(Und immer lockt das Weib,* 1956) oder Grace Kelly in rasanter Fahrt über die Corniches *(Über den Dächern von Nizza,* 1955). Nicht minder mythenumwoben sind die Internationalen Filmfestspiele von Cannes (➤ 59), die alljährlich im Mai Leinwandstars auf dem roten Teppich versammeln. Ende Mai folgt der Grand Prix der Formel 1, der Monaco (➤ 44) in eine Rennstrecke verwandelt.

Wer die Extravaganz der Riviera hautnah mitbekommen möchte, ist am besten in der Hauptsaison mit St-Tropez (➤ 72) beraten. Dann wimmelt es hier vor schnittigen Yachten, auf denen heiße Partys steigen. Tagsüber kann man am Nikki Beach (➤ 75) Schulter an Schulter mit Paris Hilton Sonne tanken, abends braucht man Beziehungen, ein wohl gefülltes Portemonnaie und eine topmodische Garderobe, um im *Les Caves du Roy* oder *VIP Room* (➤ 92) auf Tuchfühlung mitzumischen.

Der blaue Duft für die Gesundheit

Leuchtend blaue und violette Felder – das ist ein Markenzeichen der Provence. Doch es gibt einen Unterschied zwischen den duftenden Büschen in der Ebene und den Sträuchern auf der Hochebene zwischen Luberon und Mont Ventoux.

Nur der echte Lavendel *(lavendula angustifolia)* mit einzelnen Stängeln und der violettfarbenen Blütenrispe ist ein Heilmittel. Das hundertprozentige reine natürliche ätherische Öl aus der Pflanze, die erst ab 800 Metern über dem Meeresspiegel wächst, ist eine Allzweckwaffe für Ärzte und Heilpraktiker. Echter Lavendel wirkt beruhigend, antiseptisch, schmerzlindernd, desinfizierend, wundheilend. Sein Duft machte ihn zu einem absoluten Muss für die Parfümhersteller von Grasse (➤ 58), die heute allerdings vermehrt auf synthetische Duftstoffe setzen.

130 Kilo Blütenrispen braucht die Familie Lincelé in Le Coustellet (➤ 173), um einen Liter ätherisches Öl aus dem echten Gebirgslavendel herzustellen. Der Lavandin, eine Kreuzung aus echtem Lavendel und Speiklavendel *(lavendula latifolia)*, ist viel ergiebiger und damit billiger: 40 Kilo Blüten reichen für einen Liter Öl aus, das trotz intensiverem Duft allenfalls als Duftstoff für Reinigungs- und Pflegemittel genutzt wird. Kein Wunder, dass bei dem enormen Preisunterschied der Inhalt der beliebten Lavendelsäckchen für den Wäscheschrank aus Lavandin besteht.

Lavendel hat Heilwirkung und ist sehr dekorativ

Erster Überblick

Ankunft

Die Verbindungen von Deutschland, Österreich und der Schweiz nach Frankreich sind durchweg gut. Am schnellsten ist man natürlich mit dem Flieger. Doch wer die Provence mit dem eigenen Auto erkunden möchte oder gerne den Zug nimmt, kommt auch problemlos ans Ziel.

Mit dem Flugzeug

- Von vielen Großstädten in Deutschland, Österreich und der Schweiz aus gibt es tägliche Linienflugverbindungen zu den beiden bedeutendsten Flughäfen der Provence: Marseille im Westen und Nizza im Osten. Auch die kleineren Airports in Toulon und Nîmes werden mehrmals wöchentlich von vielen Gesellschaften direkt angeflogen und sind täglich via Paris erreichbar.

Mit dem Auto

- Frankreich ist, wie seine deutschsprachigen Nachbarländer, durch ein gutes System von Autobahnen und anderen Fernstraßen erschlossen. Der schnellste (oder schönste) Weg in die Provence ist jeweils abhängig von Ihrem Heimatort – Nordlichter mögen die Route über Paris bevorzugen (immer interessant als Zwischenstopp), aus dem Süden bietet sich oft der Weg via Straßburg oder über die Schweiz (Achtung: Vignette) und Grenoble nach Sisteron in die Hochprovence an.
  Die entscheidende Rolle spielt natürlich das Ziel in der Provence: Deren Osten (d. h. Nizza und Umgebung) ist bestens über Norditalien »erfahrbar«. Konkrete Tipps für die Anreise erhält man bei den Automobilclubs ACE (www.ace-online.de) und beim ADAC (www.adac.de).

Mit dem Zug

- Für Bahnreisende, die nördlich des Mains beheimatet sind, führt der beste Weg über Paris (teilweise via Brüssel per Thalys oder mit anderen Hochgeschwindigkeitszügen). In Paris gibt es dann vom Gare de Lyon aus beinahe stündlich Anschluss nach Süden per TGV. Einziger Nachteil: Die Züge aus Deutschland enden am Gare du Nord oder Gare de L'Est, sodass man einen Transfer bewältigen muss (am besten mit einer entspannten viertelstündigen Taxifahrt). Eine TGV-Verbindung besteht mittlerweile auch von Frankfurt/Main über Karlsruhe und Lyon nach Avignon, Aix-en-Provence und Marseille (www.voyages-sncf.com). Für Bahnreisende aus südlichen Gefilden gilt dasselbe wie für Autofahrer: Die Stadt Nizza ist gut über Italien, via Mailand und San Remo, zu erreichen.

Ankunft in Nizza

Mit dem Flugzeug

- Viele internationale Linien bedienen den **Flughafen Nice-Côte d'Azur** (Tel. 08 20 42 33 33; www.nice.aeroport.fr), der 6 km westlich von Nizza gelegen ist und sich damit auch ideal als Sprungbrett nach Antibes, Cannes und Monaco eignet. Es gibt zwei Terminals mit Informationsschaltern, darüber hinaus Läden, Restaurants, Bankfilialen, Wechselstuben und Autoverleih.
- Ein **Taxi** nach Nizza kostet bei etwa 20 Minuten Fahrzeit ins Zentrum zwischen 22 und 32 Euro. Genauso schnell sind die **Busse** der Linien

23, 98 und 99, die alle 20 Minuten vom Flughafen ins Stadtzentrum von Nizza fahren (www.lignesdazur.com; 6 Euro).

Touristeninformation in Nizza

✉ 5, Promenade des Anglais ☎ 08 92 70 74 07; www.nicetourisme.biz ⌚ Juni–Sept. Mo–Sa 8–20, So 9–19 Uhr; Okt.–Mai Mo–Sa 9–18 Uhr
✉ Flughafen Nice-Côte d'Azur, Terminal 1 ⌚ Mo–Sa 8–21 Uhr
✉ Bahnhof SNCF Nice Ville, Avenue Thiers ⌚ Juni–Sept. Mo–Sa 8–20, So 9–19 Uhr; Okt.–Mai Mo bis Sa 8–19, So 10–17 Uhr

Ankunft in Marseille

Mit dem Flugzeug

- Der Flughafen **Marseille-Provence** (auch **Marseille-Marignane**, Tel. 08 20 81 14 14, 0,12 Euro/Min.; www.marseille.aeroport.fr) liegt 30 km nordwestlich der Stadt und wird von internationalen und nationalen Linien angeflogen. Es gibt drei Terminals mit Läden, Restaurants und Wechselstuben.
- Die **Taxifahrt** ins Zentrum dauert 45 Minuten und kostet rund 50 Euro (nachts 60 Euro). Etwa alle 20 Minuten fahren **Busse** in rund 30 Minuten zum Hauptbahnhof Marseille Saint-Charles (8,20 Euro) oder ins Zentrum von Aix-en-Provence (7,80 Euro).

Touristeninformation in Marseille

✉ 11, La Canebière, Marseille ☎ 08 26 50 05 00 (0,15 Euro/Min.); www.marseille-tourisme.com ⌚ Mo–Sa 9–19, So 10–17 Uhr (in der Hauptsaison längere Öffnungszeiten)

Ankunft in Toulon

Mit dem Flugzeug

- Auf dem Flughafen **Toulon-Hyères** (Tel. 08 25 01 83 87; www.toulon-hyeres.aeroport.fr), 23 km östlich der Stadt, landen täglich Flüge aus Paris. Es gibt nur einen Terminal mit Café/Bar.
- Die **Taxifahrt** nach Toulon dauert 40 Minuten und kostet rund 45 Euro. Auch **Busse** fahren mehrmals täglich (1,40 Euro), sind aber nicht immer abgestimmt auf die Ankunftszeiten der Flüge.

Touristeninformation in Toulon

✉ 334, Avenue de la République ☎ 04 94 18 53 00; www.toulontourisme.com ⌚ Juli–Aug. Mo, Mi–Sa 9–20, Di 10–20, So 10–12 Uhr; Sept.–Juni Mo, Mi–Sa 9–18, Di 10–18, So 10–12 Uhr

Ankunft in Nîmes

Mit dem Flugzeug

- **Nîmes-Arles-Camargue** (Tel. 04 66 70 49 49; www.aeroport-nimes.fr) ist ein kleiner Flughafen 12 km südöstlich von Nîmes, in dem es auch Mietwagenschalter gibt.
- Ein **Taxi** nach Nîmes kostet rund 20 Euro, der (auf die Ankunftszeiten der Flüge abgestimmte) Bus 5,50 Euro. Fahrzeit ca. 25 Minuten.

Touristeninformation in Nîmes

✉ 6, Rue Auguste ☎ 04 66 58 38 00; www.ot-nimes.fr ⌚ Juli–Aug. Mo–Fr 8.30–20, Sa 9–19, So 10–18 Uhr; April–Mai, Sept. Mo–Fr 8.30–19, Sa 9–19, So 10–18 Uhr; Okt.–März Mo–Fr 8.30–18.30, Sa 9–18.30, So 10–17 Uhr

Unterwegs in der Provence

Mit dem Auto

- **Mit dem Auto** lassen sich die ländlichen Bezirke der Provence am besten erkunden. Die Straßen sind meist bestens in Schuss und gut ausgeschildert. An der Küste müssen Sie öfter mal mit einem Stau rechnen, auch während der Nebensaison.
- Wer mit dem **eigenen Auto** nach Frankreich reist, muss (außer Pass oder Personalausweis) folgende Dokumente bei sich führen: gültigen nationalen Führerschein, Kfz-Haftpflichtversicherungs- und Fahrzeugschein (bei Führung eines Fremdfahrzeuges auch einen Letter of Authorisation des Eigentümers). Eine Kfz-Haftpflichtversicherung gilt zwar als Mindeststandard, dringend empfohlen wird jedoch eine Vollkasko- und Personeninsassenversicherung. Achten Sie dabei auf die Höhe der Deckungssumme. Obligatorisch ist das **Nationalitäten-Kennzeichen.**
- Wer ein **Auto mieten** möchte, muss mindestens 21 Jahre alt sein und seit wenigstens einem Jahr im Besitz eines Führerscheins.
- **Autoverleihfirmen** sind an Flughäfen, Bahnhöfen und in den Zentren größerer Städte vertreten. In der Hauptsaison besser vorab buchen.
- Stellen Sie sicher, dass Ihnen unterwegs eine **Pannenhilfe** zur Verfügung steht. Im Schadensfall beziehen Sie sich auf die relevanten Unterlagen (oft im Handschuhfach oder hinter den Blendklappen).
- Bleiben Sie auf einer **Autobahn** *(autoroute)* liegen, benutzen Sie am besten die Notrufsäulen, die dort alle 2 km installiert sind (www.adac.de).
- An fast allen Zahlstellen der Autobahn ***(péage)*** werden gängige ausländische Kreditkarten wie Eurocard, Mastercard oder Visa akzeptiert.

Verkehrsregeln

- **Geschwindigkeitsbegrenzungen:** 50 km/h in Städten, 90 km/h außerhalb von Ortschaften (bei Regen 80 km/h), auf Schnellstraßen mit Mittelstreifen und mautfreien Autobahnen 110 km/h (bei Regen 100 km/h), 130 km/h auf Maut-Autobahnen (bei Regen 110 km/h). Wer weniger als zwei Jahre Führerscheinbesitzer ist, unterliegt auch bei trockener Witterung den Vorschriften für Regen. Fahrer aus der EU, die eine Geschwindigkeitsbegrenzung um mehr als 40 km/h überschreiten, riskieren den umgehenden Einzug ihres Führerscheins durch die Polizei.
- In **Ortschaften** gilt bei der Vorfahrt prinzipiell **rechts vor links** *(priorité à droite)*. Bei einem **Kreisverkehr** mit dem Hinweis *Cédez le passage* (Vorfahrt beachten) oder *Vous n'avez pas la priorité* (Sie haben hier keine Vorfahrt) haben die Teilnehmer im Kreisverkehr Vorfahrt. Ohne diese Beschilderung hat der einfließende Verkehr Vorfahrt.
- **Überholverbot** bei durchgehendem Mitteltrennstrich auf der Fahrbahn.
- Bei Unfall oder **Motorschaden** muss hinter dem Wagen in angemessener Entfernung ein **Warndreieck** aufgestellt werden. Vorgeschrieben ist auch das Mitführen einer reflektierenden **Warnweste** im Auto.
- Der zulässige **Blutalkoholspiegel** beträgt 0,5 Promille. Wenn Sie etwas getrunken haben, lassen Sie das Auto lieber stehen.
- **Tanken:** Benzin ist erhältlich bleifrei *(sans plombe)* Normal, Super oder Super Plus (95 und 98 Oktan) bzw. Diesel (*gasoil* oder *gazole*). Viele Tankstellen sind ab 18 Uhr und So. geschl. An vielen **Selbstbedienungszapfsäulen** kann man mit EC-/Kreditkarte zahlen.
- Infos über die Bedeutung von **Verkehrsschildern** und die französische Straßenverkehrsordnung finden Sie unter www.permisenligne.com.

Mit dem Zug

- Die Züge der staatlichen Eisenbahngesellschaft Société Nationale des Chemins de Fer (**SNCF,** www.sncf.com) sind in der Regel schnell, komfortabel und zuverlässig.
- Mit bis zu 300 km/h verbindet der Hochgeschwindigkeitszug **TGV** (Train à Grande Vitesse) große und mittlere Städte. **TER**-Züge (Transport Express Régional; Tel. 08 91 70 30 00) werden im Regionalverkehr eingesetzt (Lignes Régionales). Von Paris (Gare de Lyon) fahren fast stündlich TGVs nach Marseille (über Avignon und Aix-en-Provence), alle vier Stunden nach Nizza (über Avignon, Toulon, Cannes und Antibes), Fahrzeit jeweils 3 Stunden. Auch die Küstenstädte an der Riviera haben Anschluss an den TGV (alle zwei Stunden Marseille – Nizza) und Regionalzüge, die Städte im Rhône-Tal (Avignon, Orange, Arles, Nîmes) gleichfalls. Von Nizza gehen auch Züge ins Roya-Tal und die Ausläufer der Alpes-Maritimes. Weitere Informationen unter www.ter-sncf.com und in der Broschüre *Guide régional des transports* für die Provence.
- **Fahrkarten** erhält man am Bahnhof. Sie müssen vor Fahrtantritt an den Automaten auf dem Bahnsteig entwertet werden. Nur falls es keinen Schalter gibt oder dieser geschlossen ist, kann man den Fahrschein auch im Zug beim Schaffner erwerben. Manche TER-Stationen haben keine Entwerter: In diesem Fall erledigt der Schaffner die Entwertung.
- **Fahrradmitnahme** ist in fast allen Zügen möglich, ausgenommen zu den Stoßzeiten Mo–Fr 7–9 und 16.30–18.30 Uhr.
- Unter 28 Jahren erhält man 25 Prozent **Fahrpreisermäßigung** mit der *Carte 18–27,* weitere Ermäßigungen gibt es für Senioren *(Carte Senior+).* Sinnvoll ist unter Umständen auch ein **Rail Pass** für Frankreich oder ganz Europa (EuroRail). Er muss vor der Ankunft in Frankreich erworben werden und ist bei den meisten Reisebüros erhältlich.
- Mit dem Service Bagages à Domicile der SNCF kann man sein **Gepäck** ans Reiseziel liefern lassen – die Buchung erfolgt zusammen mit demm Kauf der Fahrkarte.

Überlandbusse

- **Überlandbusse** sind in Frankreich meist preiswerter als der Zug, allerdings auch langsamer. Der **Busbahnhof** *(gare routière)* befindet sich gewöhnlich in der Nähe der Bahnstation *(gare SNCF)* der jeweiligen Stadt. **Eurolines** (Tel. 08 92 89 90 91; www.eurolines.fr) unterhält Verbindungen unter den größeren Städten Frankreichs und in die Nachbarländer.

Örtliche und regionale Busse

- Größere Städte in der Provence sind durch **Omnibuslinien** miteinander verbunden. Zentrale Haltestelle ist entweder der **Busbahnhof** oder Hauptplatz der betreffenden Stadt. Dort und im Büro der Verkehrsgesellschaft hängen Fahrpläne aus. Vorne an den Bussen sind **Nummer** der Linie und **Endziel** aufgeführt. **Fahrkarten** kann man auch direkt im Bus, oft zudem an Kiosken *(tabacs)* erwerben. Sie müssen bei Fahrtantritt im Bus entwertet werden.
- In **Aix-en-Provence** gibt es einen Shuttle-Bus zum 15 km außerhalb gelegenen TGV-Bahnhof (von 4.40 bis 23.25 Uhr alle 15 Minuten zu Stoßzeiten, sonst alle 30 Minuten). Aix-en-Bus (Tel. 09 70 80 90 13; www.aixenbus.fr) sorgt mit mehr als 20 Linien für die Verbindungen innerhalb der Stadt. Der zentrale **Busbahnhof** befindet sich auf der Avenue de l'Europe. Die Einzelfahrkarte kostet 1 Euro (Zehnerkarte 7 Euro). Beim Kauf im Bus müssen Sie das Geld passend bereithalten.

- In **Arles** fahren die Busse beim Busbahnhof (24, Boulevard Clemenceau) ab. Die Société des Transports d'Arles (www.tout-envia.com) unterhält vier innerstädtische Linien. Nach Stes-Maries-de-la-Mer, Tarascon und Marseille fahren hingegen die gelb-blauen Busse des Unternehmens Cartreize (www.lepilote.com). Die Einzelfahrkarte kostet 0,80 Euro (Zehnerkarte 6,50 Euro). Information erhält man auch unter: Tel. 08 10 00 08 18.
- In **Avignon** fahren die 31 Linien der TCRA (Transports en Commun de la Region d'Avignon) von der Avenue de Lattre de Tassigny (Tel. 04 32 74 18 32; www.tcra.fr) auch in Orte der Umgebung (von 7 bis 20 Uhr). Innerhalb der Stadtmauern von Avignon dürfen keine Busse fahren! Die Einzelfahrkarte kostet 1,30 Euro (Zehnerkarte 10,50 Euro). Busse der STDGard fahren auch nach Nîmes und Tarascon.
- In **Cannes** bringen Sie die 20 Linien von Bus Azur (www.busazur.com) an Ihr Ziel in Stadt und Umgebung (von 7 bis 21 Uhr). Abfahrt ist an der Place Cornut Gentille beim Rathaus (Tel. 08 25 82 55 99). Sillages unterhält auch Verbindungen in das nördlich von Cannes gelegene Umland von Grasse (Tel. 04 92 42 33 80; www.sillages.eu).
- Eine Straßenkarte mit allen Busverbindungen in und um **Vaucluse** kann man herunterladen unter www.provenceguide.com.
- Busse und Straßenbahnen in und um **Nizza** werden von Ligne d'Azur (3, place Masséna, Tel. 08 10 06 10 06, www.lignesdazur.com) betrieben. Eine knapp über 9 km lange **Straßenbahnlinie** *(tramway)* in Nizza, die die Autobahnausfahrten Nice-Nord und Nice-Est mit der Place Masséna im Zentrum verbindet, wurde 2013 bis zur Klinik Pasteur im Norden erweitert. Die Ost-West-Verbindung vom Hafen zum Flughafen mit zwei unterirdischen Haltestationen wird jedoch voraussichtlich nicht vor 2020 fertig werden. Eine einfache Fahrt kostet wie bei den Bussen 1,50 Euro, die Tageskarte 5 Euro und die Zehnerkarte 10 Euro. Die Firma Rapides Côte d'Azur bietet **Busverbindungen** (TAM) entlang der Riviera an (www.rca.tm.fr), der Nachtservice NocTAM'bus verbindet die Küstenstädte mit Grasse.
- Allgemeine Verkehrsgesellschaft für Bus, Tram und Métro in **Marseille** ist RTM, 6, Rue des Fabres (Tel. 04 91 91 92 10; www.rtm.fr). Die Einzelfahrkarte kostet 1,50 Euro (Tageskarte 5 Euro). Nachtbusse verkehren vom Alten Hafen (Vieux Port), die U-Bahn fährt am Wochenende auch nach Mitternacht.
- SODETRAV (www.sodetrav.fr) unterhält Buslinien im Var, mit Verbindungen nach Hyères, Toulon und St-Raphaël.

Taxis

- **Taxis** bekommt man eigentlich überall, doch sind sie nicht billig.
- Außer Grundgebühr und Kilometertarif zahlt man extra für die Mitnahme von Gepäck, an Sonntagen wird ein Aufschlag fällig. Alle Taxis sind mit **Taxameter** *(compteur)* versehen. Immer aufpassen, dass es vor Fahrtbeginn zurückgesetzt wird.
- Manche Taxiunternehmen bieten auch Tagestouren mit **Chauffeur** an – was für kleine Rundfahrten durch die Provence keine schlechte Lösung ist.
- Am besten nimmt man ein Taxi direkt am **Taxistand** (blaues Taxischild). Bei telefonischer Bestellung wird das Taxameter nämlich gleich zu Beginn der Anfahrt angestellt.
- In manchen Taxis werden Kreditkarten akzeptiert, besser aber sollte man mit **Bargeld** zahlen und 10 Prozent **Trinkgeld** geben.

Übernachten

Besucher der Provence erwartet ein breit gefächertes Angebot an Übernachtungsmöglichkeiten, vom exquisiten Grandhotel an der Riviera bis zum Häuschen auf dem Lande. Wer Frankreich besonders authentisch erleben möchte, macht am besten Camping, mietet eine *gîte* oder geht in eine Familienpension. In manchen Städten, wie Aix-en-Provence und Avignon, gibt es preiswerte Wochenendspecials: Aktuelle Angebote finden Sie in der Rubrik Tourismus auf den entsprechenden Websites.

Hotels

- Die Hotels sind nach offiziell **sechs Kategorien** klassifiziert (1–5 Sterne, dazu Palace). Die jeweilige Kategorie muss außen am Hotel und im Innenbereich klar ausgewiesen sein. **Übernachtungspreise** verstehen sich gewöhnlich pro Zimmer, nicht pro Person, für das Frühstück wird meist ein Aufschlag erhoben.
- Wer von weit her mit dem Auto nach Südfrankreich reist, ist bei einem Zwischenaufenthalt oft dankbar für Übernachtungsmöglichkeiten zu passablen Preisen: Dies bieten in der Regel **Billighotels,** wie sie an Autobahnkreuzen und in Außenbezirken größerer Städte anzutreffen sind. Die Häuser der Kette Formule 1 (www.hotelf1.com) verfügen über ordentliche Zimmer (ohne Bad/Toilette) für rund 50 Euro pro Nacht. Etwas gediegener und geringfügig teurer geht es in den Hotels von Etap (http://ibisbudgethotel.ibis.com) und Première Classe (www.premiereclasse.com) zu. Manche der Adressen sind im Navigationssystem erfasst. Bei Etap und Formule 1 checkt man bei später Anreise ohne Reservierung dann per Kreditkarte ein.
- Für Reisende, die neugierig auf die französische Hotellerie sind, bieten sich die Unterkünfte des Verbandes **Logis de France** an, der eigene Qualitätskriterien für Hunderte von Häusern in ganz Frankreich entwickelt hat. Viele Hotels haben ein eigenes Restaurant, das auf gute Regionalküche setzt. Die Logis tragen Kamin- und Topfsymbole anstelle von Sternen (www.logishotel.com).
- Am anderen Ende der Skala rangieren teils fantastische **Luxushotels.** Wenn Sie sich etwas gönnen möchten, steigen Sie doch in einem der Belle-Époque-Paläste an der Riviera ab, wie dem legendären Hôtel Négresco (► 48, 62) in Nizza – da bleiben buchstäblich keine Wünsche offen.
- Soll es moderner sein, halten Sie Ausschau nach **Designhotels**. Ist Ihnen hingegen nach exklusiver Schlossatmosphäre zumute, kontaktieren Sie am besten die Edelkette **Relais & Châteaux** (Tel. 08 25 32 32 32; www.relaischateaux.com).

Privatzimmer

- ***Chambres d'hôtes*** sind das französische Gegenstück zum britischen Bed & Breakfast und bieten Unterkünfte in Privathäusern: im Bauernhof wie im Schloss. Der größte Dachverband der mit Kornähren *(épis)* klassifizierten Privatzimmer in allen Kategorien ist **Gîtes de France** (www.gites-de-france.fr), elegante Privatunterkünfte findet man unter **Maison d'Hôtes de Charme** (www.guidesdecharme.com), außerdem gibt es landesweite Organisationen wie Fleurs de Soleil (www.fleursdesoleil.fr) oder Clévacances (www.clevacances.com). Die Verkehrsämter vor Ort haben noch weitere Adressen für private Gästezimmer in der Region parat.

Erster Überblick

- Das Frühstück in **privaten Gästezimmern** fällt oft reichlicher aus als in Hotels. Einige Vermieter bieten *table d'hôtes* an: Gäste nehmen mit der Familie ein meist üppiges Abendessen zum Festpreis ein.

Ferienhäuser und -wohnungen *(gîtes)*

- Ferienhäuser und -wohnungen *(gîtes)* sind interessante Alternativen vor allem für Familien: Man hat die Auswahl unter allen Kategorien, vom einfachen Domizil bis zu großzügigen Anwesen mit Swimmingpool. Gewöhnlich sind sie für eine Woche oder 14 Tage zu mieten. Viele werden von **Gîtes de France** (www.gites-de-france.fr) betreut.

Jugendherbergen

- In Frankreich gibt es rund 160 Jugendherbergen *(auberges de jeunesse)*. Eine Liste der Häuser in der Provence ist erhältlich bei der **Fédération Unie des Auberges de Jeunesse,** 27, Rue Pajol, 75018 Paris (Tel. 01 44 89 87 27; www.fuaj.org; Mitgliedsausweis mit Lichtbild erforderlich).

Camping

- Das warme, trockene Klima der Provence ist ideal für Camping. Knapp 900 voll ausgerüstete **Campingplätze** stehen zur Verfügung. Auch hier gibt es eine Klassifizierung von einfach (Elektrizität, Duschen und Toiletten) bis luxuriös (mit Swimmingpools, Sporteinrichtungen, Restaurants, Bars und Kinderbetreuung). Man muss nicht einmal unbedingt sein eigenes Dach über dem Kopf mitbringen, denn viele Plätze verfügen über Zelte und Wohnwagen, komplett eingerichtet mit Kochecke und Betten.
- Es empfiehlt sich, rechtzeitig zu reservieren, vor allem in der Hauptsaison von April bis September. Auskünfte erteilen die **Fédération Française de Camping** (Tel. 01 42 72 84 08; www.campingfrance.com) und entsprechende deutsche Organisationen.
- Das **Parken** von Caravans und Wohnmobilen am Strand oder Straßenrand über Nacht ist nicht gestattet. Auf der Suche nach dem nächsten Campingplatz ist Ihnen die örtliche Touristeninformation behilflich, notfalls auch die Polizei, die auf dem Revier entsprechende Listen bereithält. Möchten Sie unbedingt außerhalb der offiziellen Plätze campen, vergewissern Sie sich am besten auf dem zuständigen Rathaus, wo es nicht erlaubt ist – oft zum Beispiel in brandgefährdeten Waldgebieten.

Allgemeine Hinweise

- Falls Sie kein Zimmer reserviert haben, wenden Sie sich am besten an die zuständige **Touristeninformation.**
- Beim **Einchecken** müssen Sie gewöhnlich ein Meldeformular ausfüllen und Pass oder Personalausweis vorlegen. Besonders bei preiswerten Unterkünften sollten Sie erst einmal das Zimmer anschauen, bevor Sie es buchen. **Auschecken** muss man in der Regel um 10 oder 11 Uhr.

Saisonale Tarife

- Saisonabhängig differieren die Zimmerpreise, besonders in den Ferienregionen zahlt man von April bis September oft deutlich mehr.

Übernachtungspreise

Für die im Band aufgelisteten Hotels gelten folgende Preiskategorien (2 Pers., DZ):
€ unter 100 Euro **€€** 100–200 Euro **€€€** über 200 Euro

Essen und Trinken

Kaum eine andere Nation gibt sich mit so viel Stolz und Behagen dem Kochen und Speisen hin wie die Franzosen. Gutes Essen gehört daher auch zu den Highlights eines Provence-Urlaubs. Die Qualität und Vielfalt der einheimischen Küche genießen Sie am verlässlichsten und angenehmsten in den zahlreichen Bistros.

Regionale Küche

- In der Küstenregion spielt natürlich Fisch die Hauptrolle. Delikat sind neben Bouillabaisse auch *moules frîtes* (überbackene Muscheln mit Pommes frites) oder *tellines de Camargue:* Meeresfrüchte mit *aïoli* (Knoblauch-Mayonnaise). Im Landesinnern dominieren Fleischgerichte, wie das Sisteron-Lamm mit seinem Geschmack nach wildem Thymian, Wildzubereitungen oder *bœuf gardian* (Rindfleischeintopf mit Oliven).
- In und um **Nizza** weist die Küche schon einen deutlichen italienischen Einschlag auf: Pizza, Pasta und *gelati* munden hier so gut wie jenseits der Grenze. Probieren Sie unbedingt *pissaladière* (eine Art Zwiebelkuchen mit Oliven und Sardellen), *petits farcis* (gefüllte Artischockenherzen, Zucchini und Tomaten), *beignets* (frittierte Auberginen oder Zucchini) und *socca* (Pfannküchlein aus Kichererbsenmehl).

Provenzalischer Wein

- Rund ein Zehntel aller in Frankreich produzierten **Weine** kommt aus der Provence. Gute Kalkböden und das warme, trockene mediterrane Klima bringen süffige Tropfen wie Côtes du Ventoux und Côtes du Luberon hervor, auch Edelgewächse wie Châteauneuf-du-Pape.
- Einen hervorragenden Ruf unter den hiesigen Weinen genießen die fruchtig-markanten Rosés, besonders Côtes de Provence und Bandol. Aparte Tropfen sind die nach Myrte schmeckenden Weißweine der kleinen Appellation Cassis und die ungemein fruchtigen aus Bellet.

Wohin zum Essen?

- Man geht selten fehl mit **Restaurants,** die auch Einheimische bei festlichen Anlässen aufsuchen. Sie sollten jedoch rechtzeitig einen Tisch reservieren, in angemessener Garderobe erscheinen und sich Zeit nehmen. Überall gibt es auch kleine Restaurants mit schmackhaften, relativ preiswerten Drei-Gänge-Menüs! Vielleicht wählen Sie auch ein **Degustations-Menü,** das Sie zum Festpreis mit den typischen Gerichten eines Restaurants bekannt macht.
- In **Brasserien** geht es weniger förmlich zu.
- Bei **Bistros** handelt es sich in der Regel um ungezwungene Lokale.
- Ein preiswertes **Tagesmenü** *(menu du jour)* bieten viele Lokale zur Mittagszeit. Es gibt Menüs zum Festpreis *(prix fixe)*.
- Der **Service** ist normalerweise im Rechnungsbetrag enthalten *(service compris, s. c.)*. Trinkgeld (5–10 Prozent) je nach Zufriedenheit.

Restaurantpreise

Für die im Band aufgelisteten Restaurants gelten folgende Preiskategorien (3-Gänge-Menü, ohne Getränke):

€ unter 25 Euro **€€** 25–50 Euro **€€€** über 50 Euro

Einkaufen

Ein Einkaufsbummel kann in der Provence pures Vergnügen sein, ob man nun auf einem belebten Markt Schatzsuche nach einheimischen Spezialitäten betreibt, in Boutiquen nach schicker Riviera-Mode stöbert oder im Käselädchen mit dem Inhaber fachsimpelt. Die Provence ist ein relativ teures Pflaster, doch man bekommt gewöhnlich für sein Geld auch gute Qualität. Schöne Souvenirs sind beispielsweise Töpferwaren, Parfüm, Seife und Kosmetik, Olivenöl und Wein.

Öffnungszeiten

- Wie lange **Geschäfte** offen sind, ist abhängig von Ladentyp, Ort und Saison – feste Regeln gibt es eigentlich nicht. In Touristenorten sind viele Geschäfte in der Hochsaison auch sonntags geöffnet.
- **Tages- und Wochenmärkte** gibt es in fast jedem Ort, meist von 7 Uhr bis mittags. Oft sind es die Erzeuger selbst, die dort ihre Waren anbieten und Sie daher fachkundig beraten können.

Bezahlung

- Läden in der Stadt oder größeren Touristenzentren akzeptieren in der Regel Zahlung mit Bank- oder Kreditkarte. Auf Märkten oder in kleineren Geschäften sieht man lieber Bargeld.

Einkaufstipps

- **Lebensmittel** sind in Frankreich eine immens wichtige Angelegenheit. Vor allem kleine Läden beschränken sich häufig in klassischer Weise auf einen einzigen Warentyp – wie *boulangerie* (Bäckerei), *pâtisserie* (Feinbäckerei), *fromagerie* (Käseladen), *boucherie* (Fleischerei), *charcuterie* (Metzgerei) und *poissonnerie* (Fischgeschäft). Wichtigste kulinarische Mitbringsel aus der Provence sind Küchenkräuter und Olivenöl, für Süßmäuler außerdem kandierte Früchte aus Apt, *berlingots* (gestreifte Bonbons) aus Carpentras, weißer Nougat aus Montélimar, *marrons glacés* (glasierte Maronen) aus Collobrières und natürlich die Marzipanspezialität *calissons.* Schöne Souvenirs sind auch ein Sträußchen oder Säckchen Lavendel (➤ 26) und Lavendel-Honig sowie handgemachte Konfitüren.
- Auf **Märkten** findet man neben frischem Obst und Gemüse oder Käse auch Handwerk und Kunstgewerbe, Korbwaren, zudem Keramik oder bunte provenzalische Textilien. In größeren Städten ist täglich irgendwo Markt, in kleineren wenigstens einmal wöchentlich. Halten Sie in Herbst und Winter Ausschau nach Steinpilzen und Trüffeln!
- **Wein** aus der Provence und anderen Anbaugebieten Frankreichs wird allerorten in Läden unterschiedlichen Niveaus angeboten. Mehr Spaß macht es, direkt auf den Weingütern *(domaines)* einzukaufen – an der Rhône und im Luberon gibt es ganze Weinstraßen. Achtung: Bei einer Verkostung wird erwartet, dass Sie mindestens eine Flasche erwerben!
- Grasse und Umgebung sind berühmt für ihr **Parfüm,** Marseille für die hohe Qualität seiner – oft auf Olivenölbasis gefertigten – **Seifen.** Terrakotta und farbige Keramik gibt es überall zu kaufen, sehr feine **Fayencen** findet man in Moustiers-Ste-Marie, in Biot sehr schöne Glasartikel.
- Frankreich ist ein Synonym für **exquisite Mode** (➤ 12), die man vor allem in den Boutiquen der noblen Küstenorte erhält. Wer es bodenständiger mag, kauft provenzalische Stoffe oder daraus gefertigte Schals.

Ausgehen

Ein außergewöhnliches Kulturerlebnis in der Provence ist sicherlich der Besuch einer Opern-, Theater- oder Konzertaufführung in den Amphitheatern von Arles und Orange. Einen besonderen Höhepunkt bildet auch das Festival von Avignon. Wer es beschaulicher mag, besucht Kleinkunstbühnen in Cafés oder einen der alten Jazz-Clubs. Informieren Sie sich anhand der Broschüren, die in Hotelfoyers und Touristeninformationen ausliegen – darin findet man alle Events und Sportveranstaltungen.

Kulturveranstaltungen

- In jeder größeren Stadt gibt es ein **Theater,** Spielzeit ist gewöhnlich von Oktober bis ins Frühjahr. Freie Bühnen spielen meist rund ums Jahr, oft auch Stücke hiesiger Dramatiker der Gegenwart.
- Das **Internationale Theater-Festival von Avignon** (➤ 174) ist jeden Juli ein Großereignis – in ganz unterschiedlichen Spielstätten.
- Nicht minder auf seine Kosten kommt man bei **Festivals,** wie den seit 1869 in Orange stattfindenden *Chorégies* – dem ältesten Musikfestival der Provence. Das Amphitheater ist dann Schauplatz opulenter Inszenierungen von *Carmen* oder *La Traviata.* In Aix-en-Provence findet seit 1948 jeden Sommer das *Festival d'Aix* mit Opern und Konzerten im Hof des Erzbischöflichen Palastes oder im Grand Théâtre de Provence statt.
- Im Sommer sind in Nizza Konzerte mit **geistlicher Musik** zu hören, in verschiedenen Kirchen und der Abtei von Cimiez (Infos bei der Touristeninformation).
- Die Crème de la Crème des internationalen **Jazz** trifft sich im Sommer im Jardin Albert I. in Nizza und zum *Nizza Jazz Festival* sowie zum *Festival Jazz à Juan* im nahe gelegenen Juan-les-Pins (mit dem legendären Spielort La Pinède).
- Aix und Marseille richten jeden Sommer auch Festivals zum Modernen **Tanz** aus, und in Aix tritt das ganze Jahr über im Pavillon Noir das Ballet Preljocaj auf (www.preljocaj.org). Informationen zum Ballet National de Marseille unter www.ballet-de-marseille.com.

Nachtleben

- **Café-Bars** sind in Touristenzentren oft anspruchsvollere Adressen für den Drink nach dem Abendessen. Die im Sommer gewöhnlich bestuhlte Terrasse ist ideal zum Relaxen. Bars in der Stadt sind meist schon um 7 Uhr morgens zum Frühstück geöffnet und schließen erst nach Mitternacht (in der Nebensaison ggf. um 21 Uhr). Jugendlichen unter 16 Jahren sind Zutritt und Alkoholkonsum (ab 14) nur in Begleitung Erwachsener gestattet.
- In größeren Städten und Touristenzentren existieren in der Regel interessante **Clubs,** deren Infoflyer bei der Touristeninformation, in Cafés oder Musikläden ausliegen. Manche haben ab 22 Uhr geöffnet, doch die Post geht erst nach Mitternacht ab. Elegante Kleidung ist obligatorisch. Falls ein Club Eintritt verlangt (oft an Wochenenden), ist der erste Drink meist inklusive.
- Beim Besuch eines **Casinos** ist Abendgarderobe unabdingbar, häufig muss man Eintritt entrichten. Die Spieltische sind meist von 22 bis 4 Uhr in Betrieb. Das exklusivste Casino ist das von Monte Carlo, wo nur ausländische Besucher über 18 Zutritt haben; vergessen Sie Ihren Ausweis nicht. Cabaret kann man im Casino Ruhl in Nizza (➤ 66) erleben.

Sport und Freizeit

- In den meisten Touristeninformationen erhalten Sie Spezialbroschüren zu Freizeitaktivitäten *(loisirs)*, von Pétanque (Boule) bis zu Schwimmbädern *(piscines)*, Tennis- und Golfplätzen.
- Das Kalksteingebirge des Luberon und der Grand Canyon du Verdon sind Anziehungspunkte für **Bergsteiger** und **Kletterer** aus aller Welt. Informationen zu Training, Führungen und Ausrüstungsverleih (für Geübte) erteilt der Club Alpin de Français (www.clubalpin.com).
- **Radfahren** ist in Frankreich eine beliebte Freizeitbeschäftigung und wichtige Sportart. Räder kann man in allen größeren Orten und Bahnhöfen mieten, und bei den Touristeninformationen bekommt man Tourenvorschläge, auch für Ausflüge mit dem Mountainbike *(vélo tous terrains* – VTT). Die **Tour de France,** das nationale Sportereignis im Juli (www.letour.fr), führt oft durch die Provence. Wer einen guten Platz am Straßenrand haben möchte, sollte früh aufbrechen: Schon bevor das Feld eintrifft, werden die jeweiligen Straßenabschnitte gesperrt.
- Viele Flüsse, inklusive des spektakulären Grand Canyon du Verdon, eignen sich bestens zum **Kajak- und Kanufahren.** Boote und Ausrüstung kann man stundenweise, aber auch für einen oder mehrere Tage mieten. Auskunft, auch zu geführten Bootsausflügen, erteilt die Fédération Française de Canoë-Kayak (www.ffck.org).
- Die hiesigen Gewässer bieten reichlich Gelegenheit zum **Angeln** und **Fliegenfischen.** Eine Lizenz erhält man in den Anglerläden.
- Es gibt eine ganze Reihe **Golfplätze,** besonders an der Küste. Auskunft über Gebühren etc. erteilen die Touristeninformationen und die Fédération Française de Golf (www.ffg.org).
- **Fußball** spielt in Frankreich eine große Rolle. Die beiden bedeutendsten provenzalischen Clubs, Olympique (de) Marseille (erfolgreichster französischer Fußballverein!) und AS Monaco, sind auch international mit von der Partie. Der AS Monaco spielt im Stade Louis II (Tel. 377 92 05 74 73; www.asm-fc.com), Olympique Marseille im Stade Vélodrome am Boulevard Michelet (www.om.net). Die jeweilige Saison beginnt im August und endet im Mai.
- **Pferderennen** erfreuen sich ebenfalls großer Beliebtheit. Sie finden Rennbahnen *(hippodromes)* in Cagnes-sur-Mer (www.hippodrome-cotedazur.com) und Marseille. **Reitausflüge** sind ideal zur Erkundung der faszinierenden Landschaft der Camargue. Reitclubs gibt es in den meisten größeren Städten, etwa in Les Milles bei Aix. Informationen bei der Fédération Française d'Équitation (www.ffe.com).
- Freunde des **Motorsports** streichen natürlich den Lauf zur Formel-1-Weltmeisterschaft in Monte Carlo rot im Kalender an, der die Stadt jedes Jahr in eine exklusive Rennstrecke verwandelt.
- **Segelschulen** und Bootsverleih haben fast alle Yacht- und anderen Häfen der Provence zu bieten (www.ffvoile.fr). Auch auf den Bergseen der Alpes-de-Haute-Provence, wie dem Lac de Quinson und dem Lac du Castillon, wird fleißig Segel- und anderer Wassersport betrieben.
- Windsurfing-Schulen findet man an der gesamten Küste, Treffpunkt der Profis sind Stes-Maries-de-la-Mer und l'Almanarre bei Hyères.
- Die Provence ist durchzogen von einem Netz aus Spazier- und **Wanderwegen.** Fernwanderwege *(sentiers de grandes randonnées)* und kürzere Routen *(petites randonnées)* sind jeweils auf Landkarten eingezeichnet. Bei Touristeninformationen erhält man ausführliche Informationen zu Wanderungen in der jeweiligen Umgebung, inklusive markierter Wege. Kostenlose Wanderkarten einer Gegend gibt es oft auch im Rathaus.

Alpes-Maritimes

Kleine Erlebnisse

Übersicht

Von der Colline du Château, Nizzas Schlossberg, aus hoch über dem Hafen (➤ 48), den **Sonnenuntergang** genießen.

Einfach und gut

Ein Stück ***socca,*** Fladenbrot, bei René Socca in der Altstadt in Nizza (2, Rue Miralheti) verspeisen.

Kunst auf der Terrasse

Im **Musée Picasso** (➤ 59) in Antibes stehen auf der Terrasse am Meer Skulpturen von Germaine Richier und Joan Miró.

Erste Orientierung

Der Name dieser Region birgt bereits das Geheimnis ihrer Attraktivität: Alpes-Maritimes (Seealpen) – die ideale Kombination von Meer und Gebirge. Kein Wunder, dass hier jedes Jahr Millionen Touristen »einfallen« – Seite an Seite mit den Millionären, die sich in den Nobelorten an der Französischen Riviera tummeln: in Cannes, Antibes, Nizza und Monaco. Luxushotels, Sterne-Restaurants, Boutiquen und Häfen, auf deren glitzerndem Wasser schnittige Yachten schaukeln, bestimmen das Bild.

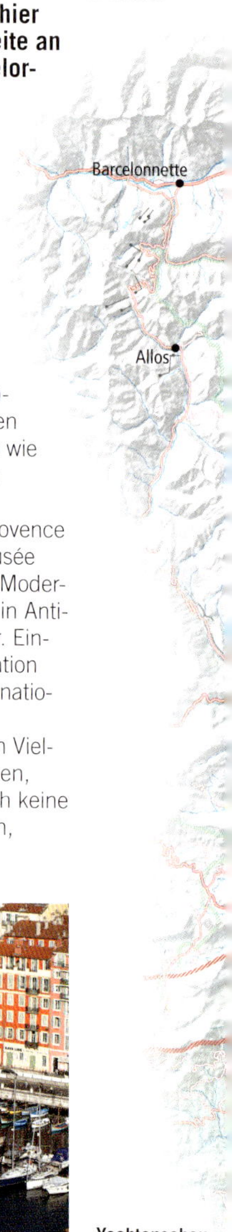

Man ist aber auch schnell all dem Betrieb an der Küste entflohen, wenn man ein paar Kilometer landeinwärts fährt, um dort gemächlich durch die von würzig duftendem Buschwerk *(garrigue)* bestandene Landschaft zu streifen. Äußerst lohnend ist zudem ein Besuch des Parc National du Mercantour (➤ 56) mit seinen zerklüfteten Felsen und stillen Wäldern oder eine Fahrt zu pittoresken Bergdörfern wie Èze, St-Paul-de-Vence und dem noch küstennahen Kleinod Biot.

Als traditionelle Heimat der Künste brilliert die Provence heute mit einer Reihe ausgezeichneter Museen: Musée Matisse, Musée Chagall und MAMAC (Musée d'Art Moderne et d'Art Contemporain) in Nizza, Musée Picasso in Antibes sowie dem Musée Renoir nahe Cagnes-sur-Mer. Einmalig sind auch Ambiente und Bestände der Fondation Maeght (➤ 51) in St-Paul-de-Vence, eines der international führenden Museen moderner Kunst.

Die Region Alpes-Maritimes lässt mit ihrer bunten Vielfalt an landschaftlichen Reizen, verträumten Dörfchen, schicken Resorts und edlen Kunsttempeln eigentlich keine Wünsche offen – sodass viele, die einmal hier waren, gerne immer wiederkommen.

Yachtenschau im Hafen von Nizza

TOP 10

2 Monaco ➤ 44
3 Nice ➤ 47
8 Fondation Maeght ➤ 51

Nicht verpassen!

11 Les Corniches ➤ 52
12 Parc National du Mercantour ➤ 56

Nach Lust und Laune!

13 Vence ➤ 58
14 Grasse ➤ 58
15 Cannes ➤ 59
16 Antibes ➤ 59
17 Biot ➤ 59
18 Cagnes-sur-Mer ➤ 60
19 Villa Ephrussi de Rothschild ➤ 61
20 Menton ➤ 61

In drei Tagen

Wer noch unschlüssig ist, auf welchen Wegen er die Region erkunden soll, findet hier Anregungen für eine entspannte dreitägige Tour durch die Alpes-Maritimes. Die einzelnen Ziele sind im Folgenden ausführlich beschrieben.

Erster Tag

Vormittag

Den Tag können Sie wunderbar im bunten Trubel am **Cours Saleya** (➤ 49) in ★3 **Nice/Nizza** (➤ 47) beginnen, einem der schönsten Straßenmärkte Frankreichs für Blumen, Obst und Gemüse: Sie baden hier förmlich in den Düften und Farben der Provence. Danach lassen Sie sich am besten erst einmal in einem Café nieder, um das Treiben ringsum zu beobachten. Anschließend bietet sich ein Bummel durch die schattigen Gässchen der Altstadt an (➤ 49), vorbei an deren aparten Boutiquen und Kunstgalerien. Am besten suchen Sie eines der Restaurants zum Mittagessen auf.

Mittag

Mit etwas Glück erwischen Sie einen freien Tisch im **La Mérenda** (4, Rue Raoul Bosio, kein Tel.), einem winzigen Restaurant mit Nizzaer Spezialitäten nahe dem Cours Saleya.

Nachmittag

Idyllisch in Olivenhainen liegt eines der schönsten Museen oberhalb von Nizza: das **Musée Matisse** (➤ 50). Hier kann man in Farben schwelgen, Matisse war der »Kopf« der Fauves. Sehenswert ist auch die Sammlung französischer und amerikanischer Kunst ab den 1960er-Jahren, die das **Musée d'Art Moderne et d'Art Contemporain (MAMAC)** beherbergt (➤ 50): Es ist an der Promenade des Arts gelegen. Freunde der Pop-Art kommen hier auf ihre Kosten wie Bewunderer des Minimalismus.

Abend
Vor dem Besuch der **Opéra** von Nizza (➤ 66) ein Bummel über die palmengesäumte Promenade des Anglais, als Ausklang des Tages ein Diner im **La Petite Maison** (11, Rue St-François-de-Paule, Tel. 04 93 92 59 59).

Zweiter Tag

Vormittag
Nicht nur die Kunstsammlung der 8 **Fondation Maeght** (➤ 51) bei St-Paul-de-Vence, auch der charmante Ort selbst (unten) ist einen Ausflug wert. In steilen Kopfsteinpflastergassen wechseln Kunstgalerien mit Lädchen ab.

Mittag
Wie wäre es mit einem leichten Mittagsmahl auf der Terrasse des **Café de la Place** (Place Général de Gaulle, St-Paul-de-Vence, Tel. 04 93 32 80 03) mit Blick auf die Pétanquespieler?

Nachmittag
Von den kühnen Serpentinen der 11 **Moyenne Corniche** (➤ 52) zwischen Nizza und Monaco genießt man einen atemberaubenden Panoramablick. Als Zwischenstopp bietet sich das Bergdörfchen Èze (➤ 53) an. In 2 **Monaco** (➤ 44) lockt das **Musée Océanographique** (➤ 44) mit Attraktionen für jedes Alter.

Abend
Die Straßen von Monaco-Ville mit brunnenbestandenen Plätzen sind besonders stimmungsvoll im Abendlicht. Im **Le Castelroc** (Place du Palais, Tel. 03 77 93 30 36 68) gegenüber dem Palais Princier (➤ 44) kann man sich mit monegassischer Küche verwöhnen lassen, um anschließend im **Casino** (Place du Casino, Monte Carlo, ➤ 45, 66) sein Glück zu versuchen.

Dritter Tag

Packen Sie Ihren Picknickkorb zu einem Tag im 12 **Parc National du Mercantour** (➤ 56). Seine Bergwelt mit den klaren Seen und dunklen Wäldern begeistert.

2 Monaco

Monaco ist der nach dem Vatikan kleinste souveräne Staat der Welt: zwei mit Wolkenkratzern bestandene Quadratkilometer zwischen Gebirge und Meer, im doppelten Sinne ein exklusiver Hafen für reiche Weltbürger, die gerne Steuern sparen.

Das Fürstentum Monaco umfasst neben den engen Gassen und pastellfarbenen Häusern der Altstadt das moderne **Monte Carlo** mit dem berühmten Casino und sündhaft teuren Läden. Angesichts jenes unbekümmert protzenden Reichtums vermag man sich kaum noch vorzustellen, welch bewegtes Schicksal die Halbinsel einst hatte, als ewiger Zankapfel zwischen Frankreich, Spanien und Savoyen. Seit immerhin 700 Jahren herrscht hier nun die Familie Grimaldi als älteste »diensthabende« Monarchie der Welt.

Das Casino von Monaco im abendlichen Licht

Die hoch gelegene Altstadt **Monaco-Ville** erreicht man entweder über einen steilen Anstieg von der Place d'Armes oder per Aufzug vom Parking des Pêcheurs am Wasser. Das Gewirr kleiner Kopfsteinpflastergassen auf dem »Roque«, einer gerade mal 800 m langen Landzunge, ist ein schöner Flanierkurs mit charmanten kleinen Plätzen, plätschernden Brunnen und Häusern im italienischen Stil. Am westlichen Ende der Altstadt erhebt sich, inmitten opulenter Gärten, das **Palais Princier.** Im Sommer, wenn der Regent Albert II. anderswo weilt, gibt es Führungen durch die fürstlichen Gemächer und das kleine Musée Napoléon im Südflügel des Palastes. Ist der Fürst anwesend (dann flattern die Farben der Dynastie auf dem Turm), muss man sich mit dem Spektakel des Wachwechsels (täglich gegen 12 Uhr) begnügen. Die nahe Kathedrale **Notre Dame Immaculée,** 1875 aus Einnahmen des Casinos erbaut, beherbergt ein kostbares Retabel von Louis Bréa, dem wichtigsten Repräsentanten der um 1500 tätigen Schule von Nizza (► 18). In der Kirche befindet sich außerdem die Grablege der Grimaldi, wo auch Fürstin Gracia Patricia (1929–82) bestattet ist.

Hoch auf einer Klippe prangt der grandiose Bau des renommierten **Musée Océanographique,** ein spektakuläres

Ein Vergnügen für alle: von hoch oben auf den Hafen von Monaco schauen

Aquarium und meereskundliches Museum. Hier unterhielt auch sein ehemaliger Direktor Jacques Cousteau ein Forschungszentrum – seine bemerkenswerten Filme laufen regelmäßig im Kino des Museums. Faszinierend sind die raffiniert beleuchteten Aquarien mit Tausenden seltener Fische und lebenden Korallen. Selbst eine Lagune mit Haien fehlt nicht …

Im Westen der Stadt erstreckt sich das lebhafte Geschäftsviertel **La Condamine** mit dem Hafen. Es ist ein Vergnügen, am Kai entlangzulaufen und die schnittigen Millionärs-Yachten zu bestaunen. Doch auch ein Erkundungsgang durch die Sträßchen lohnt sich, vorbei an all den tollen Läden und guten Restaurants.

Neulandgewinnung aus dem Meer war die Basis für den Stadtteil **Fontvieille** mit modernen Wohn- und Geschäftsvierteln, dem Hafen, Sportstadion und dem Rosengarten Princesse Grace, wo 4000 Rosen um die Wette duften. Mit einer üppigen Pflanzenwelt lockt auch der im Stadtteil Les Moneghetti unweit der Moyenne Corniche gelegene **Jardin Exotique** (Abb. ➤ 46).

Der Prachtbau des Musée Océanographique

Das weltberühmte, mondäne **Casino** ist in jedem Fall einen Besuch wert, auch wenn man nicht dem Glücksspiel nachgehen möchte. Das Innere prunkt à la Belle Époque in Rosa, Grün und Gold, mit Marmorböden und Bronzeskulpturen. Zur Linken befinden sich das Café de Paris und die Salons Américains mit ratternden Poker-Automaten (Eintritt frei). Zehn Euro kostet der Eintritt in das Herz des Casinos, die Salons Européens mit Blackjack-, Würfel- und Roulettetischen; weitere zehn Euro sind der Schlüssel zu den prachtvollen Salons Privés. Im hübschen kleinen **Opernhaus** beim Casino stehen regelmäßig die besten Sänger der Welt auf der Bühne. Was man auch unbedingt erlebt haben muss: die abendlich verschwenderisch beleuchtete Place du Casino.

Der Jardin Exotique de Moneghetti gewährt eindrucksvolle Perspektiven

KLEINE PAUSE

Blick aufs Meer genießt man auf der Sonnenterrasse des **Café Llorca,** der Bistro-Version des Sternekochs Alain Llorca (10, Avenue Princesse Grace, Tel. 377 99 99 29 29), oder bei **Stars 'n' Bars** (6, Quai Antoine I, La Condamine, Tel. 377 97 97 95 95, im Winter Mo geschl.), einem beliebten Bar-Restaurant.

Touristeninformation

210 D1 2a, Boulevard des Moulins 377 92 16 61 16; www.visitmonaco.com Mo–Sa 9–19, So 10–12 Uhr

Palais Princier

210 B2 Place du Palais 377 93 25 18 31 April tägl. 10.30 bis 18; Mai–Sept. 9.30–18.30 Uhr; Okt. 10–17.30 Uhr; Nov.–März geschl. 8 €

Casino

210 D2 Place du Casino 377 98 06 21 21 Salons Européens ab 14 Uhr; Salons Privés ab 16 Uhr 10 €

Musée Océanographique

210 B3 Avenue St-Martin 377 93 15 36 00 Okt.–März tägl. 10–18 Uhr; April–Juni, Sept. 9.30–19 Uhr; Juli–Aug. 9.30–19.30 Uhr 14 €

Jardin Exotique de Moneghetti

210 A1/2 Nähe Moyenne Corniche 15. Mai–15. Sept. tägl. 9–19 Uhr (im Winter bis 18 Uhr bzw. Einbruch der Dunkelheit) 7 €

BAEDEKER TIPP

VON EURO BIS OASE DER STILLE

- Gültige Währung in Monaco ist der Euro.
- Nicht während des Grand Prix im Mai kommen (ausgenommen absolute Formel-1-Freaks): Dann ist die Stadt völlig überlaufen und viele Straßen sind gesperrt.
- Zutritt zum Casino hat man erst ab 18. Ausweis nicht vergessen (sowie Jackett und Krawatte)!
- Quer durch Monaco fahren Busse (7 – 21.30 Uhr).
- Wunderschön ist der Blick von der Dachterrasse (mit Cafeteria) des Musée Océanographique auf das Meer und das Fürstentum.
- Eine Oase der Stille ist der Japanische Garten *(Jardin Japonais)* bei der Larvotto-Bucht.

3 Nice

Nizza, Verwaltungssitz des Départements Alpes-Maritimes, ist auch sonst eine Art Hauptstadt der Riviera mit deutlich italienischen Zügen. Hier tobt vor Beginn der Fastenzeit das Leben beim Karneval *(Mardi Gras)*, dem bedeutendsten Ereignis an der Riviera während der Wintersaison. Weil die rebenbepflanzten Ausläufer der Seealpen Nizza so malerisch umfangen, zog es stets zahlreiche Künstler hierher – mit dem Ergebnis, dass es heute nach Paris die Stadt in Frankreich mit den meisten Museen und Kunstgalerien ist.

Seit seiner Gründung im 4. Jahrhundert v. Chr. hatte Nizza unterschiedlichste Herren, unter ihnen Griechen, Römer und Savoyer. Mit Savoyen fiel es 1860 im Vertrag von Turin an Frankreich und erlebte danach seine erste touristische Blüte als Winterresidenz Erholung suchender Engländer.

Panoramablick von der Colline de Château

Nizza-Highlights

Die zu jener Zeit angelegte **Promenade des Anglais** rings um die Baie des Anges (Bucht der Engel) ist im Norden von einer Schnellstraße und den opulenten Fassaden von Luxushotels der Belle Époque gesäumt, darunter ist das weltbekannte **Négresco.** Nizzas kilometerlange Strandpromenade ist bei schönem Wetter voller Flaneure, Skater und Sonnenanbeter und endet an der **Colline du Château** zwischen Strand und Hafen. Von dem mittelalterlichen Fort, das einst hier stand, ist nichts mehr zu sehen, doch erfreut man sich auf der luftigen Höhe des Hügels.

An der begrünten Promenade Paillon, die Alt- und Neustadt trennt, residiert das **MAMAC** (➤ 50), und rings um Nizzas großen Hauptplatz, die **Place Masséna,** findet man Prachtboulevards und Designer-Shops. In den schmalen Sträßchen der Fußgängerzone gibt es zahlreiche Spezialitä-

HÔTEL NÉGRESCO

Das Gästebuch des 1912 eröffneten Hotels (➤ 62) liest sich wie das Who's who internationaler Prominenz; es sind Namen von Winston Churchill über Charlie Chaplin, Édith Piaf, Elizabeth Taylor und Richard Burton bis zu Pablo Picasso und den Beatles darin vermerkt. Die Inneneinrichtung ist inspiriert von Versailles, außen erinnert das Gebäude mit seinen verspielten Formen in Weiß und Rosa an eine Hochzeitstorte. Tipp: Der Haupteingang liegt auf der Rückseite!

Die Promenade des Anglais eignet sich wunderbar zum Bummeln oder auch ein wenig sportlicher Betätigung

tengeschäfte, aber auch preiswerte Restaurants. Am Ostende der Bucht wartet die Altstadt *(Vieux Nice)* mit einem Gewirr dunkler Gassen, wo Wäsche auf der Leine flattert. Cafés, quirlige Märkte und stille Plätze finden sich hier. Dies ist das trendigste und lebendigste Viertel der Stadt, vor allem um den **Cours Saleya** herum, wo täglich einer der schönsten Obst- und Gemüsemärkte Frankreichs aufgebaut wird, mit einer Fülle an Farben, Düften und Aromen. Abends ist der Platz als Zentrum des Nachtlebens von Nizza dann voll belegt mit Tischen der Cafés und Restaurants.

Auf dem Berg **Cimiez,** im Norden der Stadt, befindet sich ihr wohl schönstes Wohnviertel. Hier hatten sich bereits die Römer niedergelassen. Man kann die Ruinen einer **Römersiedlung** erkunden, von der sich Amphitheater, Straßen und öffentliche Bäder erhalten haben: *Les Arènes,* wo es auch ein Museum mit Ausgrabungsfunden gibt. In der Nähe verbrachte der Maler Henri Matisse seine letzten Lebensjahre in einer Villa (heute **Musée Matisse,** ► 18).

Von Weitem schon sieht man im Viertel St-Etiénne die grünen Kuppeln der **russisch-orthodoxen Kirche St-Nicolas** schimmern. Der im Innern mit kostbaren Ikonen, Fresken und Kultgegenständen ausgestattete Bau entstand 1912.

MUSEUMSBESUCHE

- Nizza hat den großen Schritt getan: In keinem **städtischen Museum** wird Eintritt verlangt, einzige Ausnahme ist das Nationalmuseum Marc Chagall. Somit sind alle finanziellen Barrieren gefallen und die Kunstschätze in der Stadt frei zu besichtigen.
- Die **Villa Masséna** (35, Promenade des Anglais) wurde aufwendig renoviert und dokumentiert in Gemälden, Fotos und Skulpturen die Geschichte der Stadt vom 18. bis zu den ersten Jahrzehnten des 20. Jahrhunderts. Das Gebäude ist von einem kleinen schönen Park umgeben. Ein Zentrum für zeitgenössische Kunst, das die Altmeister der zweiten Schule von Nizza wie Ben Vautier unterstützt, ist die **Villa Arson** (20, Avenue Liégeard) mit ihrer Hochschule in einer Villa aus dem 18. Jahrhundert und einem Gebäudekomplex im Bauhaus-Stil.

TOPMUSEEN AUF EINEN BLICK

Musée d'Art Moderne et d'Art Contemporain

208 D2 Promenade des Arts 04 97 13 42 01; www.mamac-nice.org Di–So 10–18 Uhr gratis

Der imposante Bau des MAMAC mit vier weißen Türmen, verbunden durch einen kühnen Bau aus Stahl und Glas, beherbergt eine hochkarätige Sammlung moderner und zeitgenössischer Kunst: darunter sind Werke amerikanischer Pop-Art der 1960er-Jahre (Lichtenstein, Warhol) und des französischen Nouveau Réalisme. Von der Dachterrasse hat man einen fantastischen Blick auf die Stadt.

Musée Matisse

208 bei C1 164, Avenue des Arènes de Cimiez 04 93 81 08 08; www.musee-matisse-nice.org Mi–Mo 10–18 Uhr gratis

Henri Matisse (➤ 18), Kopf der Fauvisten und einer der angesehensten Künstler Frankreichs, lebte ab 1917 in Nizza. Das Museum in der alten Villa in Cimiez, seinem letzten Wohnsitz, vermittelt durch Gemälde, Gouachen, Zeichnungen und Skulpturen einen repräsentativen Überblick seines Schaffens.

Musée National Message Biblique Marc Chagall

208 C1 Avenue de Dr Ménard, Boulevard du Cimiez 04 93 53 87 20; www.musee-chagall.fr Mi–Mo 10–17 oder 18 Uhr 7,50 €, 1. So im Monat gratis

In einem Park am Fuße des Cimiez widmet sich seit 1973 dieses Museum der Auseinandersetzung Chagalls mit der Bibel – in Gemälden, Mosaiken und Glasarbeiten. Der 1897 in Russland geborene Künstler verbrachte die letzten vier Lebensjahrzehnte in der Provence und starb 1985 in St-Paul-de-Vence. Wechselausstellungen zeigen auch Werke anderer Künstler.

KLEINE PAUSE

Genießen Sie ein fischfröhliches Mahl zu moderatem Preis im **L'Âne Rouge** mit Blick auf den Hafen (7, Quai des Deux-Emmanuel, Tel. 04 93 89 49 63). Es stehen auch verschiedene Menüs zur Wahl, etwa Gourmand oder Riviera.

Touristeninformation

208 B3 5, Promenade des Anglais 08 92 70 74 07 (0,34 €/Min.); www.nicetourisme.com Sommer Mo–Sa 8–20, So 9–19 Uhr; Winter Mo–Sa 9–18 Uhr

Musée Archéologique de Cimiez

208 nördl. C1 160, Avenue des Arènes 04 93 81 59 57 Mi–Mo 10–18 Uhr. Führungen auf Anfrage gratis

Cathédrale Orthodoxe Russe St-Nicolas

208 A2 Avenue Nicolas-II 04 93 96 88 02 Di–So 9–12, 14–18 Uhr gratis

8 Fondation Maeght

Der 1964 eröffnete Bau ist eines der international bedeutendsten Museen für moderne Kunst. Die Stiftung ist benannt nach Aimé und Marguerite Maeght, die mit großen Künstlern ihrer Zeit befreundet waren. Daher bilden Werke von Matisse, Miró, Braque, Bonnard und Chagall den Grundstock der Sammlung.

Skulptur Mirós auf dem Museumsgelände

Das Museum steht malerisch in einem Schirmpinienhain unweit des Bergdorfes St-Paul-de-Vence, umgeben von einem Park voller Skulpturen, Mosaiken und Wandgemälde. Architektonisch harmoniert das Gebäude perfekt mit der Natur ringsum, nicht zuletzt durch markante Fenster und Oberlichter im Dach mit außergewöhnlichen zylindrischen »Segeln« darauf.

Die ständige Sammlung von Kunst des 20. Jahrhunderts glänzt mit Werken beinahe aller renommierten Künstler der vergangenen fünf Jahrzehnte. Zu den Höhepunkten gehören die Cour Giacometti (ein gefliester Innenhof mit den typischen überlängten Figuren des Bildhauers), Chagalls Riesengemälde *Das Leben (La Vie)* und das Miró-Labyrinth, ein fantastisches Ensemble von Brunnen, Bäumen, Mosaiken und Skulpturen.

Das nahe gelegene Hügeldorf **St-Paul-de-Vence** wurde in den 1920er-Jahren von einer Gruppe junger Künstler als Refugium entdeckt, darunter waren Paul Signac, Pierre Bonnard, Amedeo Modigliani und Chaim Soutine – sie logierten in der Auberge de la Colombe d'Or und zahlten die Miete mit ihren Gemälden statt in bar. Auch Marc Chagall, der hier seine letzte Ruhestätte hat, zog es wie viele andere Maler in den pittoresken Ort (wohl einer der schönsten der ganzen Provence), dessen Gassen heute von einer reichlichen Anzahl an Kunstgalerien gesäumt sind.

KLEINE PAUSE

Das **Café** des Museums ist auch ein schöner Platz für ein Mittagessen.

199 D2 St-Paul-de-Vence 04 93 32 81 63; www.fondation-maeght.com Juli–Sept. tägl. 10–19 Uhr; Okt.–Juni 10–18 Uhr 15 €

BAEDEKER TIPP

Unbedingt besichtigen sollten Sie die **Kapelle** mit Glasfenstern unter anderem von Georges Braque und Raoul Ubac. Sie ist Erinnerungsstätte an den im Kindesalter an Leukämie verstorbenen Sohn der Maeghts.

11 Les Corniches

Drei berühmte Küstenstraßen führen an der Riviera über die wild zerklüftete Steilküste zwischen Nizza und Menton: Grande, Moyenne und Basse Corniche schlängeln sich in teils gewagten Kurven hier mit einmaligem Panoramablick entlang.

Die **Grande Corniche,** am höchsten gelegen und einst von Napoleon auf Spuren der antiken Via Julia Augusta gebaut, durchquert eine Reihe malerischer Bergdörfer – ideal für Picknick und Naturgenuss. Modern gibt sich darunter die **Moyenne Corniche,** die unmittelbar an den Klippen entlangführt – mit Haarnadelkurven, Tunneln und atemberaubenden Fernblicken: nach wie vor eine perfekte Kulisse für Werbefilme für Autos und Verfolgungsjagden in Spielfilmen. Die im 18. Jahrhundert vom Prinzen von Monaco angelegte **Corniche Inférieure** verbindet die Nobelorte der Riviera, die direkt an der Küste liegen, mit Monaco.

Traumhaft ist der Blick über Èze und das Cap Ferrat

La Turbie, überragt vom Tropaeum Alpium

Zu sehen gibt es an diesem Küstenstreifen genug in jeder Hinsicht, angefangen mit **Èze,** dem Musterbeispiel eines provenzalischen Bergdorfs und abenteuerlich auf einer Felsspitze thronend. Kommt man an einem klaren Tag dorthin (nach zehnminütiger Fahrt von Nizza oder Monaco über die Moyenne Corniche), genießt man von diesem *Nid d'Aigle* (Adlerhorst) einen fantastischen Blick bis nach Korsika. An ockerfarbenen Feldsteinhäusern vorbei und über ein Labyrinth steiler Pfade gelangt man zur über 429 m hoch gelegenen Burgruine, die von einem exotischen Kakteengarten *(Jardin Exotique)* umgeben ist. Lohnend ist auch ein Gang durch die Kunstgewerbelädchen in den Felshöhlen – kleine Schatzkisten voller Antiquitäten und Objekte aus Keramik, Zinn oder Olivenholz. Am Fuße des Hügels unterhalten die Parfümhersteller Galimard und Fragonard höchst interessante Museen.

Skulpturendetail an der Westfassade des Tropaeum Alpium

Etwas weiter östlich, an der Grande Corniche, liegt das Dorf **La Turbie,** schon von fern erkennbar an einem hoch aufragenden römischen Monument *(La Trophée des Alpes,* lat. *Tropaeum Alpium)* zu Ehren des Kaisers Augustus, der vor der Zeitenwende die Region eroberte. Es gibt ein kleines Museum, das die Restaurierung des Denkmals dokumentiert, und von der Terrasse auf der Rückseite hat man einen wunderbaren Fernblick auf die Felsküste.

An der Corniche Inférieure (wie die Basse Corniche auch genannt wird) lockt in der Nähe von Nizza das mittelalterliche Städtchen **Villefranche-sur-Mer,** einst als Freihafen gegründet und heute ein pittoreskes, vergleichsweise noch natürliches Seebad mit italienischer Prägung: rote und orangefarbene Fassaden, nette kleine Bars, Cafés und Restaurants am Wasser. Lassen Sie sich nicht schrecken vom beschwerlichen Aufstieg in die Altstadt über steile Treppen und mäandernde schmale Gässchen: Allein die wuchtige Zitadelle aus dem 16. Jahrhundert ist es wert, auch wegen ihrer Galerie mit Werken einheimischer Künstler (➤ 16), u. a. von Pablo Picasso und Joan Miró.

Tief ins blaue Mittelmeer erstreckt sich die Halbinsel **Cap Ferrat** mit luxuriösen Anwesen hinter dicken Mauern und Hecken – zumindest die **Villa Ephrussi de Rothschild** (➤ 61) kann man besichtigen. An diesem Kap gaben sich schon immer die Reichen und Berühmten ein Stelldichein, von Schriftstellern wie William Somerset Maugham und Sängerinnen wie Edith Piaf bis zu Filmstars wie Charlie Chaplin und David Niven. Wer sich Appetit zum Mittagessen im ehemaligen Fischerdorf St-Jean-Cap-Ferrat anlaufen möchte, kann auf einem Küstenpfad die Halbinsel umrunden, vorbei an verschwiegenen kleinen Buchten.

An der Ostseite des Cap Ferrat liegt **Beaulieu-sur-Mer,** von Hügeln umgeben wie ein natürliches Amphitheater. Ausgesprochen mild ist das Klima hier, und so gedeihen nicht nur Zitrusfrüchte, sondern auch Bananen in der Gegend. Außer einer eleganten Strandpromenade hat es auch ein vornehmes Casino zu bieten sowie als architekto-

BAEDEKER TIPP

- Für Ihre Reiseplanung: Während der Hauptsaison im Juli/August ist die **Corniche Inférieure** stark befahren, die Küste generell überlaufen.
- Täglicher Blumen- und Lebensmittelmarkt in **Roquebrune-Cap-Martin.**
- Bei den **Touristeninformationen** erhält man detaillierte Wanderkarten.
- Am Kai von Villefranche-sur-Mer steht die **Chapelle St-Pierre** aus dem 14. Jahrhundert. 1957 wurde sie von Jean Cocteau, dem prominentesten Bürger der Stadt, mit Szenen aus dem Leben des Heiligen ausgemalt (Tel. 04 93 76 90 70; Sommer Di–So 10–12, 15–19 Uhr; Winter 10–12, 14–18 Uhr, Mitte Nov.–Mitte Dez. geschl.; 2,50 €).

nische Sehenswürdigkeiten die Belle-Époque-Villa Rotonde und die ausgefallene Villa Kérylos des aus Frankfurt stammenden Althistorikers und Archäologen Théodore Reinach. Die Villa war ein exakter Nachbau eines altgriechischen Wohnhauses und Treffpunkt unter anderem für Literaten und Künstler.

Der Fußweg rund ums Cap Ferrat erlaubt schöne Blicke auf die Natur und die Villen

Zwischen Monaco und Menton stößt man wieder auf einen zweigeteilten Ort: **Roquebrune-Cap-Martin.** Oben am Kliff schmiegt sich das mittelalterliche Roquebrune (»brauner Fels«) mit blumengeschmückten Gässchen um die Burg aus dem 10. Jahrhundert, unten am Wasser liegt der Küstenort Cap Martin mit der Promenade Le Corbusier – einem Rundweg um das Kap, vorbei an Villen in Gärten. Le Corbusier verbrachte einige Sommer im Ort.

KLEINE PAUSE

Am Ortseingang von Roquebrune liegt das beliebte Höhlen-Restaurant **La Grotte** (Place des Deux-Frères, Tel. 04 93 35 00 04, Di/Mi geschl.). Genießen Sie dort das Tagesgericht *(plat du jour)*!

In Èze gibt es leckere Crêpes bei **Le Cactus** im alten Torbogen (Tel. 04 93 41 19 02, Feb.–Okt).

Touristeninformationen

203 E5 Jardin François-Binon, Villefranche-sur-Mer 04 93 01 73 68

203 E5 59, Avenue Denis Semeria, Cap Ferrat 04 93 76 08 90

203 E/F5 Place de Gaulle, Èze 04 93 41 26 00

203 E5 Place Clemenceau, Beaulieu-sur-Mer 04 93 01 02 21

203 F5 218, Avenue Aristide Briand, Roquebrune-Cap-Martin 04 93 35 62 87

12 Parc National du Mercantour

Der 1979 nach langen Verhandlungen aus der Taufe gehobene Nationalpark erstreckt sich entlang der Grenze zu Italien und rund 130 km durch die Seealpen. Auf seinem Gebiet liegen Naturschönheiten wie die Täler von L'Ubaye, Tinée, Var, Vésubie und Roya. Einige seiner majestätischen Berggipfel sind veritable Dreitausender, darunter der Cime du Gélas und der Mont Clapier. In den Tälern um den Mont Bégos im Osten finden sich bronzezeitliche Felsritzungen, doch allein die abwechslungsreiche Flora und Fauna und das milde Klima machen einen Besuch im Park zum Vergnügen.

Das Städtchen **Tende** an der Roya ist ein guter Ausgangspunkt für rund 600 km markierte Wanderpfade im Park. Man startet in einer mittleren Höhe von etwa 500 m, wo noch grünes Weideland die Szene beherrscht, und steigt dann allmählich hinauf zur Baumgrenze. Kiefern und Lärchen lässt man nun zugunsten von Bergwiesen, tiefen Schluchten, steilen Gipfeln, eisigen Gletschern und klaren Bergseen hinter sich. Der größte See ist der über 2000 m hoch gelegene **Lac d'Allos.** Für Wanderer wie Bergsteiger ist der Park gut erschlossen. Er bietet ein Wegenetz, durch das auch mehrere Europäische Fernwanderwege führen (z. B. GR5 und GR52), großteils mit Übernachtungsmöglichkeiten (Reservierung erforderlich!). Auch die Betreuung durch Bergführer und Parkranger ist gut organisiert. Die höher gelegenen Regionen sind wegen des Schnees von etwa Mitte Oktober bis Mitte Juni nicht zugänglich.

Flora und Fauna

Die Artenvielfalt im Park ist enorm und umfasst auch bedrohte Tierarten wie Wildschwein, Murmeltier, Gämse, Alpensteinbock und Mufflon. Im Frühling, wenn auch bunte

Die Landschaft des Parque National du Mercantour lädt geradezu zum Wandern ein

BAEDEKER TIPP

- Im Park verboten sind: Blumenpflücken, Camping, Lagerfeuer, Haustiere und Abfallbeseitigung.
- Nach aktuellen Wetterverhältnissen und Zustand der Wege fragen Sie am besten bei den **Maisons du Parc** in Barcelonette, Valberg, St-Etienne de Tinée, St-Martin Vésubie oder Tende, wo man auch Unterkünfte buchen kann (weitere Infos unter: www.parc-mercantour.eu).
- Das topmoderne **Musée des Merveilles** in Tende informiert anschaulich über Flora, Fauna, archäologische Funde, Kultur und Lebensstil der Vallée des Merveilles.
- Eine der aufregendsten Exkursionen im Park ist eine **Trekking-Tour zur Vallée des Merveilles,** einem Tal im Oberlauf der Roya (links), wo es an den Felswänden Tausende frühgeschichtlicher Zeichnungen zu bewundern gibt (ebenso in der **Vallée de Fontanalbe**). Sie entstanden um 1800–1500 v. Chr. in der Bronzezeit und stellen – stark abstrahiert – Hände, Waffen, Werkzeuge und Hörner dar. Führungen ab Refuge des Merveilles im Juli und Aug. tägl. 7.30, 11 und 15 Uhr. Parkplatz an der D91 beim Lac des Mesches, von wo ein Pfad zum Refuge des Merveilles führt (3 Std. Fußweg).

Schmetterlinge über die Wiesen taumeln, blühen Glockenblumen und blauer Enzian. Die ausgefallenste und nur hier heimische Pflanze ist eine Steinbrechart *(Saxifraga florulenta)*, die in 30 Jahren ein einziges Mal blüht.

Den Himmel über den Gipfeln bevölkern Steinadler, Bartgeier und Falke, in niedrigeren Regionen kann man Alpenschneehuhn, Buntspecht, Wiedehopf, Bergfink, Ortolan (Gartenammer) und Felsammer entdecken.

KLEINE PAUSE

Wer auf eine Mahlzeit in den **Schutzhütten** setzt, muss diese vorab bestellen.

---

199 F4

Mercantour Information

199 F4 ✉ Parc National du Mercantour, Centre Accueil Valberg, 1, Rue St-Jean, 06470 Valberg ☎ 04 93 02 58 23; www.parc-mercantour.eu Sommer tägl. 10–13, 15–19 Uhr; im Winter unregelmäßige Öffnungszeiten

Musée Départemental des Merveilles

✉ Avenue du 16 Septembre 1947, 06430 Tende ☎ 04 93 04 32 50; www.museedesmerveilles.com Juli–Aug. tägl. 10–18.30 Uhr; Mai–Juni und Sept. bis Mitte Okt. Mi–Mo 10–18.30 Uhr; Mitte Okt.–April Mi–Mo 10–17 Uhr; Mitte März und Mitte Nov. geschl. Eintritt frei

GESCHICHTLICHER HINTERGRUND

Der Park gehörte ursprünglich zu Italien und war ein königliches Jagdrevier. Nach dem Zweiten Weltkrieg blieb der größte Teil bei Frankreich, das das Areal immer mehr ausweitete und 1979 zum Nationalpark machte. 1993 schließlich wurde er vom Europarat offiziell als geschütztes Gebiet deklariert.

Nach Lust und Laune!

13 Vence

Ein Magnet für Künstler war das wenige Kilometer von Cannes und Antibes landeinwärts gelegene Vence: Hauptsehenswürdigkeit ist hier die **Chapelle du Rosaire** (► 18) in einem der nördlichen Vororte. Das Buntglas der Fenster taucht das Innere in farbiges Licht. Die Kapelle trägt Ausgestaltungen von Henri Matisse – dies war sein Dank an die Schwestern des Dominikanerordens für ihre Hilfe während seiner schweren Erkrankung.

Auf der Place du Frêne und Place du Peyra in der hübschen Altstadt sprudeln Brunnen mit bestem Mineralwasser. Von hier aus kann man einen schönen Bummel machen: die von ausgezeichneten Delikatessläden gesäumte Rue du Marché hinab zur Place Clemenceau. Dort erhebt sich die **Kathedrale** Nôtre-Dame-de-la-Nativité, erbaut im 10. Jahrhundert auf den Resten eines antiken Tempels. Die Mauern tragen römische Grabsteine; für das Baptisterium schuf Marc Chagall ein Mosaik (er lebte bis 1985 in Vence). Von Vence hat man Zugang zum Naturpark **Préalpes d'Azur.**

203 D5

Lauschiger Winkel in Vence

Touristeninformation
Place du Grand-Jardin 04 93 58 06 38; www.vence.fr

Chapelle du Rosaire
Avenue Henri-Matisse 04 93 58 03 26
Mo, Mi, Sa 14–17.30, Do 10–11.30, 14–17.30 Uhr (Fr 14–17.30 Uhr während der Schulferien), Messe So 10 Uhr; Mitte Nov. bis Ende Dez. geschl. 5 €

14 Grasse

Weite Felder mit Lavendel prägen markant das Erscheinungsbild der Provence. Die Blüten sind Grundstoff für die **Parfümindustrie** von Grasse. Dort residieren bekannte Hersteller, wie Molinard, Galimard und Fragonard, deren Fabriken man besichtigen kann. Zu den Abnehmern der Essenzen gehören auch Nobelhäuser wie Chanel und Dior. Rosen und Jasmin, die wichtigsten Ingredienzien aller Parfüms, sind im Mai und August Feste gewidmet. Einen Besuch lohnt die **Kathedrale** an der Place Godeau mit drei Gemälden (1601) von Peter Paul Rubens.

203 D5

Touristeninformation
Place du Cours Honoré Cresp 04 93 36 03 56; www.grasse.fr Juli–Sept. Mo–Sa 9–19, So 9–13, 14–18 Uhr; Okt.–Juni Mo–Sa 9–12.30, 14–18 Uhr

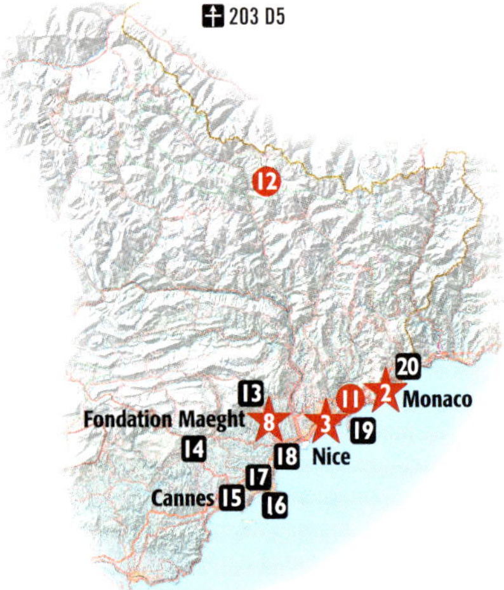

Fröhlich bunter Markt am Cours Masséna in Antibes

15 Cannes

Cannes ist ein schickes Einkaufsparadies, wo man sich bestens amüsieren kann, aber auch eine Stadt internationaler Wirtschafts- und Kulturveranstaltungen, in der im Mai die **Internationalen Filmfestspiele** stattfinden. Die Stadt hat zwei Gesichter: im Westen den alten Hafen mit der Esplanade und schmalen Sträßchen, die sich in die Altstadt Suquet emporwinden, im Osten die modernen Viertel rings um die elegante Strandpromenade **Croisette.** Hier reihen sich die Edelboutiquen aneinander, man kommt hierher, um zu sehen und gesehen zu werden (was auch nachts durch das Flutlicht garantiert ist). Wer mag, kann seine Hände in die Abdrücke der Stars vor dem Palais des Festivals legen (Abb. ➤ 25). Der lange **Sandstrand** ist leider vorwiegend nur gegen Eintritt zugänglich, bis auf seine Ausläufer zu beiden Seiten.

✚ 203 D4

Touristeninformation

✉ Palais des Festivals, 1, Boulevard de la Croisette ☎ 04 92 99 84 22; www.cannes-destination.fr 🕐 tägl. Juli–Aug. 9–20 Uhr; Sept.–Juni 9–19 Uhr

Schalen mit Duftproben in Grasse

16 Antibes

Der Reiz von Antibes beruht nicht zuletzt auf dem Luxus, der im Yachthafen Port Vauban zur Schau gestellt wird. Attraktiv ist aber auch seine Altstadt mit den Ruinen der Stadtbefestigung aus dem 17. Jahrhundert, errichtet vom großen Festungsbaumeister Sébastien le Prestre de Vauban (1633–1707).

Die Kopfsteinpflastergassen und Plätze quellen vor Läden, Restaurants und Bars beinahe über. Einen Besuch ist Antibes aber allein schon wegen des Musée Picasso im Château Grimaldi wert, mit seiner Sammlung von Gemälden, Zeichnungen, Keramiken und Skulpturen des Genies (➤ 18), die vorwiegend während seines Aufenthaltes auf dem Schloss im Jahre 1946 entstanden.

Die **Kathedrale** war ursprünglich romanisch, das Langhaus wurde im 17. Jarhundert neu erbaut.

✚ 203 D/E4

Touristeninformation

✉ 11, place Général de Gaulle ☎ 04 92 90 53 00; www.antibesjuanlespins.com 🕐 tägl. Juli–Aug. 9–19 Uhr; Sept.–Juni Mo–Fr, 9–12.30, 13.30–18, Sa 9–12, 14–18 Uhr

Musée Picasso

✉ Château Grimaldi ☎ 04 92 90 54 20
🕐 Mitte Juni–Mitte Sept. Di–So 10–18 Uhr; Mitte Sept.–Mitte Juni 10–12, 14–18 Uhr
✋ 6 €

17 Biot

Auf einer Anhöhe zwischen Antibes und Nizza liegt das charmante Örtchen Biot, in dem ein Labyrinth von Gässchen zum Hauptplatz mit seinen Arkaden hinaufführt.

Seit der Römerzeit werden hier Töpferwaren, heute auch hochwertige Gold- und Silberarbeiten sowie Artikel aus Olivenholz hergestellt. Einen exzellenten Ruf genießt die heimische Glasproduktion – man kann den Glasbläsern, zu deren besonderem Handwerk das *verre bullé* (Glas mit Lufteinschlüssen) gehört, in der **Verrerie de Biot** (➤ 65) zusehen.

Eindrucksvoll ist das nahe gelegene **Musée National Fernand Léger** mit seiner gewaltigen Mosaikfassade und riesigen farbigen Glasfenstern, gegründet 1959 zu Ehren des Malers und Grafikers Fernand Léger (1881–1955). Er lebte kurze Zeit im Ort. Im Museum sind fast 400 seiner Werke zu sehen, darunter Keramiken und Wandteppiche.

✚ 203 D5

Touristeninformation
✉ 46, Rue St-Sébastien ☎ 04 93 65 78 00; www.biot-tourisme.com

Musée National Fernand Léger
✉ Chemin du Val de Pôme ☎ 04 92 91 50 30
🕐 Mai–Okt. Mi–Mo 10–18 Uhr; Nov.–Mai Mi bis Mo 10–17 Uhr 💶 5,50 €, unter 26 Jahren frei, 1. So im Monat frei

18 Cagnes-sur-Mer

Cagnes-sur-Mer umfasst neben dem alten Fischerort und Seebad Cros-de-Cagnes das moderne Geschäftsviertel Cagnes-Ville (mit Hippodrome am Meer). Oben auf dem Fels liegt das Bergdorf Haut-de-Cagnes, das von einer Burg der Grimaldis aus dem 14. und 17. Jahrhundert gekrönt wird. Dort sind neben dem schönen Innenhof einige Dauerausstellungen zu sehen, unter anderem Werke aus der Stiftung der Kabarettsängerin Suzy Solidor.

Pierre-Auguste Renoir (1841 bis 1919) verbrachte seine letzten Lebensjahre bei Cagnes – auf seinem Landsitz »Les Collettes«, der heute das **Musée Renoir** beherbergt (➤ 17). Hier sind Gemälde und Skulpturen des impressionistischen Künstlers zu sehen.

✚ 203 D5

Touristeninformation
✉ 6, Boulevard Maréchal-Juin ☎ 04 93 20 61 64; www.cagnes-tourisme.com

Musée Renoir
✉ 19, chemin des Collettes ☎ 04 93 20 61 07
🕐 Mai–Sept. Mi–Mo 10–12, 14–18 Uhr; Okt. bis April Mi–So 10–12, 14–17 Uhr; Nov. geschl.
💶 6 €

Villa Ephrussi de Rothschild

AUF INS LAND DER ERLEBNISSE …

- **Antibes** Legen Sie einen Familientag in **Marineland** ein, wo Delfine, Seelöwen, Haie und andere Sensationen warten: eine Farm mit Abenteuerspielplatz, Schmetterlingsdschungel, Wasserpark und Abenteuer-Minigolf (Route N7, gegenüber Antibes Land, tägl. geöffnet; www.marineland.fr).
- **Grasse** Einen Superspaß haben die Kids bei einigen Runden **Fun Kart,** Bar-sur-Loup (Route de Gourdon, tägl. geöffnet; www.fun-karting.com).
- **Cagnes-sur-Mer** Etwas für die ganze Familie ist auch ein **Pferderennen** im Hippodrome (Tel. 04 93 22 51 00; Mo, Mi, Fr ab 20.30 Uhr, Anfang Juli bis Aug.).
- **Monaco** Jacques Cousteaus weltbekanntes **Musée Océanographique** ist für Kinder aller Altersstufen ein Erlebnis (➤ 44). In **Fontvieille** gibt es mehrere Museen, darunter tolle Sammlungen von Schiffs- und Automodellen, sowie einen Zoo (Meeresmuseum, Tel. 377 92 05 28 48; Oldtimer-Ausstellung, Tel. 377 92 05 28 56; Zoo, Tel. 377 50 40 30). Wer sich rechtzeitig um Karten kümmert: Jedes Jahr im Januar findet das internationale Zirkusfestival von Monte Carlo statt.

19 Villa Ephrussi de Rothschild

Das bonbonfarbene Belle-Époque-Palais (links) gehörte der Baroness Béatrice Ephrussi de Rothschild (1864–1934), einer schillernden Persönlichkeit mit schier unbegrenzten finanziellen Mitteln. In der im Stil des 18. Jahrhunderts gehaltenen Inneneinrichtung mit kostbaren Teppichen und Wandbehängen finden sich Möbel aus dem Besitz von Marie Antoinette, und die Sammlung von Porzellan aus Sèvres und Vincennes sucht ihresgleichen. Im Erdgeschoss, dem Patio und den sieben Gärten kann man nach Gusto flanieren. Die Sammlungen im ersten Stock kann man nur im Rahmen einer Führung besichtigen.

203 E5 ✉ St-Jean-Cap Ferrat ☎ 04 93 01 33 09; www.villa-ephrussi.com Mitte Feb. bis Nov. tägl. 10–18/19 Uhr; Nov. bis Mitte Feb. Mo–Fr 14–18 Uhr; 25. Dez. geschl. 12,50 €

20 Menton

Am Fuße steiler Klippen liegt Menton, Frankreichs wohl »italienischstes« Städtchen mit stattlichen Häusern und palmengesäumtem Strand.

Hier beginnt schon das Land, wo die Zitronen blühen: in den Terrassengärten hoch über der Stadt. Jeden Februar findet in den Jardins Biovès das **Zitronenfest** statt. Die Silhouette der **Altstadt** wird von zwei Kirchen beherrscht – der Église St-Michel und der Chapelle des Pénitents Blancs.

Weitere Sehenswürdigkeiten sind das Musée Jean Cocteau, das Musée de la Préhistoire Régional sowie das Palais Carnolès, einst Sommerresidenz, mit dem Kunstmuseum.

203 F5

Touristeninformation

✉ Palais de l'Europe, Avenue Boyer ☎ 04 92 41 76 76; www.tourisme-menton.fr Mitte Juni–Mitte Sept. tägl. 9–19 Uhr; Mitte Sept. bis Mitte Juni Mo–Sa 8.30–12.30, 14–18, So 9–12.30 Uhr

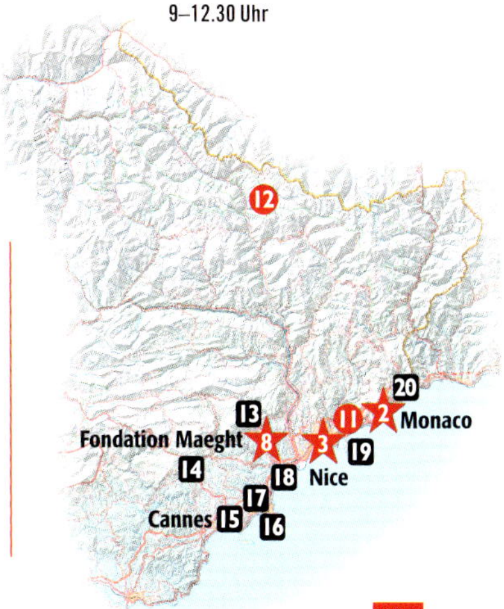

Wohin zum ... Übernachten?

Preise
für ein Doppelzimmer pro Nacht:
€ unter 100 Euro €€ 100–200 Euro €€€ über 200 Euro

CANNES

Hotel Beau Séjour €€

Westlich der Altstadt Le Suquet, wenige Gehminuten von der Plage de la Croisette, liegt das komfortable 3-Sterne-Hotel: 44 moderne, klimatisierte Zimmer mit Bad (Föhn), WLAN-Zugang und Satelliten-TV. Das Haus ist umgeben von einem weitläufigen Garten mit Pool und Sonnenterrasse. Lounge Bar und Spa sind vorhanden.

203 D4 ✉ 5, Rue des Fauvettes ☎ 04 93 39 63 00; www.cannes-beausejour.com

ÈZE

Château Èza €€€

Zauberhaftes, luxuriöses »Vogelnest« in einer Villa aus dem 17. Jh. In den meisten der 10 Zimmer und Suiten genießen Gäste vom Balkon denselben traumhaften Panoramablick wie vom Michelin-Stern-gekrönten Restaurant aus.

199 E2 ✉ Rue de la Pise ☎ 04 93 41 12 24; www.chateaueza.com

MENTON

Claridge's €

2-Sterne-Haus im Zentrum von Menton, 5 Gehminuten von Casino, Promenade du Soleil und Strand. 39 relativ kleine, komfortabel eingerichtete Zimmer mit TV und Klimaanlage (teilweise familientauglich). Parkplatz, Bar, Lounge, Terrasse zur Straße. Frühstück nicht im Preis inbegriffen.

199 F2 ✉ 39, Avenue de Verdun ☎ 04 93 35 72 53; www.claridges-menton.com

MONACO

Columbus €€–€€€

Im schicken Designerhotel, das einst dem Ex-Formel-1-Piloten David Coulthard gehörte und Wert auf eine harmonische Gestaltung legt, haben viele der insgesamt 181 Zimmer Blick aufs Meer oder den Hafen von Fontvieille. Im Erdgeschoss gibt es eine elegante Brasserie; Pool und Wellness-Bereich sind selbstverständlich.

210 A3 ✉ 123, Avenue des Papalins, Fontvieille ☎ 377 92 05 90 00; www.columbushotels.com

NIZZA

Le Grimaldi €€–€€€

4-Sterne-Hotel mit Belle-Époque-Fassade und passablen Preisen für die 46 Zimmer und Suiten, alle individuell und geschmackvoll eingerichtet im provenzalischen Stil. Jeweils mit Mini-Bar, Safe, Satelliten-TV, Internet-Zugang, Klimaanlage und Bad. Auch für Geschäftsreisende geeignet. Frühstück ist im Preis nicht inbegriffen. Parkmöglichkeit bestehen in der Nähe.

208 B3 ✉ 15, Rue Grimaldi ☎ 04 93 16 00 24; www.le-grimaldi.com

Hôtel Négresco €€€

Seit 1912 leuchten die rosaroten Kuppeln des ersten Hauses am Platz (► 48) über der Promenade des Anglais. Das luxuriöse Interieur ist ein wahres Museum aller Kunststile von der Renaissance bis zum 21. Jh. Die absolut gediegenen 96 Zimmer und 21 Suiten verfügen

über ADSL-Internet-Zugang und LCD-TV. Wer hier auf großem Fuße absteigt, kann ihn zum Sonnenbaden exklusiv auf den Sand des Hotelstrandes setzen.
208 B3 37, Promenade des Anglais 04 93 16 64 00; www.lenegresco.com

Villa Rivoli €–€€
Barbara Kimmig, die 15 Jahre lang im Hôtel Negresco arbeitete, hat aus der Belle-Époque-Villa, nur ein paar Schritte von der Promenade des Anglais entfernt, ein hübsches, kleines Hotel mit 26 geschmackvoll eingerichteten Zimmern gemacht.
208 B3 10, Rue de Rivoli 04 9 38 88 02; www.villa-rivoli.com

ST-JEAN-CAP-FERRAT

Grand Hotel du Cap Ferrat €€€
Die Verjüngungskur hat dem traditionsreichen Haus mit seinem wunderschönen Park, dem herrlichen Schwimmbad mit Blick aufs Meer und seinem Gourmetrestaurant gut getan. Das Hotel von 1906 ist mit seinen 49 Zimmern und 24 Suiten wieder das Paradies, das die ersten Touristen vor hundert Jahren geschätzt haben.
199 E2 71, Boulevard du Général de Gaulle 04 93 76 50 50; www.grand-hotel-cap-ferrat.com Anfang Jan. bis Ostern geschl.

ST-PAUL-DE-VENCE

La Colombe d'Or €€€
In der einst bescheidenen Herberge zahlten die Künstler Braque, Matisse, Picasso und Léger mit Gemälden Logis und Pastis. Heute ist die »Goldene Taube« ein Luxushotel mit allem erdenklichen Komfort. Hier muss man unbedingt vorab reservieren!
199 D2 Place du Général- de-Gaulle 04 93 32 80 02; www.la-colombe-dor.com

Wohin zum ... Essen und Trinken?

Preise
für ein Drei-Gänge-Menü ohne Getränke:
€ unter 25 Euro **€€** 25–50 Euro **€€€** über 50 Euro

ANTIBES

Le Brûlot €–€€
Hier speist man unter offenen Deckenbalken. Im Souterrain liegt ein Speisezimmer aus dem 12. Jh. Viele Gerichte werden im Holzofen zubereitet, wie das gegrillte Steak mit Herbes de Provence oder gegrillte Scampi. Als Dessert ist die *tarte au citron* empfehlenswert. Couscous und luftgetrockneter Schinken gehören zu den Spezialitäten.
199 D1 3, Rue Frédéric Isnard 04 93 34 17 76; www.brulot.fr So und im Aug. geschl.

CANNES

La Brouette de Grand-Mère €€
Das schummerige kleine Restaurant ist eine Institution in Cannes. Hier werden den Gästen hausgemachte Terrinen, Kaninchenläufe und auch *andouillettes* (eine Wurstspezialität) zum Festpreis von 42 € (inklusive Aperitif und einer halben Flasche Wein pro Peron) serviert.
199 D1 9 bis, Rue d'Oran 04 93 39 12 10; www.labrouettedegrandmere.com nur abends; So geschl. sowie Nov. und 2. Junihälfte

Caffè Roma €–€€

Italienisches Bar-Restaurant mit viel Atmosphäre, es ist ideal für eine kleine Pause. Die Speisekarte glänzt mit einer ganzen Palette an italienisch inspirierten Spezialitäten wie Ravioli mit Pilzen und Gänseleber oder Kalbfleisch mit Rucola und Tomaten. Als Dessert bietet sich das hausgemachte Tiramisu an. Das schmeckt auf der legeren Terrasse so gut wie im eleganten Speisesaal.

199 D1 1, Square Mérimée 04 93 38 05 04; www.cafferoma.fr tägl. 7–14 Uhr

GRASSE

La Bastide St-Antoine €€€

In einem Landhaus *(bastide)* aus dem 18. Jh. zelebriert der renommierte Küchenchef Jacques Chibois provenzalisch inspirierte Köstlichkeiten mit hochwertigen Zutaten. Versuchen sollte man etwa das Milchlamm-Frikassee mit Gemüse und Basilikum oder den Hummer in Oliven-Fondue mit Jus von Roter Bete. Im Weinkeller des Hauses lagern stolze 800 Flaschen. Meist kann man auf der Terrasse dinieren.

199 D2 48, Avenue Henri Dunant 04 93 70 44 44; www.jacques-chibois.com tägl. 12–13.30, 20–21.30 Uhr

MONACO

Stars 'n' Bars €€

Das Bar-Restaurant im amerikanischen Stil ist ideal für Familien geeignet, die kein festliches Menü zu sich nehmen, sondern ganz ungezwungen bei einer Mahlzeit zusammensitzen möchten. Für sie sind zum Beispiel die Tex-Mex-Gerichte genau das Richtige. Um die Kleinen bei Laune zu halten, gibt es außerdem jede Menge Spiele. Abends Livemusik oder Disco.

210 B1 6, Quai Antoine I, La Condamine 377 97 97 95 95; www.starsnbars.com tägl. (außer Mo im Winter) Küche 11.30 bis Mitternacht, Bar bis 1 Uhr

MOUGINS

Le Moulin de Mougins €€€

Ehemalige Olivenmühle aus dem 16. Jh. mit liebevoll eingerichtetem Gastraum. Im Schein barocker Kerzenleuchter serviert man saisonale, raffinierte mediterrane Gerichte. Opulenter Weinkeller.

199 D1 Quartier Notre-Dame-de-Vie 04 93 75 78 24; www.moulin-mougins.com Di–So 12–14, 19.30–21.30 Uhr

NIZZA

L'Acchiardo €

Eines der wenigen alteingesessenen Café-Bar/Restaurants des alten Nizza. Einfache, reichhaltige Küche zu zivilen Preisen (und die vielleicht beste Fischsuppe der Stadt!).

208 D3 38, Rue Droite 04 93 85 51 16 Sa/So geschl.

Aphrodite €€€

David Faure kreiert eine fantasievolle Mischung klassischer französischer und Nizzaer Küche. Die leckeren Desserts würden optisch jeder Galerie moderner Kunst zur Ehre gereichen.

208 C2 10, Boulevard Dubouchage 04 93 85 63 53 So/Mo geschl.

La Table Alziari €€

Als Speisekarte dient die Schiefertafel. Die alteingesessene Familie Alziari bleibt in der Altstadtgasse bei den Spezialitäten der Stadt und der Region.

208 D2 4, Rue François Zanin, Rue des Ponchettes 04 93 80 34 03 So/Mo geschl.

ST-PAUL-DE-VENCE

Mas d'Artigny €€–€€€

Gute regionale Küche, wie *fougasse* (Fladenbrot) und Fischgerichte, dazu einheimische Weine in einem 4-Sterne-Hotel.

199 D2 Route de la Colle, Chemin des Salettes 04 93 32 84 54; www.mas-artigny.com tägl.

Wohin zum ... Einkaufen?

Cannes und Monaco locken mit Luxus, Grasse mit Blumen und Parfüm, und überall gibt es wundervolle Märkte.

MÄRKTE

Jeden Tag herrscht Markttreiben auf dem von Läden und Cafés gesäumten Cours Saleya in Nizza. Für das leibliche Wohl sorgt der **Marché Saleya** mit frischem Obst und Gemüse aus der Umgebung (Di–So 6–13.30 Uhr). Antiquitäten und Trödel gibt es auf dem **Marché à la Brocante** (Mo 7.30–18 Uhr); auf dem **Marché aux Fleurs** bekommt man Blumen und Pflanzen (Di–Sa 6–17.30, Mi, So 6–12 Uhr). Kunstgewerbe kann man hier abends erstehen (Juni–Sept. Di–So).

SOUVENIRS UND GESCHENKE

Über Parfümerien stolpert man in Grasse, Hauptstadt des Parfüms, natürlich allenthalben. Interessant ist ein Besuch bei **Fragonard** (20, Boulevard Fragonard, Fabrikbesichtigung 9–18.30, Laden 9–18 Uhr), dem renommiertesten Hersteller. Schönes mundgeblasenes Glas bekommt man in Biot bei der **Verrerie de Biot** (Chemin des Combes; www.verreriebiot.com; Mo–Sa 9.30–18.30, So 10.30 bis 13.30, 14.30–18.30 Uhr), einem Familienunternehmen: Flaschen, Gläser und Karaffen ebenso wie Schalen und Teller

L'Herminette Ezasque in Èze im alten Tordurchgang (Rue Principale, Sommer: 10–19, Winter: 10 bis 18 Uhr) verkauft Weihnachtskrippen und Krippenfiguren *(santons).*

Provenzalische Stoffe und daraus gefertigte Ware gibt es bei **Les Images de Provence** in Menton (21, Rue St-Michel, Di–Fr 9–12.30, 13.30 bis 17 Uhr).

MODE

Jacques Loup in Cannes ist für Modebewusste eine magische Adresse (21, Rue d'Antibes, Mo–Sa 9.30 bis 20 Uhr). Neben eigener Ware führt das Schuhgeschäft auch die neuesten Modelle internationaler Topmarken, außerdem Kleidung von Prada, Marni und Miu Miu.

Hüte für alle Gelegenheiten setzt man Ihnen in den drei Boutiquen von **La Chapellerie** in Nizza (36, cours Saleya; 12, Rue de France oder 56, Rue Gioffredo, www.chapellerie.com) auf oder in der Filiale in Antibes (29, place Nationale).

LEBENSMITTEL UND WEIN

Ihre Spezialität sind kandierte Früchte und Blüten: Die **Confiserie Florian,** die ihren Hauptsitz in Pont-du-Loup im Hinterland von Grasse hat, betreibt am Hafen von Nizza (14, Quai Papacino, tägl.) ein Geschäft mit den köstlichen Süßwaren. Für kandierte Früchte, aber auch für leckere Torten, Schokolade und Kuchen steht die **Maison Auer** (7, Rue St-François-de-Paule). Beste Eisdiele am Ort ist **Glacier Fenocchio** (2, place Rossetti) mit ausgefallenen Sorten in Riesenportionen. Gutes Olivenöl bekommt man bei **Alziari** (14, Rue St-François-de-Paule) oder **Moulin à Huile Alziari** (318, Boulevard de la Madeleine, Mo–Fr 8–12, 14–18 Uhr).

Cave Caprioglio (16, Rue de la Préfecture) in der Altstadt von Nizza führt gute Tropfen für jeden Geldbeutel, vom *vin de table* bis zum *premier cru.*

La Petite Cave de St-Paul (47, Rue Grande; www.cavesaintpaul.tr) in St-Paul-de-Vence lagert in seinem Gewölbe aus dem 14. Jahrhundert eine gute Auswahl provenzalischer Weine.

Wohin zum ... Ausgehen?

BARS, CLUBS UND CASINOS

Bei **La Siesta** in Antibes kann man sich rundum amüsieren, im Spielcasino wie auf der Tanzfläche (Route du Bord-de-Mer, tägl. 10 bis 4/5 Uhr). Das mondäne **Casino Ruhl** in Nizza bietet spektakuläres Cabaret zum Diner und private Spielzimmer (Promenade des Anglais, 10–4/5 Uhr). Variété-Unterhaltung gibt es auch im **Palais de la Méditerranée** (13, Promenade des Anglais) mit Spielcasino, Luxushotel und Gourmetrestaurant, die hinter der Art-déco-Fassade verborgen sind.

Wer Highlife in Monaco möchte, sollte das berühmte **Café de Paris** aufsuchen, Restaurant und Spielhölle zugleich (Place du Casino, ab 10 Uhr). Das **Casino de Monte Carlo** spielte schon in diversen Bond-Filmen eine Rolle (Place du Casino).

Ein Klassiker für Spieler sind in Cannes natürlich die Casinos, darunter das **Palm Beach Casino** (Pointe Croisette, Tel. 04 97 06 36 90; www.casinolepalmbeach.com) mit Spielautomaten, Restaurant und Disco. Das gilt ebenso für das **Casino Croisette** (1, jetée Albert Edouard, Tel. 04 92 98 78 00; www.lucienbarriere.com, 10–5 Uhr, Spielsaal ab 20 Uhr): Hier können Sie sich vom Glücksspiel an 300 Automaten, vom Roulette oder Blackjack (Spielsäle kosten Eintritt) in Bars und in Restaurants erholen.

Der **High-Club** mit seinem Studio 47 (45, Promenade des Anglais; Fr–So 23–5 Uhr) ist mit Auftritten von nationalen und internationalen DJs eine beliebte Adresse in Nizza. Das kleinere **Studio 47** ist schicker und feiner und für Leute ab 30 gedacht. Im **Disco-Komplex** gibt es Bars, ab 3 Uhr Croissants und Kaffee. Beliebt ist der **Pub Wayne's** (15, Rue de la Préfecture, tägl. 12–2 Uhr) in Nizza, eine Institution **Le Bar des Oiseaux** (5, Rue Saint-Vincent, Mi–Sa 19.30–23 Uhr) mit Livemusik am Freitag- und Samstagabend. In Cannes ist **Le Baoli** (Port Canto, Boulevard de la Croisette; www.lebaoli.com) mit Restaurant, Lounge-Bar und Club Ziel der Nachtschwärmer.

THEATER UND MUSIK

Im modernen **Palais des Festivals et des Congrès** in Cannes, wo im Mai die Internationalen Filmfestspiele stattfinden, gibt es das ganze Jahr über Konzerte, Ballett- und Theateraufführungen sowie Ausstellungen (1, Boulevard de la Croisette). Pendant in Nizza ist das Zentrum **L'Acropolis,** wo gleichfalls Theater, Film und Musik geboten werden (1, esplanade Kennedy). In der **Opéra de Nizza** sind auch das Philharmonische Orchester und das Ballett der Stadt zu Hause (4–18, Rue St-François-de-Paule, Tel. 04 92 17 40 00). Das moderne **Théâtre de Nizza (TDN)** genießt Weltruf (Promenade des Arts, Tel. 04 93 13 90 90).

SPORT UND FREIZEIT

An den Stränden der Riviera kann man nicht nur schwimmen, sondern Wassersport in jeder Form treiben. Segelschulen und Bootsverleih gibt es in fast allen Häfen (www.ffvoile.fr). Den großen Adrenalinkick holen Sie sich in einem Motorboot von **Locarama Rent a Boat** (Port Canto, www.locarama.com). **Cannes Bowling** (189, Avenue Francis-Tonner, 06150 Cannes La Bocca) bietet auch Pool Billard. Das **Palais des Sports Jean Bouin** in Nizza hat im Winter eine olympiataugliche Skating-Bahn für alle, die Abenteuer auf dem Eis suchen (2, Rue Jean Allègre).

Var & Haute-Provence

Kleine Erlebnisse

Rausch in Gelb

Bormes-les-Mimosas (➤ 82) feiert die Blüte der Mimosenbäume im Februar.

Ruhe im Kloster

Die Ruhe in der Zisterzienserabtei **Le Thoronet** (➤ 84) ist betörend.

Espresso im roten Sessel

Das **Café Sénéquier** (➤ 90) ist und bleibt der Treffpunkt im Hafen von St-Tropez. Einheimische haben den Dreh raus und besetzen ihre Sessel von der Häuserzeile her.

Erste Orientierung

Die gebirgigen Départements Alpes-de-Haute-Provence und Haute-Alpes umschließen die wohl schönsten Landschaften in Südfrankreich. Ihre Städtchen sind Zeugen der bewegten Geschichte und reichen Kultur dieser Gegend. Ein wahres Naturwunder sind die zu Recht »Grand Canyon« genannten Gorges du Verdon (Verdonschlucht). Sie zählen zu den größten Canyons Europas und sind großartige Anziehungspunkte für Wanderer, Bergsteiger, Mountainbiker und Kanuten.

Das Département Var ist die am dichtesten bewaldete Region Frankreichs. Kastanien, Korkeichen und Koniferen bestimmen das Bild, nur ab und an behauptet sich ein kleines Dorf. Hier erstreckt sich darüber hinaus der längste Küstenstreifen der Provence, der noch weit ursprünglicher ist als die touristisch erschlossene Riviera östlich davon. Auch zu den wilden, von schäumenden Bergbächen umtosten roten Felsen des Massif de l'Esterel bilden die von der Sonne beschienenen Strände von Fréjus oder St-Tropez einen reizvollen Kontrast.

Ihr mondäner Ruf aus den »Swinging Sixties« ist zwar weitgehend verblasst, doch vor allem St-Tropez hat sich an Eleganz und Lebenslust viel bewahrt. In dessen Hafen zu Füßen der alten Zitadelle schaukeln immer noch stolze Yachten, und durch die Bars weht ein Echo der Atmosphäre längst vergangener Tage. Auf eine gewisse Art ist er nach wie vor unwiderstehlich, der Charme des ehemaligen Fischerdorfes, über das die 1954 verstorbene Schriftstellerin Colette einst bemerkte: »Wer einmal hier war, will nie wieder fort.«

TOP 10

Nicht verpassen!

Nach Lust und Laune!

Rafting in der Verdonschlucht

Le Vernet
Colmars
Sisteron
30 Digne-les-Bains
St-André-les-Alpes
Peyruis
ALPES-DE-HAUTE-PROVENCE
Entrevaux 31
lquier
Barrême
Moustiers-Ste-Marie 29
Castellane
osque
Riez
Gorges du Verdon 22
Lac de Ste-Croix
/inon-sur-Verdon
Comps-sur-Artuby
Plateau de Valensole
Montmeyan
Aups
VAR
Barjols
Draguignan
Abbaye du Thoronet 28
Corniche de l'Esterel 23
Le Muy
St-Maximin-la-Ste-Baume
Fréjus
Brignoles
Le Luc
St-Aygulf
Cavalaire-sur-Mer
Saint-Tropez 5
Grimaud 25
Collobrières 27
24 Ramatuelle
Massif des Maures
Toulon
Hyères 21
26 Bormes-les-Mimosas
Îles d'Hyères 21
Giens
0 25 km
0 10 mi

In drei Tagen

Folgen Sie unserer dreitägigen Tour durch Var & Haute-Provence und Sie werden ganz sicher kein Highlight dieser Region verpassen.

Erster Tag

Vormittag

Nehmen Sie die Fähre von 21 **Hyères** nach Port-Cros, eine der drei **Îles d'Hyères** (➤ 77). Frankreichs einziger Offshore-Nationalpark ist von herrlichen Wäldern mit Steineichen, Erdbeerbäumen und Myrten überzogen. Packen Sie auch Schnorchel und Taucherbrille ein, denn hier wartet eine faszinierende Unterwasserwelt: Oktopoden, Meeraale und Schwarzkopfschleimfische zwischen farbigen Schwämmen und Seeanemonen.

Mittag

Bevor man wieder in See sticht, ist der palmengesäumte Hafen von Port-Cros ideal für ein kleines Mittagsmahl.

Nachmittag

Richtung St-Tropez lohnt ein Abstecher in das malerische Örtchen 26 **Bormes-les-Mimosas** (oben, ➤ 82) mit seinen pastellfarbenen Häusern, im Februar findet hier ein Fest zu Ehren der Mimosen statt. Auf dem Weg liegen auch das Bergdörfchen 25 **Grimaud** (➤ 82) und das beschauliche 24 **Ramatuelle** (➤ 82).

Abend

Tauchen Sie im Restaurant **Le Girelier** in die Atmosphäre am Hafen von St-Tropez ein (➤ 90).

Zweiter Tag

Vormittag

Starten Sie mit einem Bummel durch die schicken Läden und Galerien von 5 **St-Tropez** (➤ 72) und über den Markt auf der Place des Lices (Di und Sa vorm., ➤ 72, 91). Dann lassen Sie am Alten Hafen (rechts) die Seele baumeln.

Mittag
Beim Mittagessen oder Kaffee kann es ruhig etwas lebhafter zugehen, wie im Prominententreff **Sénéquier** (➤ 90) am Quai Jean-Jaurès.

Nachmittag
Den Nachmittag verbringen Sie am Sandstrand von St-Tropez (➤ 75), oder Sie machen eine Fahrt auf der 23 **Corniche de l'Esterel** (➤ 81) an der Küste entlang. Eine Pause bietet sich in Fréjus an, der einst bedeutenden römischen Stadt, in der sich Arena und Theater erhalten haben. Etwas für Wanderer ist die zweistündige Tour von der Pointe de l'Observatoire hinauf zum Cap Roux, dem Gipfel des **Massif de l'Esterel** (➤ 81) mit überwältigendem Fernblick.

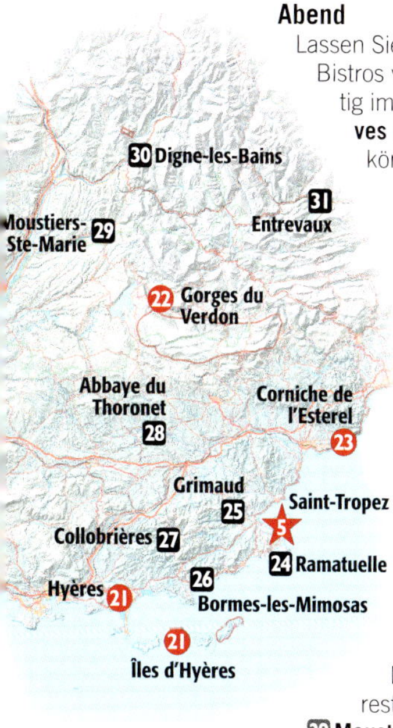

Abend
Lassen Sie den Tag in einem der zahlreichen Bistros von St-Tropez ausklingen, z. B. zünftig im **La Bouillabaisse** (➤ 90). Im **Les Caves du Roy** oder im VIP Room (➤ 92) können Sie im Anschluss abtanzen.

Dritter Tag

Vormittag
In der Frühe schon geht es nach Norden, zu den 22 **Gorges du Verdon** (➤ 78), der längsten und tiefsten Schlucht Europas – und einem Paradies für Sportler, vor allem Wanderer und Kanuten. Der Blick von Aussichtspunkten auf die Schlucht ist überwältigend.

Mittag
Gute regionale Küche gibt es bei **La Treille Muscate** (Place de l'Eglise, Tel. 04 92 74 64 31; www.restaurant-latreillemuscate.com) in 29 **Moustiers-Ste-Marie** (unten, ➤ 84), das bekannt für seine Fayencen ist.

Nachmittag
Es steht ein Besuch im **Musée de la Préhistoire des Gorges du Verdon** (➤ 80) in Quinson an oder die Fahrt ein Stück weiter hinauf in die Haute-Provence, nach 30 **Digne-les-Bains** (➤ 85). Sie gilt als die »Lavendel-Hauptstadt« der Provence und ist Kurort. Von hier aus fährt viermal täglich der **Train des Pignes** nach Nizza: eine atemberaubend schöne Panoramafahrt.

5 Saint-Tropez

Das ehemalige Fischerdörfchen, in den 1960er-Jahren Inbegriff des stilvollen süßen Lebens, ist nach wie vor Tummelplatz des internationalen Jetset. Die Prominenz aus Popmusik, Film und Fernsehen sitzt heute allerdings Seite an Seite mit ganz normalen Touristen in den Cafés am malerischen alten Hafen. Alle genießen den Blick auf den Reigen der Luxusyachten.

Die in Rosa und Gelb herausgeputzten Häuser, die den **alten Kai** säumen, sind nicht alle so alt, wie sie scheinen: Viele wurden im Zweiten Weltkrieg von Bomben zerstört und wieder aufgebaut. Hier schlägt aber noch immer das Herz von St-Tropez. Es hat sich, ungeachtet des ungeheuren Reichtums (nicht ohne Protz) und der Fülle an Touristen, einen gewissen dörflichen Charme bewahrt. Der Kai, der diese herrliche Bucht einfasst, endet an den Ruinen der alten Stadtbefestigung und der Môle Jean Réveille. Dahinter erstreckt sich das hübsche, einst von Fischern bewohnte Viertel La Ponche und als weiteres Überbleibsel der Stadtbefestigung die Tour Jarlier ganz in der Nähe.

Am anderen Ende des Kais liegt das **Musée de l'Annonciade.** In seinen alten Mauern beherbergt es eine hochkarätige Sammlung französischer Kunst des späten 19. und frühen 20. Jahrhunderts, mit Meisterwerken des Pointillismus, Fauvismus und der Nabis. Neben anderen farbenfrohen Gemälden von André Derain, Raoul Dufy, Henri Matisse und Édouard Vuillard verdienen vor allem Paul Signacs *Saint-Tropez, le Quai* (1899), Pierre Bonnards *Le Port de St-Tropez* (1899) und Charles Camoins *La Place des Lices* (1925) einen genaueren Blick.

Recht entspannt gestaltet sich ein Bummel durch die Altstadt von St-Tropez mit ihren engen Gassen, alten Häuschen und schicken Läden, denn sie ist im Sommer für den Verkehr gesperrt und auch nicht so überlaufen wie der Kai. Ihr Zentrum bildet die **Place des Lices** (auch Place Carnot

Ein beliebter Treffpunkt ist das Café Sénéquier

Von der Zitadelle hat man einen herrlichen Rundblick

genannt). Sie ähnelt noch heute Darstellungen auf Kunstwerken, wie beispielsweise von Charles Camoin (1879 bis 1965), der Künstlercafés auf dem Platz unter rauschenden Platanen malte. Dienstag und Samstag herrscht hier ausgelassener Markttrubel, an anderen Tagen kann man in Ruhe eine Boulekugel schieben und einen Pastis mit Einheimischen genießen.

Rosa und zartgelb leuchtet der Glockenturm der **Église St-Tropez,** Patronatskirche des heiligen Torpes, dem die Stadt ihren Namen verdankt. Nachdem der römische Zenturio für seinen christlichen Glauben den Märtyrertod erlitten hatte, wurde sein Haupt in Pisa begraben, sein Leichnam jedoch in einem Kahn ausgesetzt, samt einem Hund und einem Hahn, die ihn fressen sollten. Als der Kahn am Ufer anlandete, war der Körper jedoch wundersamerweise unversehrt. So ist seit 400 Jahren die Bravade (»Kühne Tat«) de St-Torpes – vom 16. bis 18. Mai – zu Ehren des Ortspatrons das wichtigste Fest im Jahr. In der Kirche findet sich neben einer Büste des Heiligen auch ein Modell jenes Bootes.

Im Osten wird die Silhouette der Stadt von der Festung **La Citadelle** aus dem 16. Jahrhundert beherrscht, von deren Zinnen man einen fantastischen Blick genießt: über die Ziegeldächer der Altstadt, die Höhenzüge des Massif des Maures sowie des Massif de l'Esterel und das tiefblaue Meer gegenüber, das mit weißen Segeln gesprenkelt ist. Die Zitadelle beherbergt das Musée Moderne et Vivant de l'Histoire Maritime Tropézienne (Meeresmuseum).

BAEDEKER TIPP

- Fahren Sie lieber nicht mit dem Auto in die Stadt. Der Verkehr ist chaotisch, und nirgends gibt es **Parkplätze.** Am besten parken Sie außerhalb am Port Grimaud und nehmen von dort die Fähre.
- Mitte Mai findet das **Patronatsfest** Bravade de St-Torpes statt.
- Im Sommer fahren **Busse** von der Place des Lices an die Strände.

KLEINE PAUSE

Im Bistro **La Table du Marché** bekommt man leckere kleine Mahlzeiten und Snacks serviert, auch der Kuchen und das Gebäck sind sehr gut. Alles genau richtig, um neue Energie zu tanken (11, Rue des Commerçants, Tel. 04 94 97 01 25; www.christophe-leroy.com; tägl.).

BLICK IN DIE GESCHICHTE

Der in der Antike als Athenopolis (»Stadt der Athena«) von Griechen gegründete Ort war lange ein Refugium für Künstler. Den Anfang machten in St-Tropez in den 1880er-Jahren der Komponist Franz Liszt und der Dichter Guy de Maupassant. Es folgte der Neo-Impressionist Paul Signac. Auch Pierre Bonnard, Raoul Dufy, Henri Matisse und Maurice Utrillo hielten sich an der Küste auf. Viele ihrer Bilder können Sie im **Musée de l'Annonciade** (► 72) bewundern.

202 B3

Touristeninformation

Quai Jean-Jaurès ☎ 04 94 97 45 21; http://ot-saint-tropez.com tägl. Juli–Aug. 9.30–20 Uhr; April–Juni, Sept.–Okt. 9.30 bis 12.30, 14–19 Uhr; Nov.–März 9.30–12.30 und 14–18 Uhr

La Citadelle

Montée de la Citadelle ☎ 04 94 97 59 43; http://ot-saint-tropez.com tägl., April bis Sept. 10–18.30 Uhr; Okt.–März 10–12.30, 13.30–17.30 Uhr 3 €

Église St-Tropez

Rue de l'Église tägl.

Musée de l'Annonciade

Place Georges-Grammont ☎ 04 94 17 84 10 Juli–Okt. Mi–Mo 10–12, 15–20 Uhr; Dez.–Juni Mi–Mo 10–12, 14–18 Uhr; Nov., 1. Jan., 1. Mai, Christi Himmelfahrt und 25. Dez. geschl. 6 €

Musée Moderne et Vivant de l'Histoire Maritime Tropézienne (Meeresmuseum)

La Citadelle; http://fr.ot-saint-tropez.com tägl., Sommer 10–18.30, Winter 10–12.30, 13.30–17.30 Uhr 3 €

BELLES PLAGES

Schöne Strände sind außerhalb der Stadt auf der Halbinsel **Cap de St-Tropez.** Über 6 km reihen sich hier Buchten mit feinem goldenem Sand aneinander, teils tragen sie legendäre Namen: Am **Club 55** trifft sich der Pariser Jetset, an der **Tahiti Plage** früher die Filmstars, denen man heute eher am **Nikki Beach** begegnet. Wassersport kann man am besten am **Sun Force** treiben, gute Fischgerichte gibt es am Strand **Bora Bora.**

Oben: Rings um St-Tropez locken wunderschöne Strände
Unten: Schiffe jeglicher Größe ankern im Hafen von St-Tropez

21 Hyères & Îles d'Hyères

Das alte Landstädtchen Hyères-les-Palmiers war einst berühmt für seine Palmenplantagen. Heute liegen seine Hauptattraktionen weit draußen im Meer: die drei schönen Inseln, die Îles d'Hyères.

Der Turm von St-Paul überragt die Dächer von Hyères

Stadt

Durch einen Torbogen in der Stadtmauer betritt man die **Altstadt** von Hyères, deren hohe, schmale Häuser sich den Hügel hinauf zur Burgruine ziehen. Am Haupt- und Marktplatz, der Place Massillon, erhebt sich die Tour des Templiers. Einst unterhielt hier der Orden der Templer eine Komturei. Weitere Zeugen des Mittelalters sind die spätromanisch-frühgotischen Kirchen St-Paul und St-Louis.

Die unterhalb des historischen Kerns gelegenen modernen Viertel der Stadt sind von breiten, palmenbestandenen Boulevards durchzogen. Südöstlich der Altstadt erstrecken sich die Jardins Olbius-Riquier, ein herrlicher botanischer Garten mit kleinem Tierpark.

Eine doppelte Sandbank von 4 km Länge verbindet Hyères mit der **Halbinsel Giens,** wo in den Prielen um das gleichnamige Dörfchen zahlreiche Wasservögel umherstaksen. Von der Tour Fondue an der Ostspitze legen Fähren zur Île de Porquerolles ab, der westlichsten der drei Inseln.

AUF DIE INSELN

Die Inseln erreicht man mit der Fähre von **Port St-Pierre** bei Hyères oder vom Hafen bei der Tour Fondue auf der **Halbinsel Giens.** Die direkte Fähre von Giens zur Île de Porquerolles braucht rund 20 Minuten, die Überfahrt von Port St-Pierre nach Port-Cros dauert eine Stunde, anderthalb diejenige nach Le Levant.

Inseln

Mit ihren 18 km² ist jene **Île de Porquerolles** die größte Insel des Trios – ein Naturreservat mit Wäldern, einer Steilküste im Süden und schönen Sandbuchten im Nordosten. Im Nordosten befindet sich auch der kleine Hafenort Porquerolles, wo die Fähren vom Festland anlegen. Er wird vom Fort Sainte-Agathe aus dem 19. Jahrhundert (heute Ausstellungsort) überragt. Wendet man sich in dem Ort Richtung Süden, so erreicht man in einem Spaziergang von knapp einer Stunde einen Leuchtturm.

Die mittlere der drei Inseln, die etwas kleinere **Île de Port-Cros** (10 km²), ist gleichfalls Nationalpark und dicht bewaldet. Wanderer können auf Pfaden das Eiland erkunden – auf einem markierten Weg gelangt man auch hinauf zum Fort de l'Estissac und Fort du Moulin nahe dem Inselort. Die felsige kleine Île du Levant (8 km²) ist größtenteils militärisches Sperrgebiet, bis auf einen Nudistenstrand.

Der Templer-Turm (Tour des Templiers) in Hyères

KLEINE PAUSE

Gönnen Sie sich einen guten Seefisch vom Grill und ein Glas Wein im **La Colombe** in Hyères (663, route de Toulon-La Bayorre, Tel. 04 94 35 35 16). Eine Alternative ist ein schönes Picknick auf einer der Inseln.

---

201 E2 (Stadt); 202 A/B1 (Inseln)

Touristeninformation

Forum du Casino, 3, Avenue Ambroise Thomas, Hyères-les-Palmiers ☎ 04 94 01 84 50; www.hyeres-tourisme.com Juli–Aug. tägl. 8.30–19.30 Uhr; Sept. –Juni Mo bis Fr 9–18, Sa 10–16 Uhr

Île de Porquerolles

tägl. von La Tour Fondue; Abfahrtszeiten: www.tlv-tvm.com

Île de Port-Cros und Île du Levant

von Port St-Pierre; Abfahrtszeiten: www.tlv-tvm.com

BAEDEKER TIPP

- Parken Sie am besten an der Place G. Clemenceau, in der Altstadt ist es schwierig.
- Mit dem **Auto** dürfen Sie **nicht auf die Inseln!** Parken Sie am Fährterminal in Giens oder am Hafen von Hyères.
- Der **schönste Strand** der Inseln ist die Plage de la Palud auf Port-Cros.
- Schauen Sie immer rechtzeitig, wann die **letzte Fähre** von den Inseln zurückgeht.
- Von der Plage de la Palud starten **Schnorcheltouren** (eigene Ausrüstung mitbringen).

22 Gorges du Verdon

Steil ragen die hellen Kalkfelsen über den Gorges du Verdon in die Höhe, der tiefsten Klamm des europäischen Festlandes. Allein die schmalen Panoramastraßen, die den 21 km langen »Grand Canyon« säumen, sind die Reise hierhin wert: Sie faszinieren mit atemberaubenden Kurven und ebensolchen Aussichtspunkten.

Die klaren Wasser des namengebenden Flusses Verdon haben dieses Naturwunder über Millionen von Jahren geformt. Erforscht wurde es erstmals 1905 durch den Speläologen Édouard-Alfred Martel und ist auch heute nur ein-

geschränkt zugänglich, bedingt durch seine geologische Beschaffenheit: teils ist die Schlucht nur 200 m breit und bis zu 700 m tief. Ein Zugang ließ sich da nur in bescheidenem Maße realisieren, und das halsbrecherische Klettern an den Felswänden ist nur etwas für erfahrene Bergsteiger.

Spektakulärster Aussichtspunkt sind die Balcons de la Mescla, die man von Moustiers-Ste-Marie (➤ 84) aus über die südliche Corniche Sublime (D71) erreicht. Über das Bergdorf Trigance kann man dann die kaum weniger faszinierende Rückfahrt auf der Route des Crêtes nördlich des Canyons antreten.

Atemberaubender Blick von der Route des Crêtes

ÉDOUARD-ALFRED MARTEL

Martel (1859–1938), der weltweit als Begründer der Höhlenkunde (Speläologie) gilt, war eigentlich studierter Jurist, begann aber schon früh mit wissenschaftlichen Exkursionen in den Kalksteingebirgen der Causses. Eine dreitägige Ersterkundung der Gorges du Verdon, die bis dahin als unpassierbar galten, unternahm er mit zwei Gefährten im Jahre 1905. Dabei trieb ihn einerseits Wissbegierde, andererseits ging es auch um das Erschließen neuer Wasserressourcen. In den 1950er-Jahren erwog die Regierung sogar eine Flutung des gesamten Canyons, entschied sich dann aber mit dem Lac de Ste-Croix für eine moderatere Lösung.

In der Schlucht

Unterhalb von Moustiers mündet der Verdon in den riesigen Stausee **Lac de Ste-Croix,** wo waghalsige Kanuten wieder in ruhigere Gewässer kommen. Kleine Wanderungen in die Schlucht sind von mehreren Aussichtspunkten aus möglich, zum Beispiel vom Point Sublime auf der Nordseite. Hartgesottene bezwingen in einem gut sechsstündigen Fußmarsch den Sentier Martel, der zwischen Rougon und Châlet de la Maline in der Talsohle verläuft.

KLEINE PAUSE

Im Hochsommer ist es manchmal schwierig, einen Parkplatz im Ort zu finden, nicht aber Sitzplätze in einem der zahlreichen Cafés von **Moustiers-Ste-Marie** (► 84). Die Alternative: Sie suchen sich ein schönes Plätzchen an einem der Aussichtspunkte mit Panoramablick und machen ein Picknick.

Pause hoch über dem Lac de Ste-Croix

201 F5

Touristeninformation
201 F5 Maison de Lucie, Place de l'Eglise, Moustiers-Ste-Marie (nordwestlich des Canyons) 04 92 74 67 84; www.moustiers.eu tägl.; Juli–Aug. 9.30–12.30, 14–19.15 Uhr; Juni–Sept. 10–12.30, 14–18.30 Uhr; April–Mai 10–12.30, 14–18 Uhr; März, Okt. 10–12.30, 14–17.30 Uhr; Nov. 10–12, 14–17.30 Uhr; Dez. 10–12, 13.30–17 Uhr

Musée de la Préhistoire des Gorges du Verdon
201 D5 Route de Montmeyan, Quinson 04 92 74 09 59; www.museeprehistoire.com Juli–Aug. tägl. 10–20 Uhr; Feb.–Juni, Sept. bis Mitte Dez. Mi–Mo 10–18 oder 19 Uhr 7 €

BAEDEKER TIPP

- Auf den **schmalen Straßen** entlang des Canyons kommen zwei Pkw oft nur mit Mühe aneinander vorbei. Also Vorsicht, vor allem, wenn Sie mit einem breiteren Gefährt unterwegs sind!
- Fahren Sie trotzdem wenigstens ein Stück die **Corniche Sublime** entlang, sie ist einfach einmalig!
- Die Routen am Canyon finden Sie auf ► 182.
- Der **Sentier Martel** im Talgrund hat seine Tücken (Tunnel- und Wassereinbrüche), die Erkundung sollten Sie besser in der Gruppe oder mit Führer unternehmen.
- In Moustiers werden exquisite **Fayencen** (Keramikarbeiten) hergestellt.
- Wie ein Schiff ist das von Norman Foster entworfene **Musée de la Préhistoire des Gorges du Verdon** geformt. Das Museum in Quinson, am Südwestende des Lac de Ste-Croix, ist den Urmenschen gewidmet, die hier vor 400 000 Jahren siedelten. Außer steinzeitlichen Werkzeugen und anderen Fundstücken aus den Gorges gibt es hier den Nachbau einer Wohnhöhle und interaktive Displays.

23 Corniche de l'Esterel

Auf den Serpentinen der Küstenstraße zwischen St-Raphaël und Théoule-sur-Mer hat man einen herrlichen Blick auf die markanten roten Felsen des Massif de l'Esterel und das tiefblaue Meer auf der anderen Seite – eine ganz ursprüngliche Landschaft mit versteckten Buchten und einsamen Stränden.

Die Corniche de l'Esterel (oder Corniche d'Or) genannte N98 wurde schon vor über hundert Jahren aus der Felsküste gesprengt, auch auf Initiative des Touring Club de France. Und ob man sich hier nun auf vier oder zwei Rädern fortbewegt (oder parallel auf der Schiene): Das Panorama ist unvergleichlich schön. Sanft geschwungene Buchten, kleine Yachthäfen, steile Klippen und mitunter schäumende Gischt begleiten die Fahrt.

Hinter dem alten Römerhafen **Fréjus** (► 71) beginnt der Höhenzug des Massif de l'Esterel, der sich bis zum mondänen Seebad von Cannes zieht: steile, zerklüftete Felsen aus rotem Vulkangestein, die teilweise bis ins Meer hinabreichen. Die von Pinien und Buschwerk bewachsene Bergkette, im Sommer mit Wildblumen bunt gesprenkelt, wurde als Landschaftsschutzgebiet ausgewiesen, und zwei Täler – Ravin du Mal Infernet und Ravin du Perthus – sind als Naturreservate ausgezeichnet. Dennoch ist es problemlos mit dem Auto erreichbar.

Wildromantische Steilküste mit roten Klippen an der Corniche

KLEINE PAUSE

Im **Café Excelsior** auf der Promenade du Président René Coty in St-Raphael (Tel. 04 94 95 02 42) serviert man sehr gute Fischgerichte.

---

203 D3

Touristeninformation

Quai Albert 1er, St-Raphaël 04 94 19 52 52; www.saint-raphael.com Sept.–Juni Mo–Sa 9–12.30, 14–18.30 Uhr

BAEDEKER TIPP

- Besorgen Sie sich bei der Touristeninformation in Fréjus oder St-Raphaël die vom Office National des Forêts herausgegebene **Wanderkarte** für das Massif de l'Esterel (8,50 Euro).
- Im Sommer sind manche Routen wegen **Waldbrandgefahr** gesperrt.

Nach Lust und Laune!

24 Ramatuelle

Im Herzen der Halbinsel von St-Tropez liegt, umgeben von Weingärten (Côtes de Provence) und fern allen Getümmels, das beschauliche Örtchen Ramatuelle – eine der begehrtesten Adressen der ganzen Gegend für Zweitdomizile der gehobenen Art. Viel Zulauf haben im Sommer die **Jazz- und Theater-Festivals,** die hier stattfinden.

Auf der Straße (D89) über Ramatuelle finden sich noch drei Windmühlen, die **Moulins de Paillas,** von denen man eine wunderbare Aussicht über Land und Meer hat. Bunt und lebensfroh, mit hübschen Läden und Restaurants, gibt sich das nahe Bergdorf **Gassin**, einst als »Wachtturm« hoch auf den Felsen gegen Angriffe der Sarazenen erbaut.

202 B2

Touristeninformation

Place de l'Ormeau ☎ 04 98 12 64 00; www.ramatuelle-tourisme.com

25 Grimaud

Am Ostabhang des Massif des Maures, unweit von St-Tropez und hoch über der Ebene von Cogolin gelegen, leuchten die mittelalterlichen Gemäuer von Grimaud, einem der malerischsten Bergdörfer der Gegend. Die Burg aus dem 11. Jahrhundert gehörte einst den Grimaldi, nach denen der Ort auch benannt ist. An seiner Hauptstraße, der Rue des Templiers mit schönen Arkaden, liegen die romanische Kirche **St-Michel** (12. Jh.), das **Templer-Hospiz** sowie eine restaurierte Mühle aus dem 12. Jahrhundert.

202 B3

Touristeninformation

1, Boulevard des Aliziers ☎ 04 94 55 43 83; www.grimaud-provence.com

Juli–Aug. Mo–Sa 9–12.30, 15–19 Uhr; April bis Juni, Sept. Mo–Sa 9–12.30, 14.30 bis 18.15 Uhr; Okt.–März Mo–Sa 9–12.30, 14.15 bis 17.30 Uhr

26 Bormes-les-Mimosas

Nahe der Küste thront der hübsche Ort auf den Felsen des Massif des Maures, gekrönt vom **Château des Seigneurs de Fos.** Zu dem Schloss führen steile Gässchen und Durchgänge hinauf, die von pastellfarbe-

Ramatuelle, ein typisches provenzalisches Bergdorf

Wunderschöne Lavendelfelder erstrecken sich über die Ebene

nen Häusern gerahmt sind. Wenn im Februar die Mimosen in voller Blüte stehen, feiert das mittelalterliche Dorf dieses Ereignis mit einem opulenten Blumen-Corso *(corso fleuri)* – ein Rausch in Gelb!

Bei der Touristeninformation ist ein Plan erhältlich, der den Weg durch das Gewirr der Gassen und Treppchen weist *(circuit touristique)*, unter anderem zur Patronatskirche **St-Trophime** und den Ruinen des um 1400 erbauten Schlosses. Von hier hat man einen schönen Blick über die Umgebung.

202 A2

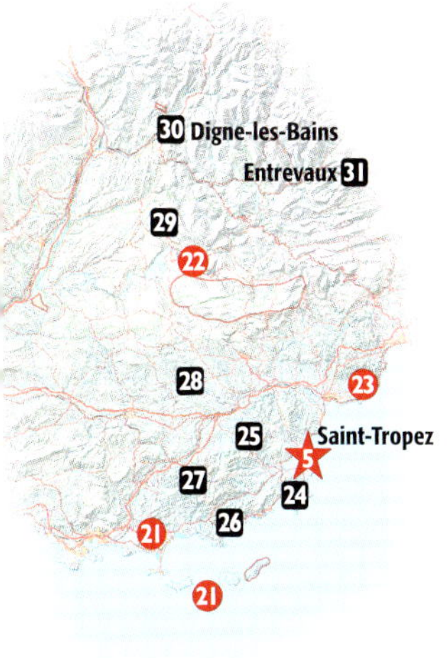

Touristeninformation
1, place Gambetta 04 94 01 38 38; www.bormeslesmimosas.com April–Sept. tägl. 9–12.30, 14.30–18.30 Uhr; Okt.–März Mo–Sa 9–12.30, 13.30–17.30 Uhr

27 Collobrières

Mitten im Massif des Maures und von einem Kastanienwald umgeben liegt dieses charmante, für seine glasierten Esskastanien *(marrons glacés)* bekannte Örtchen. Zur Erntezeit im Oktober findet ein großes Fest zu Ehren der braunen Nussfrüchte statt, die hier sonntags auf dem Markt feilgeboten werden.

In der Umgebung des Dorfes gedeihen zahlreiche Korkeichen. Die D14 weiter bergauf erreicht man nach 12 km die bezaubernde, im dichten Wald verborgene **Chartreuse de la Verne.** Das 1170 gegründete ehemalige Karthäuserkloster ist seit 1980 ein Ordenssitz der Schwestern von Bethlehem.

202 A2

Touristeninformation
Boulevard Charles Caminat 04 94 48 08 00; www.collobrieres-tourisme.com Di, Mi, Fr, Sa 10–12, 14–17.30 Uhr

Chartreuse de la Verne
Juni–Aug. Mi–Mo 11–18 Uhr; Sept.–Mai Mi bis Mo 11–17 Uhr; an Feiertagen und im Jan. geschl. 6 €

ERLEBNISSE ZWISCHEN WASSER UND RUMMEL

- **Cap de St-Tropez** Hier können sich die Kleinen am Strand tummeln (➤ 75).
- Der **Azur Park** (am Golf von St-Tropez, April bis Mitte Sept.; www.azurpark.com) ist einer der spektakulärsten Freizeitparks in Europa.
- **Village des Tortues** Kurzweilig und interessant ist die einstündige Tour durch dieses »Schildkrötendorf« mit 1200 Einwohnern (in Gonfaron, www.villagetortues.com, 12 Euro, Kinder: 8 Euro, im Sommer 9–19 Uhr; im Winter 9–18 Uhr).

Das schlichte Innere der romanischen Kirche der Abbaye du Thoronet ist in goldenes Licht getaucht

28 Abbaye du Thoronet

Tief versteckt im Wald von La Daboussière, südlich von Entrecasteaux, liegt eine Abtei aus dem 12. Jahrhundert, die Abbaye du Thoronet. Sie ist das älteste und vom Baustil reinste der drei großen Zisterzienserklöster der Provence (neben Silvacane ➤ 107 und Sénanque ➤ 163). Nach Zeiten großen Wohlstands erlebte die Abtei im 14. Jahrhundert ihren Niedergang, wurde schließlich 1791 aufgegeben und in den 1850er-Jahren restauriert.

Durch das Torgebäude geht man auf den gedrungenen Bau der aus rötlichem Stein errichteten Kirche zu. Der Bau ist im Inneren entsprechend der Auffassung des Ordens sehr schlicht. Ein mächtiger Glockenturm setzt einen Akzent. Ringsum erheben sich stattliche Wohngebäude, ein Kapitelhaus und ein ehemaliger Zehntspeicher, der später in eine Ölmühle verwandelt wurde. Jeden Sonntagmittag singt der Chor der Schwestern von Bethlehem bei der Messe.

201 F3 ☎ 04 94 60 43 90; http://thoronet.monuments-nationaux.fr April–Sept. tägl. 10–18.30 Uhr (So 12–14 Uhr geschl.); Okt. bis März Mo–Sa 10–13, 14–17, So 10–12, 14–17 Uhr 7,50 €

29 Moustiers-Ste-Marie

Auf schwindelerregend steilen Felshängen gelegen, ist Moustiers nordwestlicher Ausgangspunkt für eine Fahrt entlang den Gorges du Verdon (➤ 78). Bereits im 5. Jahrhundert siedelten Mönche oberhalb jenes Ortes, an dem heute die Kapelle **Notre-Dame-de-Beauvoir**

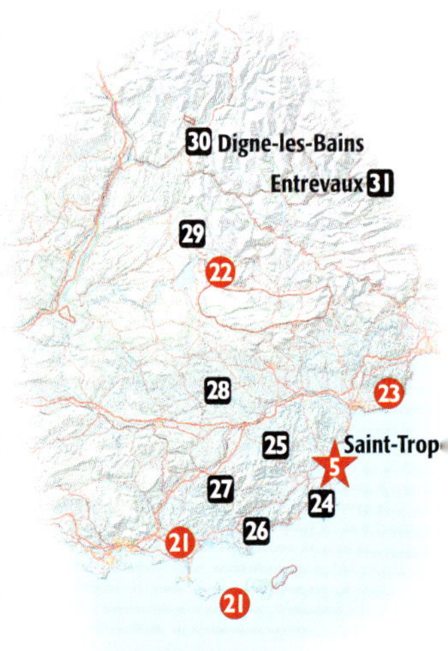

Im Zentrum von Digne-les-Bains

(12.–16. Jh.) steht. Die nur einen kurzen Marsch von Moustiers entfernte Kapelle ist zweimal jährlich Ziel von Wallfahrten. Hoch über der Schlucht und dem Ort hängt ein großer goldener Stern an einer Kette. Ein Ritter namens Blacas hatte ihn dem Ort als Dank für die Errettung aus Gefangenschaft während eines Kreuzzuges geschenkt.

Kurbad von Digne-les-Bains

Weltbekannt wurde Moustiers im 17./18. Jahrhundert durch seine farbig bemalte, weißgrundige **Keramik**, wie man sie hier heute wieder in zahlreichen Kunstgewerbeläden findet.
197 E3

Touristeninformation
Maison de Lucie, place de l'Eglise ☎ 04 92 74 67 84; www.moustiers.eu Juli–Aug. tägl. 9.30–12.30, 14–19.15 Uhr; Juni, Sept. 10–12.30, 14–18.30 Uhr; April–Mai 10–12.30, 14–18 Uhr; März, Okt. 10–12.30, 14–17.30 Uhr; Nov. 10–12, 14–17.30 Uhr; Dez. 10–12, 13.30–17 Uhr

30 Digne-les-Bains

Die geschützte Lage, das milde, sonnige Klima, die klare Luft und seine Thermalquellen machten Digne-les-Bains zu einem beliebten Kurort. Er ist zudem ein idealer Ausgangspunkt für die Erkundung des umliegenden Hügellandes. So schätzen ihn besonders auch Wanderer. Hier hat man ferner die Gelegenheit, mit der alten Schmalspurbahn, dem **Train des Pignes** (»Pinienzapfen-Zug«), zu fahren. Viermal täglich verbindet er Digne-les-Bains mit Nizza.

Digne ist in der Provence auch die Hauptstadt des Lavendels (► 26). Seit dem Mittelalter wird die Pflanze hier angebaut, auch als

Therapeutikum. Während des fünftägigen Lavendel-Festes im August ist die Stadt geradezu in eine lila Wolke gehüllt, die Straßen werden zusätzlich mit Lavendelwasser besprüht!

Lavendelprodukte kann man hier mittwochs und samstags auf der Place du Général-de-Gaulle erwerben. Über die **Route de la Lavande,** die von Digne bis Nyons führt, können Sie alle lavendelrelevanten Plätze der Umgebung erkunden und im Lavendelduft schwelgen.

197 E4

Touristeninformation
Place du Tampinet ☎ 04 92 36 62 62; www.ot-dignelesbains.fr

Wie ein Schwalbennest hängt Entrevaux über dem Fluss Var

31 Entrevaux

Über einer schmalen Schlucht zwischen Nizza und Digne lockt in den Bergen das mittelalterliche Kleinod Entrevaux, einst eine bedeutende Grenzbefestigung zwischen Frankreich und Savoyen. In den 1690er-Jahren wurde sie ausgebaut von Sébastien le Prestre de Vauban, dem Festungsarchitekten König Ludwigs XIV.

Über eine Zugbrücke gelangt man durch die Porte Nationale oder Porte Royale in die schmalen Gassen des Städtchens mit seinen pittoresken Häusern und zu den Sehenswürdigkeiten: der befestigten Kathedrale aus dem 17. Jh. und einer restaurierten Mühle. Eine kleine Sammlung von Motorrad-Oldtimern lässt die Herzen von Motorradfans höherschlagen.

Vaubans Festungsbrücke schafft über der engen Schlucht den Zugang zu Entrevaux

Der felsige Weg führt steil hinauf zu den Ruinen der **Zitadelle** des Baumeisters Vauban, von wo man einen herrlichen Blick in den Haut-Var und auf die Berge hat. Von der Porte d'Italie aus kann man eine schöne Wanderung am Flussufer entlang unternehmen.

198 C3

Touristeninformation
Porte Royale 04 93 05 46 73; www.entrevaux.info Sommer Di–So 9.30–12, 13.30–17 Uhr; Zutritt zur Zitadelle durch eine automatische Drehschleuse 3 €

Musée de la Moto
Rue Serpente; www.motocollection.com Mai–Aug. 10–12, 14–18 Uhr; April/Sept. nur Sa/So Eintritt frei

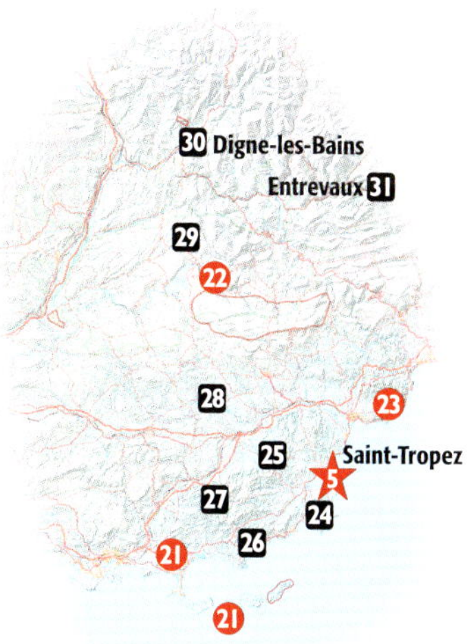

Wohin zum ... Übernachten?

Preise
für ein Doppelzimmer pro Nacht:
€ unter 100 Euro **€€** 100–200 Euro **€€€** über 200 Euro

BORMES-LES-MIMOSAS

Le Bellevue €

Einfaches Familienhotel mit spektakulärem Blick auf rote Dächer und blaues Meer, zudem eine Oase ziviler Preise in teurem Umfeld. Nettes Restaurant mit Fischgerichten und Spezialitäten der Provence.
201 F2 12, place Gambetta 04 94 71 15 15; www.bellevuebormes.com geschl. Mitte Nov. bis Mitte Jan.

ENTREVAUX

La Maison de Julie €

Großzügige, schön eingerichtete Gästezimmer in einem renovierten Steinhaus der Familie Bolgari. Es liegt im ruhigen Weiler Le Plan 2 km von Entrevaux entfernt und hat außer 3 Zimmern auch eine Ferienwohnung *(gîte)* zu vermieten.
198 C3 place Ste-Marguerite, Le Plan d'Entrevaux Tel. 0493024642; www.maisonjulie.com Dez.–März geschl.

MOUSTIERS-STE-MARIE

La Ferme Rose €–€€

Hinter der namengebenden rosa Fassade des Hauses wartet ein gemütliches Interieur auf die Gäste: mit Fliesenböden, dicken Deckenbalken und Reminiszenzen an die 1950er-Jahre (darunter ist auch eine Jukebox). Im Sommer wird das Frühstück auch im Garten serviert. Ein Restaurant ist nicht angeschlossen.
197 E3 Moustiers-Ste-Marie 04 92 75 75 75; www.lafermerose.com April bis Mitte Nov., Weihnachten und Neujahr

Le Lavoir €

Ein Beispiel für die charmanten Gästezimmer in Moustiers-Ste-Marie: Mitten im Dorf, neben dem alten, überdachten Waschplatz, hat Maguy Caffort zwei Gästezimmer eingerichtet. Das Frühstück gibt es auf einer Terrasse.
197 E3 place Clérissy 04 92 74 61 59; www.lelavoir.net ganzjährig geöffnet

RAMATUELLE

Kon Tiki-Riviera Village €–€€

Campingplatz der Spitzenklasse am Rande des schönen Pampelonne-Strandes: sehr beliebt, also unbedingt reservieren! Die Wohnmobile differieren im Stil, verfügen alle über zwei Schlafzimmer, Küche, Lounge und Duschbad. Man kann auch mit eigenem Gefährt anreisen. Zum Service gehören Safes, Lebensmittelladen, Restaurant, Bar, Tennisplatz, Wassersport- und Warmduschmöglichkeit.
202 B2 Plage de Pampelonne 04 94 55 96 96; www.riviera-villages.com Mitte Okt.–Mitte April geschl.

La Ferme d'Augustin €€€

3-Sterne-Haus in der Nähe von Tahiti Beach und dem Zentrum von St-Tropez. Gemütlichkeit ist hier mit modernem Komfort verbunden – manche Badezimmer verfügen über einen eigenen Whirlpool, einige der Suiten über ein Ankleidezimmer sowie Terrasse und Gartenteil. Im Park ein beheizter Pool.
202 B2 Tahiti 04 94 55 97 00; www.fermeaugustin.com Mitte Okt.–Anfang April geschl.

ST-TROPEZ

B Lodge €€–€€€
Nettes Boutique-Hotel am Fuße der Zitadelle von St-Tropez. 11 stilvoll-moderne Doppelzimmer und eine klimatisierte Suite ermöglichen jeweils den Blick auf den Hafen oder die Zitadelle. Zum Hafen führt ein kurzer Weg hügelabwärts. Es handelt sich um eine schöne, ruhige Oase ohne aufdringlichen Luxus in einer sonst eher teuren, hektischen Umgebung. Der Service zeichnet sich durch Freundlichkeit aus. Parkmöglichkeiten gibt es in der Nähe.

202 B3 ✉ 23, Rue de l'Aïoli ☎ 04 94 97 06 57; www.hotel-b-lodge.com

Hôtel Byblos €€€
Legendäres Luxushotel. Das aufwendige Interieur ist im provenzalischen Stil gehalten, wie auch die großzügigen Zimmer und Suiten. Der Nachtclub Les Caves du Roy (► 92) ist im Haus.

202 B3 ✉ Avenue Paul Signac ☎ 04 94 56 68 00; www.byblos.com Nov.–Mitte April geschl.

Hôtel Lou Cagnard €€
Komfortables, preiswertes Hotel mit einfachen, aber luftigen und sauberen Zimmern. Frühstück im Garten. Parkmöglichkeit vorhanden.

202 B3 ✉ 18, Avenue Paul Roussel ☎ 04 94 97 04 24; www.hotel-lou-cagnard.com Mitte Okt. bis Anfang Mai geschl.

Wohin zum … Essen und Trinken?

Preise
für ein Drei-Gänge-Menü ohne Getränke:
€ unter 25 Euro **€€** 25–50 Euro **€€€** über 50 Euro

BORMES-LES-MIMOSAS

Lou Portaou €€
Das kleine Restaurant liegt in einem malerischen Winkel von Bormes-les-Mimosas. Es hat sich der schlichten, tagesfrischen provenzalischen Küche verschrieben.

201 F2 ✉ 1, Rue Cubert-des-Poètes ☎ 04 94 64 86 37 12–13.30, 19–21.30 Uhr; Mo, Di Mitte Sept. bis Mitte Juni geschl.

COLLOBRIÈRES

La Petite Fontaine €–€€
Dem friedlichen Plätzchen ist eine schattige Terrasse angegliedert. Spezialitäten des Massif des Maures und Wein der hiesigen Winzergenossenschaft werden serviert.

201 F2 ✉ 1, place de la République ☎ 04 94 48 00 12 So abends, Mo geschl.

DIGNE-LES-BAINS

Le Grand Paris €€
Es gilt als bestes Restaurant am Platz. Im Ambiente eines ehemaligen Klosters aus dem 17. Jh. schmecken beispielsweise die Medaillons vom Seeteufel mit Räucherschinken und Emulsion von Babyschalotten.

197 E4 ✉ 19, Boulevard Thiers ☎ 04 92 31 11 15 Dez.–Feb. geschl.

GRIMAUD

Les Santons €€
Top-Cuisine mit frischen regionalen Zutaten, charmant serviert im eleganten Ambiente provenzalischen Stils. Das Restaurant mit klassisch französischer Küche und mediterranem Einschlag gilt als eines der

besten der Region: also an Wochenenden und im Sommer immer reservieren!
202 B3 D558 04 94 43 21 02
geschl. Mi, Mitte Nov. bis Mitte Dez.

HYÈRES

Le Bistrot de Marius €€
Lyonaisisch-provenzalische Spezialitäten genießt man in diesem gemütlichen kleinen Restaurant im Herzen der Altstadt von Hyères zu absolut zivilen Preisen. Stimmungsvoll ist die Terrasse vor der Kulisse des lebendigen Platzes im Schatten der Tour des Templiers.
201 E2 1, place Massillon 04 94 35 88 38 im Sommer Mo geschl.

MOUSTIERS-STE-MARIE

La Bastide de Moustiers €€€
Eine täglich wechselnde Speisekarte, die sensationelle Gaumenfreuden hervorruft, bietet der Landsitz des berühmten Alain Ducasse (► 22). Frisch vom Markt oder aus dem eigenen Garten kommen hier die für die Provence typischen Düfte und Aromen auf den Tisch. Exzellent ist die Bastide auch als Quartier für die Nacht.
197 E3 Chemin de Quinson, Moustiers-Ste-Marie 04 92 70 47 47; www.bastide-moustiers.com Mo, Di oder Mi und 7.–31. Jan. geschl.

ST-TROPEZ

La Bouillabaisse €€
In der ehemaligen Fischerkate am Strand spielt Meeresgetier auch auf der Speisekarte die Hauptrolle.
202 B3 Plage de la Bouillabaisse 04 94 97 54 00 Mitte Feb. bis Ende Sept.

Le Café €€
Das gemütliche, stilvolle Lokal (ehemals Café des Arts) hat eine lange Geschichte als Treffpunkt von Künstlern und Intellektuellen. Das Interieur entspricht einer typischen französischen Bar: braune Ledersofas, viel Holz und alte Bücher mit Lederrücken im Regal. Beim Cappuccino auf der Terrasse kann man den Boulespielern zusehen. Wir beziehen uns hier auf das Café neben dem Kino – auf der Place des Lices –, nicht auf das neuere Café des Arts an der Ecke!
202 B3 5, place des Lices 04 94 97 44 69; www.lecafe.fr Küche tägl. 10.30 bis 23 Uhr; Café bis Mitternacht

Le Girelier €€–€€€
Unmittelbar am Hafen gelegen, erlebt die Fischerhütte mit Spezialitäten aus dem Meer einen zweiten Frühling. Relativ teuer, aber was auf den Teller kommt, ist frisch.
202 B3 Quai Jean-Jaurès 04 94 97 03 87; www.legirelier.fr tägl., Nov.–Mitte März geschl.

La Ponche €€
Für St-Tropez und die Traumlage hoch über der Bucht ist das Restaurant des Luxushotels La Ponche, in dem Romy Schneider ihr Lieblingszimmer mit Blick aufs Meer hatte, relativ preisgünstig.
202 B3 Port des Pêcheurs 04 94 97 09 29; www.laponche.com Nov. bis Mitte Febr. geschl.

Sénéquier €€
Knallrote Markisen, Tische und Stühle am Kai – absolut angesagt, vor allem zum Frühstück. Deshalb kostet der Kaffee hier auch etwas mehr, doch ein sonniger Morgen in St-Tropez ist hier einfach unvergleichlich (► 72).
202 B3 Quai Jean-Jaurès 04 94 97 00 90 tägl. 8–2 Uhr im Sommer; 8–20 Uhr im Winter; Jan./Feb. geschl.

La Table du Marché €–€€
Bistro in einem Gässchen beim Hafen mit hervorragender Küche: regionale Spezialitäten, kleine Gerichte, Kuchen, Gebäck und Weine in ungezwungener Atmosphäre.
202 B3 11, Rue des Commerçants Tel. 04 94 97 01 25; www.christophe-leroy.com tägl.

Wohin zum ... Einkaufen?

MÄRKTE

In St-Tropez gibt es mehrere sehenswerte Märkte, darunter den pittoresken Fischmarkt **(Marché aux Poissons)** auf der Place aux Herbes (7–13 Uhr), wo man z. B. köstliche Meerbarben und Drachenköpfe anbietet.

Auf dem **Marché Provençal** (Place des Lices; Di, Sa 8–13 Uhr) findet man neben typischen Lebensmitteln der Provence auch Antiquitäten und Kunstgewerbe.

Auf dem **Bauernmarkt** in Collobrières (Place de la Libération; Di, So 8–13 Uhr) beherrschen natürlich Kastanien in jeder Form das Angebot, von *marrons glacés* und Marmelade bis hin zu Korbwaren aus Kastanienholz. Daneben werden Waren aus Kork und regionale Spezialitäten wie Oliven und Honig angeboten.

LEBENSMITTEL UND WEIN

In St-Tropez lohnt ein Besuch bei **Tarte Tropézienne** (36, Rue Clemenceau; www.latartetropezienne.fr; Feb.–Okt., 8–20 Uhr). Die namengebende Tarte mit Vanillecremefüllung wurde 1955 so von Brigitte Bardot getauft.

Im nahen Gassin vertreiben **Les Maîtres Vignerons de la Presqu'île de St-Tropez** (Carrefour de la Foux) die Weine der Halbinsel.

Geschmack und Farben der Provence führen **Saveurs et Couleurs** in Digne-les Bains (7, Boulevard Gassendi; www.saveurs-couleurs.fr; Di–Sa 8.30–12.30, 14.30–19.15, So 9–12.30 Uhr) im Schild und in den Regalen: hochwertiges Olivenöl, Gänseleber, Essig, Alkoholika, Parfüm, Marseiller Seife, Artikel aus provenzalischen Stoffen, Olivenholz und Terrakotta.

In Les Arcs-sur-Argens (RDN 7, Tel. 04 94 99 50 20; www.maison-des-vins.fr) können Sie das ganze Jahr über in der **Maison des Vins** (tägl., Sommer 10–19, So bis 18 Uhr; Winter 10–18, So bis 17 Uhr) eine Auswahl aus 800 verschiedenen Weinen des Anbaugebiets Côtes de Provence treffen, das vom Gebirge Sainte-Victoire im Westen bis Roquebrune-sur-Argens im Osten reicht. Es werden Kurzseminare um die Önologie veranstaltet. Zu der Maison gehört auch ein Restaurant, La Vigne à Table.

SOUVENIRS UND GESCHENKE

Pépinières Cavatore (22, chemin des Orchidées, Tel. 04 94 00 40 23; www.mimosa-cavatore.com) in Bormes-les-Mimosas ist spezialisiert auf Mimosen – vor allem im Februar, wenn die Bäume in voller Blüte stehen. Immer einen Besuch wert. Keine Kreditkarten.

Moustiers-Ste-Marie ist ein Mekka der Keramik. Man hat die Qual der Wahl unter all den Vasen, Bechern und Tellern im **Atelier Soleil** (Chemin de Quinson; Mo, Di, Do, Fr 9–11.30 Uhr). Das Atelier betreibt eine weitere Filiale im Zentrum von Moustiers, nahe der Kirche. Im Ort gibt es weitere Werkstätten und Ateliers.

MODE

St-Tropez ist voller schicker Läden, hier werden alle Wünsche erfüllt: von klassischen französischen Nobelmarken wie **Hermès** (Place Grammond) bis zu Geschäften wie **Blanc Bleu** (Traverse des Lices, 10 bis 13, 15–19 Uhr) mit sportlicher Mode für sie und ihn.

Bei **Rondini** (16, Rue Clemenceau; www.rondini.fr) können Sie in Tropéziennes schlüpfen, ortstypische Sandalen, wie sie schon Pablo Picasso trug.

Wohin zum ... Ausgehen?

BARS, CLUBS UND CASINOS

Im heißesten Nachtclub von St-Tropez, **Les Caves du Roy,** begegnet man der Hautevolee – bei freiem Eintritt und horrenden Preisen für die Drinks (Hôtel Byblos, Avenue Foch; www.lescavesduroy.com; Ostern bis Okt. 23–5 Uhr). Kaum weniger legendär und hip ist der **VIP Room** (Résidences du Nouveau Port, Tel. 06 38 83 83 83; www.st-tropez.viproom.fr; April–Okt. tägl. 21–3 oder 5 Uhr) in St-Tropez.

Für das Bier zwischendurch empfiehlt sich die **Bar Anglais** (15, Quai Suffren 83990, Tel. 04 94 97 30 04; ab 20 Uhr) im ersten Stock des exklusiven Hôtel Sube. Am alten Hafen lockt die **Le Papagayo Lounge Bar** (Port de St-Tropez, Tel. 04 94 97 95 95; www.papagayo-st-tropez.com), ein Restaurant-Nightclub mit Aussichtsterrasse, Prominenz und stampfenden Rhythmen bis in die Morgenstunden (in der Hochsaison oft Livemusik).

Wer nicht so gerne in den großen Clubs ist, ist in der **Bar du Port** (9, Quai Suffren, Tel. 04 94 97 00 54; tägl. geöffnet) gut aufgehoben: tagsüber ein Restaurant mit Spiegeln und weißen Dekoelementen, erobert am Abend Musik das Haus.

Kulturelle Events finden in den Sälen des **Centre Culturel René Char** (45, Avenue du 8 Mai 1945, Tel. 04 92 30 87 10; www.centreculturelrenechar.fr) in Dignes-les-Bains statt: Für Musik in all ihren Facetten wie auch für andere künstlerische Ausdrucksformen ist hier Raum. Als Kulturzentrum dient der **Palais des Expositions** (1, place de la République, Tel. 04 92 31 15 21; www.mairie-dignelesbains.fr): für Konzerte, Theater und Tanz.

SPAS

Anwendungen aller Art bieten die Kurorte Digne-les-Bains und Gréoux-les-Bains, im **Établissement Thermal de Digne-les-Bains** z. B. Gesichtsmasken, Schlammpackungen und Aquagymnastik (29, Avenue des Thermes, Digne-les-Bains, Tel. 04 92 32 32 92; http://thermesdignelesbains.com, März bis Anfang Dez.). Wenn Sie im August in die Provence kommen, können Sie gleich noch den allgegenwärtigen Lavendel in einem fünftägigen Festival feiern (► 86).

Hydrotherapie ist seit je auch eine Spezialität des **Établissement Thermal de Gréoux-les-Bains.** Das Wasser hier gilt als besonders effizient bei Rheumatismus und Bronchialleiden (Quai des Hautes Plaines, Tel. 08 26 46 81 85; www.chainethermale.fr; Mo–Sa, Mitte März bis Mitte Dez.).

SPORT

Der 18-Loch-Kurs von **Golf de Digne-les-Bains** umkreist abenteuerlich die Hügel und verfügt über Restaurant, 2-Sterne-Hotel, Swimmingpool und Tennisplatz (57, route du Chaffaut, Digne-les-Bains, Tel. 04 92 30 58 00; 9–18, 8–20 Uhr im Sommer).

Bei Fréjus, zwischen Dramont und St-Tropez, gibt es interessante Tauchgründe, inklusive alter Schiffswracks. Erkundigen Sie sich beim **Centre International de Plongée de Fréjus** (Aire de Carénage, Port Fréjus, Tel. 04 94 52 34 99; www.cip-frejus.com; ganzjährig, nach Vereinbarung).

Nervenkitzel im Wasser hat **Aqua Viva Est** in Castellane auf dem Programm, mit Wildwasser-Rafting, Kanu- und Kajak-Trips durch die Gorges du Verdon und auf den Flüssen Vésubie und Tinée (12, Boulevard de la République, Tel. 04 92 83 75 74; www.aquavivaest.com; Ostern bis Ende Sept.).

Marseille und Umgebung

Kleine Erlebnisse

Sonnenbad in Mittelalterfestung

Das **Fort Saint-Jean** (➤ 94) in Marseille ist über Stege mit dem Mucem verbunden und lädt zum Sonnenbad auf Liegestühlen ein.

Schattiges Plätzchen

Am Relais Cézanne (Route Cézanne) in **Le Tholonet** schaut man selbst im Hochsommer gerne beim Pétanquespiel zu.

Süße Verlockung

Ein ***calisson*** aus der Maison Béchard auf dem Cours Mirabeau (➤ 113) in Aix-en-Provence sorgt gleich für gute Laune.

Erste Orientierung

Marseille und Aix-en-Provence bergen schon in sich eine Fülle an Sehenswertem, doch die beiden Städte haben mit den Calanques und dem Gebirge Sainte-Victoire auch herausragende Ziele ganz in der Nähe zu bieten.

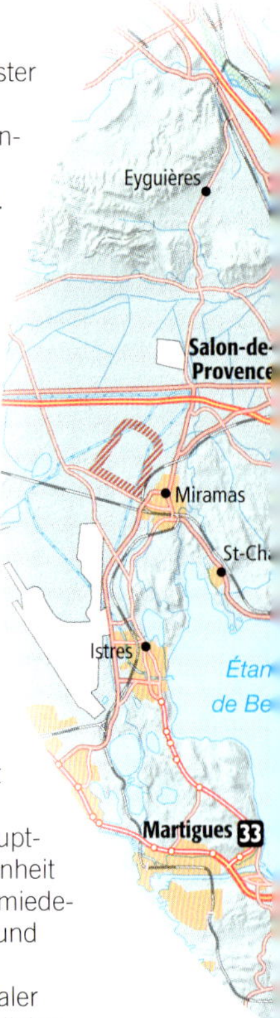

Marseille, älteste Stadt Frankreichs und bedeutendster Hafen des Landes, kennt keine Zwischentöne. Die Großstadt am Mittelmeer, seit Jahren wegen der Bandenkriege in den Schlagzeilen, hat als Europas Kulturhauptstadt 2013 ein völlig neues Gesicht gezeigt. Als Schmelztiegel der Nationen und mit über 100 Vierteln bleibt sie zwar chaotisch und voller Widersprüche, aber dennoch ist sie voller Poesie. Stararchitekt Norman Foster hat den Alten Hafen mit einer spektakulären Schattenhalle *(ombrière)* versehen. Rudy Ricciotti entwarf am ehemaligen Hafenbecken mit dem Musée des Civilisations de l'Europe et de la Méditerranée (Mucem), das in Verbindung mit dem umgestalteten mittelalterlichen Fort Saint-Jean steht, einen Publikumsmagneten. Dazu kommen neue Museen sogar im Problemviertel Belle de Mai, wo auf einer Industriebrache *(friche)* ein pulsierendes Kulturzentrum entstanden ist.

Eine großartige Kulturmeile mit Ballettzentrum und dem Grand Théâtre de Provence von Vittorio Gregotti, der Musikschule *(conservatoire)*, erbaut von Kengo Kuma, und einem Fünf-Sterne-Hotel hat sich Aix-en-Provence im neuen Innenstadtquartier Sextius-Mirabeau zugelegt. Doch die ehemalige Hauptstadt der Provence verweist auch auf ihre Vergangenheit mit prachtvollen alten Wohnhäusern, an denen schmiedeeiserne Balkongitter glänzen; hat besuchte Märkte und zahlreiche Brunnen.

Man kann leicht nachempfinden, weshalb der Maler Paul Cézanne, berühmtester Sohn der Stadt, sie so liebte. Weitere bedeutende Persönlichkeiten der Provence sind: der Seher Nostradamus aus Salon-de-Provence (➤ 107) und der Schriftsteller Marcel Pagnol (➤ 11) aus Aubagne. Überall trifft man auf Sehenswertes, wie das Château de la Barben mit seinem herrlichen Park von Le Nôtre, die Zisterzienserabtei Abbaye de Silvacane, die Calanques oder die Montagne Ste-Victoire.

TOP 10

Nicht verpassen!

Nach Lust und Laune!

Im Zentrum von Cassis

In zwei Tagen

Wer sich nicht schlüssig ist, auf welchen Wegen er die Region erkunden soll, findet hier Anregungen für eine interessante zweitägige Tour durch Marseille und Umgebung. Genaueres zu den Zielen finden Sie auf den Folgeseiten.

Erster Tag

Vormittag

Los geht es in ★1 **Marseille** am Alten Hafen (Vieux Port, rechts, ➤ 98), wo das Herz der Stadt am lebhaftesten schlägt und Frühaufsteher den Fischmarkt erleben können (tägl. am Quai de la Fraternité). Danach bietet sich ein Rundgang durch das älteste, schon in der Antike von den Griechen besiedelte Viertel an, das nun schicke Quartier du Panier (➤ 99). Von dort aus ist es nur ein Katzensprung zum Hafenbecken mit der Villa Méditerranée von Stefano Boeri und dem Mucem.

Mittag

Sternekoch Gérald Passédat sorgt im **Mucem** (➤ 22) für die Gastronomie, u. a. in Bistrot und Gourmetrestaurant Le Môle auf der Dachterrasse (Di geschl.).

Nachmittag

Immer wieder beeindruckend wirkt die Silhouette der Stadt Marseille vom Wasser aus. Vom Alten Hafen legen Ausflugsschiffe wie das Hybridboot Hélios von Icard Maritime (1, Quai Marcel Pagnol; www.visite-des-calanques.com) zu den großartigen ★6 **Calanques** (➤ 103) und dem legendären Château d'If (➤ 98) ab.

Abend
Bleiben Sie noch ein wenig am Alten Hafen: bei einem Aperitif in der **Bar de la Marine** (Quai de Rive Neuve), Schauplatz in den Romanen Marcel Pagnols (➤ 11). Danach genießen Sie das Abendessen mit Blick auf den Alten Hafen vielleicht in der **Brasserie Les Fenêtres** (1, place Daviel; www.marseille.intercontinental.com), die Starkoch Lionel Lévy betreibt (➤ 111).

Zweiter Tag

Vormittag
Im Morgenlicht entfaltet sich die unwiderstehliche Poesie von ★4 **Aix-en-Provence** (➤ 101). Herrlich lässt es sich unter den Platanen des eleganten Cours Mirabeau (Abb. oben) und durch die Gassen der Altstadt schlendern, zur Kathedrale im Norden oder durch das Mazarin-Viertel mit seinen alten Villen im Süden. Jeden Tag findet hier ein belebter Markt statt!

Mittag
Omas Rezepte mit moderner Note serviert **La Tomate Verte** (➤ 111).

Nachmittag
Kunstliebhaber werden sich gern auf die Spuren Cézannes begeben und sein ehemaliges Atelier besuchen (➤ 102). Angesichts der charmanten Unordnung wirken die Räume des 1906 verstorbenen Künstlers sehr lebendig. Bis zu seinem letzten Tag wanderte Cézanne häufig in die landschaftlich reizvolle Umgebung seiner Heimatstadt, wo ihn besonders das Motiv der 32 **Montagne Ste-Victoire** (➤ 104; Abb. rechts) beschäftigte: Über 65-mal hielt er es auf der Leinwand fest, in wechselnden Lichtstimmungen und Perspektiven. Wer Aix westwärts auf schmalen Landsträßchen verlässt, kann seinen Enthusiasmus sicher nachempfinden!

Abend
Und abends ein formidables Diner im **Le Formal** (➤ 111).

1 Marseille

Frankreichs zweitgrößte Stadt ist von Betriebsamkeit geprägt, von einem Gemisch aus diversen Mentalitäten und Hautfarben, die hier auf geschichtsträchtigem Boden zusammenkommen. Kulturell hat sie allein an Museen und Kunstgalerien einiges zu bieten, außerdem einen attraktiven Küstenstreifen. Am besten beginnt man seinen Eroberungszug im Alten Hafen.

Nur mit dem Boot gelangt man zur ehemaligen Gefängnisinsel Château d'If

Alter Hafen (Vieux Port)

Am Quai de la Fraternité legen Schiffe zum berüchtigten Château d'If ab, das sich auf einer der Stadt vorgelagerten Insel befindet. 1528 von Franz I. als Hafenfeste erbaut, diente es später als Gefängnis für teils prominente Adlige. Durch den 1844 erschienenen Roman *Der Graf von Monte Christo* von Alexandre Dumas wurde die Zwingburg unsterblich – als Kerker des unglücklichen Titelhelden.

Jenseits des Quai de Rive Neuve mündet das Hafenviertel in das Quartier de l'Arsenal, wo man sich bestens bei einer Bouillabaisse (➤ 23) stärken kann, dem Leib- und Magengericht der Marseiller. So bewältigt man später locker den Aufstieg zu **Notre-Dame de la Garde,** einer Basilika aus dem 19. Jahrhundert, deren goldene Madonnen-Sta-

LA MARSEILLAISE

Im Zuge der Französischen Revolution 1789 wurden 500 Freiwillige aus Marseille nach Paris entsandt. Auf ihrem Marsch stimmten sie ein Lied des Komponisten Claude Joseph Rouget de Lisle aus Straßburg an. Als die Freiwilligen in Paris eintrafen, war es zur Hymne der Revolution geworden, ihnen zu Ehren *La Marseillaise* genannt. Eine Gedenkstätte erklärt die Geschichte der Nationalhymne (23–25, Rue Thubaneau, Tel. 04 91 91 91 97; www.vert-marine.com; Hochsommer tägl. 10–18, sonst Di–So 14–18 Uhr, 7 €).

tue schon von Weitem zu sehen ist (besonders schön ist sie nachts im Scheinwerferlicht anzuschauen).

Nördlich des Alten Hafens erstreckt sich mit bunten Häusern, Gässchen und Treppen das Viertel **Le Panier.** Dessen Glanzlicht ist das ehemalige Hospiz aus der Barockzeit, die **Vieille Charité,** deren Arkadenbau heute ein Kulturzentrum mit verschiedenen Museen, Cafeteria und Bibliothek beherbergt. Ein paar Schritte weiter am Hafen ist 2013 im ehemaligen Quarantänezentrum das Privatmuseum **Regards de Provence** mit einer Cafeteria auf der Dachterrasse eingerichtet worden. Es widmet sich Künstlern wie Raoul Dufy (➤ 18) und ist der **Cathédrale de la Major,** die aus dem 19. Jahrhundert stammt und im neobyzantinischen Stil erbaut wurde, benachbart. Von der ungefähr 1 Kilometer langen Magistrale **La Canebière,** die vom Alten Hafen ins Zentrum führt, gehen auch die interessantesten Einkaufsstraßen ab. Im nördlich hiervon gelegenen **Musée d'Histoire de Marseille** lässt sich die Geschichte der Stadt nachverfolgen, spektakulärstes Exponat ist ein römisches Handelsschiff. Im Jardin des Vestiges, einem Park vor den Mauern des Museums, kann man noch sehr gut die Ruinen antiker griechisch-römischer Gebäude und Straßen ausmachen, auch die Ursprünge der Hafenanlage.

Der Alte Hafen von Marseille

Südlich der Canebière, mitten in Marseilles bester Shoppingmeile, wartet das **Musée Cantini** mit einer exquisiten Sammlung moderner Kunst auf – vor allem den Stilrichtungen Fauvismus, Kubismus und Surrealismus, darunter sind Werke von Man Ray, Henri Matisse (➤ 18), Wassily Kandinsky, Pablo Picasso (➤ 18) und Francis Bacon.

Die 1953 vollendete »Lichterstadt« **Cité Radieuse** gilt als Meilenstein der modernen Architekturgeschichte. Le Corbusiers Gebäude war für mehr als 300 Wohnungen unterschiedlichen Typs angelegt. Angeschlossen sind heute ein Hotel und das Feinschmeckerrestaurant Le Ventre de l'Architecte (So/Mo geschl.). Die Dachterrasse bietet einen beeindruckenden Blick aufs Meer.

Marseille und Umgebung

KLEINE PAUSE

Zeit für die einzig wahre Bouillabaisse (➤ 23) – bei **Le Miramar** im Alten Hafen (12, Quai du Port, Tel. 04 91 91 10 40; So/Mo geschl.).

Die Cathédrale de la Major erhebt sich in der Nähe des Alten Hafens

200 A3

Touristeninformation
206 C3 11, Boulevard de la Canebière 08 26 50 05 00 (0,15 €/Minute); www.marseille-tourisme.com Mo–Sa 9–19, So 10–17 Uhr Metro 1: Vieux-Port

Château d'If
200 A2 04 91 59 02 30 Mai bis Mitte Sept. tägl. 9–18 Uhr; Mitte Sept.–März Di–So 9–17.15 Uhr; April tägl. 9–17.30 Uhr 15,20 € Quai de la Fraternité 04 91 55 50 09, April–Okt.

Musée des Civilisations de l'Europe et de la Méditerranée (Mucem)
206 A3/4 1, esplanade du J4 04 84 35 13 13; www.mucem.org Mi bis Mo, Winter 11–18; Frühling, Herbst 11–19; Sommer 9–20 Uhr 8 €

Musée Regards de Provence
206 A4 Avenue Vaudoyer 04 96 17 40 40; www.museeregardsde provence.com tägl. 10–18 Uhr 3,50 €

Musée d'Histoire de Marseille
207 D4 Square Belsunce, Centre Bourse 04 91 55 36 00 Di–So 10–18 Uhr 5 €

Musée Cantini
207 D2 19, Rue Grignan 04 91 54 77 75 Di–So 10–18 Uhr 5 €

Cité Radieuse
200 A/B2 280, Boulevard Michelet 04 91 16 78 00; www.gerardin-corbusier.com

BAEDEKER TIPP

- Sein Auto stellt man in Marseille am besten auf den ausgewiesenen Parkplätzen ab (mehrere stehen beim Alten Hafen zur Verfügung) oder nutzt zum Beispiel die relativ günstige Tiefgarage Parking de l'Hôtel de Ville.
- Die Infoblätter ***César, Marseille Hebdo*** und ***Ventilo*** nennen aktuelle Termine.
- Vorsicht vor Taschendieben bes. im Viertel Le Panier, auf Märkten und am Hafen.
- Das **Kulturzentrum Friche Belle de Mai** in der ehemaligen Industriebrache des Viertels, unweit vom Bahnhof St-Charles, bietet Kreativen Raum und beherbergt ein Ausstellungszentrum für zeitgenössische Kunst. Das Spektrum schließt neben bildender Kunst auch Theater und Tanz ein. Im Restaurant Les Grandes Tables de la Friche (➤ 112) wird Wert auf Slow Food gelegt.

4 Aix-en-Provence

Die einstige Hauptstadt der Provence besticht durch Eleganz und Lebendigkeit. Herrliche Brunnen, malerische Plätze, kleine Gassen und die prachtvolle Flaniermeile, der von Platanen gesäumte Cours Mirabeau, prägen das historische Zentrum der Universitätsstadt. Die Kulturmeile im Neubauviertel Sextius-Mirabeau unterstreicht den Anspruch der Stadt, ein Hort von Kunst und Kultur zu sein.

Belebte Restaurantterrasse am Cours Mirabeau

Aix ging aus der 123 v. Chr. gegründeten römischen Siedlung Aquae Sextiae hervor, erlebte einen ersten Aufschwung unter der Regentschaft des kunstsinnigen Königs René im 15. und seine Blüte im 17. und 18. Jahrhundert, als die meisten der großzügigen Stadtpalais entstanden.

Der **Cours Mirabeau** scheidet die verwinkelte Altstadt vom weitläufigen Quartier Mazarin. Der Prachtboulevard ist beiderseits von üppigen Platanen gesäumt, die Mitte wird von schönen Brunnen betont, darunter der moosbedeckten Fontaine d'Eau Thermale, einer natürlichen Warmwasserquelle: Der Cours ist ein idealer Platz zum Flanieren oder für Mußestunden auf einer der vielen Café- und Restaurantterrassen. In unmittelbarer Umgebung findet man Gassen mit kleinen Märkten, Restaurants und Lädchen, in denen Kunsthandwerk der Region neben Designerkleidung angeboten wird.

Beeindruckend als ein Ensemble von Baustilen, die Romanik und Barock verbinden, ist die nahe gelegene **Cathédrale St-Sauveur.** Im Innern sind die flämischen Tapisserien an der Kanzel sehenswert und ein Triptychon von Nicolas Froment: *Der brennende Dornbusch* (1476). Auf der detailliert ausgeführten Mitteltafel thront die Muttergottes mit Kind friedvoll in einem Busch, an dessen Rändern kleine Flammen züngeln.

Eine der größten Sehenswürdigkeiten von Aix ist der **Tour de l'Horloge,** der mächtige Glockenturm des im Stil des italienischen Barock errichteten Rathauses (Hôtel de Ville). Seine prunkvolle astronomische Uhr weist zur zentralen **Place de l'Hotel de Ville.** Zu Ehren Paul Cézannes (➤ 16), des prominentesten Sohns der Stadt, wurde ein mit Metallplaketten im Pflaster markierter Rundgang angelegt, der auch zum **Atélier Paul Cézanne** führt. Hier wohnte und arbeitete er die letzten sieben Jahre seines Lebens. Neben unvollendeten Werken und Malutensilien hat sich hier vieles an persönlichen Gegenständen erhalten, sogar Mäntel und Hüte. Einige seiner frühen Gemälde sind im **Musée Granet** zu sehen, das auch eine Sammlung europäischer Malerei bis zum Ende des 20. Jahrhunderts und römische Funde beherbergt.

Der Roton-de-Brunnen auf der Place du Général-du-Gaulle

KLEINE PAUSE

Die Speisekarte im hocheleganten **Café des Deux-Garçons** (➤ 111) nimmt es mit der in jeder noblen Brasserie auf.

---

200 B4

Touristeninformation
300, ave. Giuseppe Verdi ☎ 04 42 16 11 61; www.aixenprovencetourism.com

Atélier Paul Cézanne
9, Avenue Paul-Cézanne ☎ 04 42 21 06 53; www.atelier-cezanne.com tägl.; Juli–Aug. 10–18 Uhr; April–Juni und Sept. 10–12, 14–18 Uhr; Okt.–März 10–12, 14–17 Uhr 5,50 €

Musée Granet
Place St-Jean-de-Malte ☎ 04 42 52 88 32; www.museegranet-aixenprovence.fr Di–So, Juni–Sept. 11–19 Uhr; Okt.–Mai 12–18 Uhr 5 €

Aix-en-Provence bezaubert mit seinen Gassen

BAEDEKER TIPP

- Bei der Touristeninformation gibt es den **Pass Aix Pays d'Aix** (2 €), der Ermäßigungen in Museen von Aix und der Umgebung gewährt.
- Schön ist der **Blumenmarkt** auf der Place de l'Hôtel de Ville (Di, Do, Sa morgens).
- Ein halbes Dutzend Festivals hat Aix über das Jahr zu bieten, darunter im Juli das renommierte **Festival International d'Art Lyrique et de la Musique** (www.festival-aix.com).

6 Les Calanques

Tief eingeschnittene, schmale Buchten mit hohen, zerklüfteten weißen Kalkfelsen: Die Calanques, wie die Fjorde auf 20 km Länge zwischen Cassis und Marseille genannt werden, sind seit 2013 Frankreichs erster Nationalpark auf der Markung einer Großstadt.

Für Autos ist das Naturparadies zumindest im Sommer komplett gesperrt, nur die Bewohner aus Morgiou und Sormiou, den einzigen Siedlungen der Calanques, dürfen die Straße benutzen. Von Juni bis Oktober fahren Shuttlebusse. Von Cassis aus ist die **spektakulärste Calanque,** die Calanque En Vau, in einem 1,5-stündigen Fußmarsch erreichbar, von der Universität Luminy in Marseille führt ein schöner Weg hinunter nach Sugiton und Morgiou. Dort entdeckte 1991 der Taucher Henri Cosquer den Unterwassereingang zur **Grotte Cosquer** – und dabei bis zu 25 000 Jahre alte Höhlenzeichnungen.

Idyllisch sind die Liegeplätze in einer der Calanques

KLEINE PAUSE

Im Hafen von Cassis gibt es viele Restaurants; frische Meeresfrüchte genießt man bei **Nino** (1, Quai Jean-Jacques Barthélémy; ➤ 112).

200 B2

Touristeninformation
Parc National des Calanques
Tel. 04 20 10 50 00; www.calanques-parcnational.fr

Busfahrten
Von April bis Juni sind die Zufahrtsstraßen an Wochenenden gesperrt. Die Buslinien 23 und 22 verbinden Sormiou bzw. Morgiou mit dem Rond-Point du Prado in Marseille und bedienen die Stopps zu den Wanderwegen.

BAEDEKER TIPP

Am schönsten erleben Sie die Calanques bei einer **Schiffstour** vom Hafen in Cassis (www.ot-cassis.com) oder vom Hafen in Marseille (www.marseille-tourisme.com) aus. Manche Boote bieten im Hochsommer Badepausen in den Fjorden an.

32 Montagne Ste-Victoire

Der Maler Paul Cézanne war zeitlebens fasziniert vom Kalksteinmassiv der Montagne Ste-Victoire östlich von Aix, das über den fruchtbaren grünen Niederungen der Provence thront. Es ging vielfach in seine Bilder ein.

Pyramidenartig erhebt sich der Gebirgszug über Weingärten und Wäldchen rund 16 km östlich von Aix. Am Fuße der Hänge gedeihen im rostroten Boden die Rebstöcke der Coteaux d'Aix, in der Höhe Wald, der niedrigem Buschwerk und Wildkräutern weicht. Jenseits der Baumgrenze leuchtet der nackte weiße Fels, dem wechselndes Licht Nuancen von Blau, Grau, Rosa und Orange entlockt.

Dieser Berg war das Lieblingsmotiv des Malers Paul Cézanne (1839–1906, ➤ 16), der ihn immer wieder aus unterschiedlicher Perspektive und in anderen Lichtstimmungen auf die Leinwand bannte (*La Montagne Sainte-Victoire,* 1904; *Le Paysage d'Aix,* 1905). Kurz vor seinem Tod schrieb er an seinen Sohn: »Jeden Tag verbringe ich in dieser Landschaft mit ihren wunderbaren Formen. Und kann mir in der Tat als Zeitvertreib nichts Vergnüglicheres vorstellen.«

Nördlich führt die D10, südlich die D17 um das Bergmassiv herum. Von dort gelangt man leicht zu Aussichtspunkten und Spazierwegen. Nahe der D10 wird bei der Barrage de Bimont (7 km von Aix, ➤ 176) das Flüsschen Infernet zum **Lac du Bimont** gestaut, einem Wasserreservoir für die umliegenden Orte.

Ein Stück weiter auf der D10, nahe dem Weiler Les Cabassols, beginnt ein steiler Pfad zum Gipfel **La Croix de Provence** (945 m) im Westen des Gebirgszuges. Für den teilweise schwierigen Aufstieg brauchen Sie gut 1,5 Std. Er lohnt jedoch wegen des herrlichen Blicks – wie auch ein Abstecher ins Dörfchen **Vauvenargues** wegen des Schlosses aus dem 17. Jahrhundert (für Besucher nicht zugänglich). Hier befindet sich die Grabstätte von Picasso (➤ 18, 176), der einst auf dem Schloss lebte und arbeitete. Im Südosten des Gebirges werden bei **Pourrières** und **Puyloubier** exzellente Rot- und Roséweine auf biologischer Grundlage angebaut, etwa in der Domaine Richeaume (D 56, Tel. 04 42 66 31 27; www.domaine-richeaume.com; ➤ 110).

Oben: Im Grün versteckt, behauptet sich das Schlösschen von Vauvenargues
Links: Majestätisch thront die von Paul Cézanne so geliebte Montagne Ste-Victoire über Fluss und Wald

KLEINE PAUSE

Das renovierte Hotelrestaurant **Relais de Saint-Ser** (D 17, Avenue Paul Cézanne, Puyloubier, Tel. 04 42 66 37 26) sorgt für Stärkung vor dem Spazierweg zur Einsiedlerkapelle Chapelle Saint-Ser (gut 1 Std. zu Fuß).

200 B/C 4

Touristeninformation
Maison Sainte-Victoire D 17, Saint-Antonin-sur-Bayon
04 13 31 94 70; www.grandsitesaintevictoire.com

BAEDEKER TIPP

- Für den Weg zur Croix de Provence sollten Sie festes Schuhwerk (am besten Wanderstiefel) anziehen.
- Von Juli bis September sind manche Wege wegen der dann herrschenden Waldbrandgefahr gesperrt.
- Wer nicht gleich auf den Gipfel möchte, findet im Park der Domaine des Roques-Hautes (an der D 17 zwischen Le Tholonet und Saint Antonin sur Bayon) bequeme Wanderwege zum Bimont-Stausee.

Nach Lust und Laune!

Pastellfarbene Fassaden am Quai von Martigues

33 Martigues

Das Hafenstädtchen ist idealer Ausgangspunkt für die Erkundung der Meeresbucht Étang de Berre. Es hat ein pittoresk von Kanälen durchzogenes Zentrum und besteht eigentlich aus drei Dörfern: **Jonquières** auf der Südseite des Hauptkanals (Canal de Caronte) ist am betriebsamsten; **L'Île,** in der Mitte, weist schöne Bauten des 17. und 18. Jahrhunderts auf sowie die kleine Église Ste-Madeleine-de-l'Île. Einen besonders hübschen Blick hat man nebenan von der Brücke am Quai Brescon auf den Kanal mit den Fischerbooten. Als »Vogelschau« (*Miroir des Oiseaux,* Spiegel der Vögel) fand das Motiv Eingang in ein Bild des Malers Felix Ziem (1821–1911), dessen Werke im Musée Ziem in **Ferrières,** dem dritten der Dörfer, zu sehen sind.

Von Martigues erstreckt sich die Côte Bleue mit ihren kleinen Buchten, Sand-, Kiesel- oder Felsenstränden und familiären Badeorten wie Carro oder Sausset-les-Pins bis nach Marseille.

195 E1

Touristeninformation
Rond-Point de l'Hôtel de Ville ☎ 04 42 42 31 10; www.martigues-tourisme.com
Hochsaison Mo–Fr 9–18, Sa 9–12.30, 14.30–17.45, So 9.30–12.30 Uhr

Musée Ziem
Boulevard du 14 Juillet ☎ 04 42 41 39 60
Juli–Aug. Mi–Mo 14–18 Uhr; Sept.–Juni Mi bis So 14–18 Uhr Eintritt frei

34 Salon-de-Provence

Die sympathische Kleinstadt an einem Knotenpunkt von Straßen nach Arles, Avignon, Aix und Marseille war vor einem halben Jahrtausend Wohnort des Astrologen Nostradamus (eigtl. Michel de Nostre-Dame, 1503–1566), Verfasser der als »Centurien« *(centuries)* bezeichneten Prophezeiungen. Sein ehemaliges Wohnhaus, die **Maison de Nostradamus,** dient heute als Museum. Gegenüber befinden sich das stattliche Tor, die **Porte de l'Horloge,** und ein Brunnen

Porte de l'Horloge in Salon-de-Provence

aus dem 16. Jahrhundert, die Fontaine Mousse. Nostradamus hat seine letzte Ruhestätte in der nördlich der Stadt gelegenen Kirche St-Laurent.

Einen Besuch ist auch das **Château de l'Empéri** an der Place des Centuries wert: In dem Trutzbau aus dem 10. Jahrhundert sind heute ein Heimat- und ein Militärmuseum untergebracht.
195 E2

Touristeninformation
Cours Gimon 04 90 56 27 60; www.visitsalondeprovence.com Juli–Aug. Mo–Sa 9.30–18.30, So 9.30–12.30 Uhr; Sept.–Juni Mo bis Sa 9.30–12.30, 14–18 Uhr

Maison de Nostradamus
11, Rue Nostradamus 04 90 56 64 31 Mo–Fr 9–12, 14–18, Sa–So 14–18 Uhr Audioguide (ca. 40 Minuten) 4,80 €

Château-Musée de l'Empéri
195 E2 Montée de Puech 04 90 44 72 80 Mi–So 10–12, 14–18 Uhr 4,80 €

35 Château de la Barben

Ursprünglich eine Trutzburg aus dem Mittelalter, wurde der Komplex im Laufe der Zeit immer wieder umgebaut und erweitert und wirkt heute eher wie ein stattliches Wohnhaus.

Erste Veränderungen nahmen die Markgrafen de Forbin vor, die La Barben im 15. Jahrhundert von König René erwarben. Mehr noch als das Mobiliar und Kunsthandwerk jener Tage beeindrucken die Besucher die herrlichen Tapisserien aus Flandern und Aubusson sowie die eleganten Stuckarbeiten und Deckengemälde aus dem 18. Jahrhundert.

Höhepunkt der Anlage aber sind gewiss die spektakulären Terrassengärten, in strengem französischen Barock von André Le Nôtre entworfen, dem Gartenbaumeister von Versailles. Die Geometrie von Blumenrabatten, Wasserbecken und Statuen wird noch durch den natürlichen Landschaftspark unterstrichen, der das Ensemble umgibt. Der **Zoo** (➤ 108) nebenan ist eine Attraktion.
195 F2 13330 La Barben 04 90 55 25 41; www.chateaudelabarben.fr April bis Sept. tägl. 11–18, sonst 14–17 Uhr; Mitte Nov. bis Mitte Febr. geschl. 9 €

Die trutzigen Türme des Château de la Barben heben sich kaum vom Fels ab.

36 Abbaye de Silvacane

Die idyllisch am Südufer der Durance gelegene Abbaye de Silvacane ist die jüngste der drei großen Zisterzienserabteien der Provence (neben Sénanque, ➤ 163, und Thoronet, ➤ 84). Hier konnte sich der schlichte, elegante Baustil des Ordens am reinsten und schönsten entfalten. Der Name geht zurück

Silvacane – eine der drei großen Zisterzienserabteien der Provence

auf das lateinische *silva cana* (Rohrwald) – denn die Brüder fanden hier einst Sümpfe vor. Sie legten sie trocken und verwandelten sie in Ackerland.

Die im 12. Jahrhundert gegründete Abtei erlebte nach einer Zeit des Wohlstands 200 Jahre später ihren Niedergang durch Plünderungen und Missernten. Schließlich verfiel sie mehr und mehr, bis sie Mitte des 19. Jahrhunderts restauriert wurde. Die schlichte Schönheit der Kirche aus hellem Stein setzt sich in dem hübschen Kreuzgang mit altem Brunnen fort. Architektonisch bemerkenswert ist das 1423 im gotischen Stil erneuerte Refektorium mit seinem Rosettenfenster.

195 F3 La Roque d'Anthéron 04 42 50 41 69; www.abbaye-silvacane.com Juni bis Sept. tägl. 10–18 Uhr; Okt.–Mai Di–So 10–13, 14–17 Uhr 7,50 €

TIERE ODER STRAND?

- **Zoo La Barben** Der Zoo in der Nähe des Schlosses von La Barben beherbergt über 500 Bären, Löwen, Affen, Flusspferde und andere Tiere (Tel. 04 90 55 19 12; www.zoolabarben.com; Juli/Aug. tägl. 9.30 bis 19, sonst tägl. 10–17.30 Uhr, 16 €, Kinder 10 €).
- **Cassis** Ein geschützter kleiner Kiesel- und Sandstrand eignet sich auch für die Kleinen.

37 Château La Coste

Der irische Geschäftsmann Patrick McKillan hat sich mit dem Weingut Château La Coste in Le-Puy-Sainte-Réparade, 20 km nördlich von Aix, einen Traum verwirklicht. Das Weingut um eine Bastide aus dem 17. Jahrhundert ist auf Bio-Anbau umgestellt. Mit Bauten von Architekten wie Frank Gehry, Tadao Ando und Jean Nouvel sowie mit Skulpturen von bildenden Künstlern wie Alexander Calder, Louise

Der Hafen von Cassis

Bourgeois oder Richard Serra ist es zu einem Gesamtkunstwerk geworden. Es werden Kunstspaziergänge und Konzerte veranstaltet. Gute Bewirtung in der Cafeteria (€–€€).

196 A/B2

Touristeninformation

Route de la Cride, Le-Puy-Sainte-Réparade, 04 42 61 89 98; www.chateau-la-coste.com Sommer tägl. 9.30–19, Winter 9–18, So 10–18 Uhr 15 €

38 Cassis

Zwischen den weißen Klippen des Cap Canaille und den Calanques (► 103) liegt dieser lebendige kleine Fischer- und Touristenort. Er befindet sich geschützt in einer Bucht und zu Füßen sanft gewellter Hügel, die mit mit Öl-, Feigen- und Mandelbäumen bestanden sind. Sein Ruhm gründet jedoch eher auf dem exzellenten, leicht nach Myrte schmeckenden Weißwein, der hier angebaut wird.

Im Schatten der alten Burg erstreckt sich ein kleiner Sand- und Kieselstrand, und auf schmalen Saumpfaden kann man über die Klippen bis nach Marseille wandern, den wunderbaren Fernblick genießend. Oder man bucht am Quai eine **Bootstour** durch die blaue See zu den Calanques.

Auch die Maler Raoul Dufy, Henri Matisse und Maurice de Vlaminck, die alle den Fauves zugehörig sind, schätzten die Bucht ihres Lichtes wegen.

✚ 200 B2

Touristeninformation

✉ Quai des Moulins ☎ Tel. 08 92 39 01 03 (0,34 Euro/Min.); www.ot-cassis.com, www.tourisme-paysdaubagne.fr 🕑 Hochsaison Mo–Sa 9–19, So 9.30–12.30, 15–18 Uhr

39 Gémenos

In der Nähe der Autobahn, nicht weit von Marseille liegt dieses typisch provenzalische Dorf mit engen Gassen, Treppen und alten Häuschen. Werfen Sie am Hauptplatz einen Blick in den Hof der stattlichen Granges du

Schmuckes Rathaus in Gémenos

Marquis d'Albertas, die um 1800 als Wohnanlage für Erntearbeiter erbaut worden waren. Schön ist das Rathaus in den Mauern eines Schlosses, das aus dem 17. Jahrhundert stammt. Außerhalb des Ortes, an der D2, liegt die **Abbaye de St-Pons** aus dem 13. Jahrhundert. Im Sommer ist sie oft Bühne für Konzerte mit geistlicher Musik. Sie befindet sich im Parc de St-Pons.

✚ 200 C2/3

Touristeninformation

✉ Cours Pasteur ☎ 04 42 32 18 44; http://gemenos.stationverte.com 🕑 Mo–Sa 9–12, 13.30–17.30 Uhr

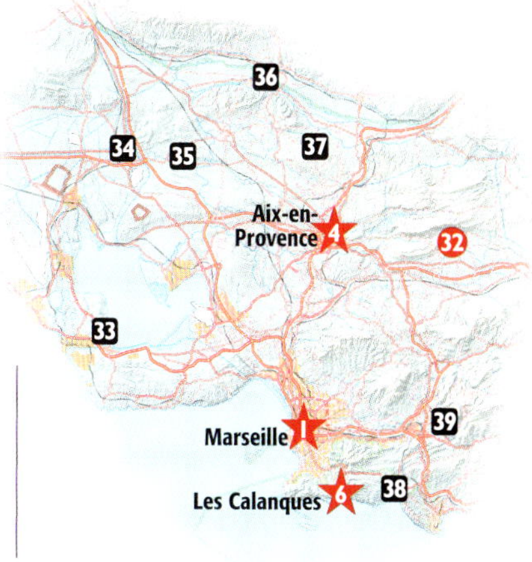

Wohin zum ... Übernachten?

Preise
für ein Doppelzimmer pro Nacht:
€ unter 100 Euro **€€** 100–200 Euro **€€€** über 200 Euro

AIX-EN-PROVENCE

Bastide de Richeaume €€
Das Haus des ehemaligen französischen Konsuls in Stuttgart, Christian Dumon, bietet 3 Gästezimmer und 2 Ferienhäuschen.
200 B4 CD 57b 04 42 66 30 37; www.bastidedericheaume.com

Le Manoir €–€€
Seit über 50 Jahren betreibt die Familie das Hotel mit 40 Zimmern in einer ehemaligen Hutfabrik. Das Frühstück wird in einem Kreuzgang serviert.
200 B4 8, Rue d'Entrecasteaux 04 42 26 27 00; www.hotelmanoir.com Jan. geschl.

Le Pigonnet €€€
Das 4-Sterne-Hotel am Ende einer von Bäumen gesäumten Straße ist ein ehemaliges Landhaus, liebevoll mit Antiquitäten möbliert. Manche der eleganten Zimmer haben eine Terrasse mit Sicht auf die Montagne Ste-Victoire.
200 B4 5, Avenue du Pigonnet 04 42 59 02 90; www.hotelpigonnet.com

CASSIS

Auberge de Jeunesse de Cassis €
Jugendherberge im Calanques-Massiv, eine Stunde von Cassis entfernt. Etwas für Anspruchslose – keine Duschen, 10-Bett-Zimmer! Kochgeschirr ist ausleihbar. Aber: Der Müll wird umweltgerecht entsorgt, man nutzt Sonnenenergie.
200 B2 La Fontasse 04 42 01 02 72; www.fuaj.org Jan.–Mitte März geschl.

Les Roches Blanches €€€
4-Sterne-Hotel hoch oben auf dem Kliff mit atemberaubendem Panoramablick. Die geschmackvoll eingerichteten Zimmer verfügen meist über Balkon oder Terrasse. Speisen kann man auf der Terrasse des Restaurants. Das Mittelmeer scheint förmlich in den Pool zu fließen.
200 B2 Route des Calanques 04 42 01 09 30; www.roches-blanches-cassis.com Nov.–Feb. geschl.

GÉMENOS

Le Relais de la Magdeleine €€
Edler Bau aus dem 18. Jh. in einem traumhaften Park, möbliert mit Antiquitäten. Zimmer mit Fliesenböden und großzügigen Bädern. Die provenzalischen Gerichte des Restaurants werden auch auf der Terrasse serviert.
200 C2 Rond-Point de la Fontaine 04 42 32 20 16; www.relais-magdeleine.com Mitte Nov.–Mitte März geschl.

MARSEILLE

Le Corbusier €–€€
Das Hotel befindet sich in einem Komplex von 300 Apartments, den Le Corbusier 1952 als Teil seiner »Cité Radieuse« entwarf – als Prototyp einer »vertikalen Stadt«. Wohnen und Freizeiteinrichtungen sollten so verbunden werden. Von daher findet man hier auch Spielplätze, Läden, Kino und Bar. Zimmer mit Blick auf Meer, Park oder Terrasse. Öffentliche Parkplätze.
200 A2 280, blvd. Michelet 04 91 16 78 00; www.gerardin-corbusier.com

Hôtel Hermès €–€€

Im Herzen der Stadt, am Alten Hafen im Getümmel, liegt das 2-Sterne-Haus, mit unzähligen Cafés und Restaurants gleich ums Eck. Es hat sicher nicht den Charme mancher alten Hotels, aber dafür 29 helle, luftige Zimmer mit TV, einige davon verfügen über Balkon und Blick auf den Hafen.

206 C3 2, Rue Bonneterie 04 96 11 63 63; www.hotelmarseille.com ganzjährig

Mama Shelter €–€€€

Philippe Starck ist für das Design des ultramodernen Hotels in Marseille verantwortlich, das 126 Zimmer in fast allen Preislagen und ein Restaurant bietet. Es liegt in einem Viertel unweit von La Plaine, aber abseits der Touristenströme.

207 F2 Rue de la Loubière 4 84 35 20 00, www.mamashelter.com

Le Petit Nice Passédat €€€

Ruhiges, modernes 4-Sterne-Hotel an der Corniche. Klimatisierte Zimmer mit Meerblick und Satelliten-TV. Das Restaurant gehört zur Spitze in Marseille und errang seinen dritten Michelin-Stern.

200 A2 Anse de Maldormé, Corniche J F Kennedy 04 91 59 25 92; www.passedat.fr ganzjährig

Intercontinental €€€

Im ehemaligen Krankenhaus (Hôtel-Dieu) am Fuß des Viertels Le Panier ist das 5-Sterne-Hotel mit 194 Zimmern und Wellnessbereich eingerichtet worden. Star-Koch Lionel Lévy hat die Gastronomie mit Sterne-Restaurant L'Alcyone, Brasserie Les Fenêtres und Bar übernommen.

206 C4 1, place Daviel 04 13 42 42 42; www.marseille.intercontinental.com

Wohin zum … Essen und Trinken?

Preise
für ein Drei-Gänge-Menü ohne Getränke:
€ unter 25 Euro **€€** 25–50 Euro **€€€** über 50 Euro

AIX-EN-PROVENCE

Café Les Deux-Garçons €€–€€€

Im »Les 2 G« verkehrten schon Cézanne, Picasso, die Piaf und Zola, und heute noch ist es das eleganteste, aber auch teuerste Café von Aix.

200 B4 53, cours Mirabeau 04 42 26 00 51; www.les2garcons.fr tägl. 12–15, 19–23 Uhr

Le Formal €€–€€€

Fantasievolle Küche ist seit Jahren ein Markenzeichen von Jean-Luc Formal. Der Koch kombiniert im Kellergewölbe alte Gemüse zu feinen Vorspeisen, legt zum Fisch Blumenkohlgnocchi und zerlegt fürs Dessert Schwarzwälder Kirschtorte in ihre Bestandteile.

200 B4 32, Rue Espariat 04 42 27 08 31; www.restaurant-leformal.fr Sa mittags, So und Mo geschl.

La Tomate Verte €€

Grüne Tomaten in allen Variationen sind das Markenzeichen des Restaurants nur ein paar Schritte vom Cours Mirabeau entfernt. Im Sommer werden draußen Tische aufgestellt, sehr gute Weinkarte mit Tropfen der Region.

200 B4 5, Rue des Tanneurs 04 42 60 04 58; www.latomateverte.com, So/Mo geschl.

Chez Féraud €€
In dem kleinen, relativ preiswerten Restaurant speist man absolut provenzalisch. Das harmoniert mit den Weinen: Im Angebot sind Coteaux d'Aix, Bandol, Cassis und ihre Nachbarn.
200 B4 8, Rue du Puits Juif 04 42 63 07 27 Di–Sa 12–13.30, 19–22 Uhr

Les Deux Frères €€
Modernes Design und anspruchsvolle Küche: Außerhalb des historischen Stadtzentrums von Aix, aber in der Nähe des Busbahnhofs haben die beiden Brüder ihr Restaurant eingerichtet. Große Terrasse, Parkplätze vor dem Haus.
200 B4 4, Avenue de la Reine Astrid 04 42 27 90 32; www.les2freres.com tgl.

Unic Bar €
Wunderbar geeignet, um Leuten zuzuschauen, denn gegenüber liegt der Obst- und Gemüsemarkt von Aix (► 113). Im Sommer zählen daher nicht zufällig frische Fruchtsäfte zu den Spezialitäten.
200 B4 40, Rue Vauvenargues 04 42 96 38 28 tägl. 6–2 Uhr

CASSIS

Chez Gilbert €€
Mitglied der »Charte de la Bouillabaisse«, also Kenner des angeblich einzig korrekten Rezepts (und satten Preises) für das Traditionsgericht. Daneben stehen andere ausgezeichnete Gerichte mit Fisch und Meerestieren auf der Karte.
200 B2 19, Quai des Baux 04 42 01 71 36; www.restaurant-chez-gilbert.fr 12.15–14.30, 19.15–22.30 Uhr; Di abends, Mi und Jan. geschl.

Chez Nino €€
Die Familie setzt auf Tradition, frische Fische und Meeresfrüchte: Seit mehr als 50 Jahren kümmert sich Nino um seine Gäste. Das Restaurant liegt direkt am Hafen, im Sommer werden die Gerichte auf der Terrasse serviert.
200 B2 1, Quai Jean-Jacques Barthélémy 04 42 01 74 32; www.nino-cassis.com So abends geschl.

MARSEILLE

La Boîte à Sardine €–€€
Marseille, wie es leibt und lebt. Frische Fische und frisches Gemüse, dazu ein unkomplizierter Service – das sind genau die richtigen Zutaten für das Mittagessen auf der kleinen Terrasse am oberen Ende der Canebière.
207 F4 2, Boulevard de la Libération, 04 91 50 95 95; www.laboiteasardine.com Di–So mittags

Chez Fonfon €€€
Bouillabaisse lässt sich am besten dort probieren, wo der Fisch frisch an Land kommt und in verlässlicher Qualität serviert wird. Der renommierte Betrieb, seit 50 Jahren in Familienbesitz, gilt in der Stadt als Institution.
200 A2 140, vallon des Auffes 04 91 52 14 38; www.chez-fonfon.com Mo 19.30 bis 21.45, Di–Sa 12–14, 19.30–21.45 Uhr

Les Grandes Tables de la Friche €–€€
Das Kulturzentrum im Viertel Belle de Mai von Marseille beherbergt neben den Räumlichkeiten für Kreative eine Art Kantinenrestaurant, in dem Wert auf regionale Produkte und bewusstes, genussvolles Essen gelegt wird.
207 bei F5 41, Rue Jobin 04 91 59 80 30; www.lafriche.org Mo–Sa 12–14, Do–Sa 20–22 Uhr, So Brunch ab 11 Uhr 49, 52

Les Trois Forts €€€
Dominique Frérards Küche ziert zwar noch kein Michelin-Stern, aber er zelebriert seit Jahren beste provenzalische Küche im Hotel. Vom Restaurant aus genießt man den Traumblick auf den Alten Hafen von Marseille.
206 A3 36, Boulevard Charles Livon 04 91 15 59 56; www.sofitel-marseille-vieuxport.com tägl.

Wohin zum ... Einkaufen?

MÄRKTE

In Aix-en-Provence gibt es interessante Märkte, darunter den **Marché aux Antiquaires** mit Büchern und Trödel (Place du Palais de Justice; Di, Do, Sa 7–13 Uhr). Ein schöner Bauernmarkt ist der **Marché des Producteurs** unter den Platanen der Place Richelme, auf dem die Landwirte Produkte der Region anbieten (tägl. 7–13 Uhr).

Auf dem **Marché des Capucins** in Marseille gibt es neben Obst, Gemüse und Gewürzen auch Haushaltswaren (Place des Capucins; Mo–Sa 8–19 Uhr), und auf dem **Marché aux Poissons** im Alten Hafen wird der Fisch auf Wunsch ausgenommen (Quai de la Fraternité; tägl. 8–13 Uhr).

SOUVENIRS UND GESCHENKE

Provenzalische **Stoffe** in allen Varianten gibt es in Aix-en-Provence seit 1918 bei La Victoire (34, Rue Vauvenargues; www.tissus-la-victoire.com; Di–Sa 9–19 Uhr). In der vierten Generation fertigt, ebenfalls in Aix, die Familie Fouque **Krippenfiguren** *(santons)* im eigenen Atelier (Santons Fouque, 65, cours Gambetta; www.santons-fouque.com; Mo–Sa 9–12, 14–18 Uhr). Die älteste Manufaktur für *santons* in Marseille betreibt M. Carbonel (47–49, Rue Neuve Sainte-Catherine; www.santonsmarcelcarbonel.com; Mo–Sa 10–12.30, 14–18.30 Uhr).

Auf die traditionelle **Kernseife** aus Marseille mit Olivenöl als Hauptelement setzt La Compagnie de Provence (1, Rue Caisserie, tägl. 10–13, 14–19 Uhr; oder 18, Rue Davso; Mo–Sa 10–19 Uhr; www.compagniedeprovence.com).

LEBENSMITTEL

Überall in Aix wird die Marzipan-Spezialität *calissons* angeboten, so bei **Maison Béchard** (12, cours Mirabeau, Tel. 04 42 26 06 78). In ebenso guter Qualität sind sie erhältlich in der **Confiserie Entrecasteaux**, neben kandierten Früchten, Nougat und Schokolade (24, Cours Sextius, Tel. 04 42 22 76 84; Mo bis Sa 8–12.15, 14–19 Uhr). Die handgemachten Schokoladen der **Chocolaterie Puyricard** in Aix gehören zu den besten Frankreichs – die Manufaktur kann man auch besichtigen (420, route du Puy-Ste-Réparade, Quartier Beaufort, Puyricard; 9–19.30 Uhr; oder im Zentrum von Aix, 7–9, Rue Rifle-Rafle; Mo–Sa 9–19 Uhr; http://chocolaterie.puyricard.fr). *Navettes,* eine Marseiller Spezialität (Süßgebäck in Schiffchenform), kaufen Sie am besten in der ältesten Bäckerei der Stadt, **Le Four des Navettes** (136, Rue Sainte; http://www.fourdesnavettes.com/fr). Empfehlenswert ist **Torrefaction Noailles,** ein Süßwarenladen in Marseille mit Teesalon (56, La Canebière; http://noailles.com; Mo–So 7–19.30 Uhr).

MODE

Le Marseillais (8, Quai de Rive-Neuve; www.lemarseillais.com, tägl.) bietet lässige Mode. Béatrice Péron gehört mit ihrer Atelier-Boutique **Pomponette** (72, Rue Breteuil; www.pomponette.fr) zu den aktuellen Modeschöpferinnen von Marseille. Im Viertel La Plaine präsentiert **Lolla Marmelade** (30, cours Julien; www.lollamarmelade.com) tragbare Mode.

BÜCHER

Ein Paradies für Bücherfreunde ist die **Librairie Goulard** (37, cours Mirabeau, www.librairiegoulard.com) in Aix-en-Provence, die auch Lesungen veranstaltet.

Wohin zum … Ausgehen?

BARS, CLUBS UND CASINOS

Ein moderner Bau ist das **Casino** in Aix mit Hunderten von Spielautomaten. Es gibt einen Spielsaal, Restaurants und einen Konzertsaal (21, Avenue de l'Europe; www.casinoaix.com; tägl. 10–3, Fr–So bis 4 Uhr; ab 18 Jahren).

Jazzfreunde sind in Aix gut aufgehoben im **Le Scat,** wo es auch Soul, R&B und Reggae zu hören gibt (11, Rue de la Verrerie, Tel. 04 42 23 00 23; Di–Sa 23–5 Uhr). Seit Generationen mit dem Geschmack der Studenten geht **Le Mistral** in Aix (3, Rue Frédéric Mistral; www.mistralclub.fr).

Interessant in Marseille ist die Cabaret-Bar **La Caravelle** mit dem Charme der Vorkriegsjahre – an Wochenenden Livemusik (34, Quai du Port, Tel. 04 91 90 36 64; tägl. 20–2 Uhr). Ein heißer Rock-Schuppen mit Bars und Bowling ist **Trolleybus** (24, Quai de Rive-Neuve; www.letrolley.com; Di–Sa 23.30–5 Uhr, Sa/So bis 6 Uhr; Di–Mi nur Barbetrieb bis Mitternacht).

THEATER, OPER UND KINO

Aix-en-Provence hat das Kulturangebot über das Opernfestival hinaus ausgebaut. Das **Grand Théâtre de Provence** (380, Avenue Max Juvenal; www.lestheatres.net) ist ein Konzertsaal der Spitzenklasse. Direktor Dominique Bluzet sorgt zudem für das Programm im kleinen **Théâtre du Jeu de Paume** (17 bis 21, Rue de l'Opéra) in Aix und im **Théâtre du Gymnase** (4, Rue du Théâtre Français) in Marseille. Gleich neben dem von Vittorio Gregotti entworfenen Grand Théâtre steht in Aix der kühne Bau des **Pavillon Noir** (530, Avenue Mozart; www.preljocaj.org) von Rudy Ricciotti, in dem das moderne Ballett von Angelin Preljocaj seine Heimat gefunden hat. Unmittelbar benachbart ist die **Musikschule** (Conservatoire Darius Milhaud, 380, Avenue Mozart).

Führendes Theater in Marseille ist das **Théâtre National La Criée** (40, Quai de Rive-Neuve; www.theatre-lacriee.com) am Alten Hafen. Renommiert ist die **Opéra de Marseille** (2, Rue Molière; http://opera.marseille.fr), gleichzeitig Heimat des Philharmonischen Orchesters der Stadt. Konzertsäle befinden sich auch in **Le Silo** (35, Quai du Lazaret; www.silo-marseille.fr) am Hafen.

Aix-en-Provence ist mit dem **Kinozentrum Le Cézanne,** aber auch mit den kleineren **Programmkinos** Le Renoir und Le Mazarin eine Hochburg für Lichtspiele (1, Rue Marcel Guillaume; www.lescinemasaixois.com) in Frankreich. Hier geben sich Schauspieler und Regisseure regelmäßig die Ehre.

SPORT UND FREIZEIT

Die Kugel laufen lassen kann man im **Bowling du Bras d'Or** (23, Boulevard Charrier; www.bowlingdubrasdor.com) in Aix-en-Provence. Die Stadt hat für **Pétanque** (► 13) im Parc Jourdan eine für alle offene Anlage mit Platz für Dutzende von Teams. Der schönste Bouleplatz der Region liegt allerdings in Le Tholonet auf dem Weg zum Sainte-Victoire-Gebirge. Am ersten Sonntag im Juli startet in Marseille, Hochburg des französischen Volkssports, das weltweit größte und für alle offene Turnier, **Le Mondial de la Marseillaise à Pétanque** (www.marseillaise.fr).

Olympique de Marseille, kurz OM (www.om.net), ist Frankreichs erfolgreichster Club. Für die Fußball-EM 2016 wurde das Stade Vélodrome umgebaut.

Camargue

Kleine Erlebnisse

Flamingos gucken

Der **Parc Ornithologique du Pont de Gau** (➤ 121) im Sumpfgebiet der Rhône bietet den rosa Flamingos eine Heimat in der Camargue.

Aufregender Fund

Man fand die Büste Cäsars in der Rhône; sie ist heute ein Highlight im **Musée de l'Arles Antique** (➤ 125).

An der Wasserleitung entlang

Ein Spaziergang am Pont du Gard (➤ 128) entlang führt zu den Geheimnissen der *garrigue,* der mediterranen Landschaft.

Erste Orientierung

Die Camargue ist eine herrliche, fast unwirkliche Naturlandschaft im Rhône-Delta (Bouches-du-Rhône) und durchsetzt von mittelalterlichen Dörfern und einsamen Bauernhöfen, die von üppigem Oleander geschmückt sind. Über alten Ziegeldächern und Weinstöcken spannt sich ein meist wolkenloser, azurblauer Himmel – schon die Römer fühlten sich hier wohl und später stimmten die Troubadoure in dieser Region das höfische Liebeslied an.

Römisches Amphitheater in Nîmes

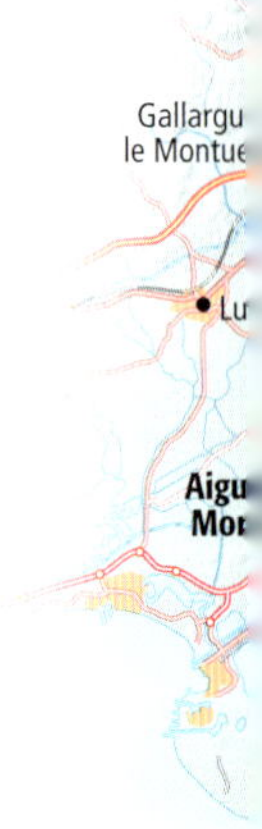

Die Gegend ist reich an antiken Ruinen: Die griechisch-römische Siedlung Glanum ist in dieser Hinsicht ein interessantes Ziel wie auch die Arena und Nekropolis in Arles, einst Hauptstadt der »Provincia« unter den Römern. Arles kann auf seinen Status als Teil des UNESCO-Welterbes stolz sein, aber auch auf seine Tradition als Hort provenzalischer Kultur und den Charme seiner lässigen Lebensart.

Schon jenseits der Grenze zum Languedoc liegen das Festungsstädtchen Aigues-Mortes, der mächtige Aquädukt des Pont du Gard und Nîmes mit Amphitheater und anderen Zeugnissen der Römerzeit – diese Stätten sind allesamt einen Besuch wert!

Der äußerste Westen der Provence hat landschaftlich viel zu bieten: von den Kalksteinfelsen der Alpilles über wogende Sonnenblumenfelder bei Arles (die auch Vincent van Gogh entzückten) bis zu den Dünen und Marschen der Camargue – noch eine halbe Wildnis, bevölkert von rosa Flamingos, schwarzen Rindern und weißen Wildpferden, und damit eine der schönsten, beeindruckendsten Szenerien der ganzen Provence.

Für Reiter ist die Camargue ideales Ziel

TOP 10

Nicht verpassen!

Nach Lust und Laune!

In drei Tagen

Wer sich nicht schlüssig ist, auf welchen Wegen er die Region erkunden soll, findet hier Anregungen für eine entspannte dreitägige Tour durch die Camargue und Bouches-du-Rhône. Die Ziele sind auf den folgenden Seiten ausführlich vorgestellt.

Erster Tag

Vormittag

Die antiken Ruinen um das Amphitheater (links) von 40 **Arles** (➤ 123) lassen ebenso die Dimension altrömischer Massenvergnügungen erahnen wie die riesige erhaltene Arena (unten). Dort finden Stierkämpfe nach provenzalischer Art *(courses camarguaises)* statt. Im Musée de l'Arles Antique (➤ 125) lässt sich der Eindruck von der reichen Kultur der Stadt vertiefen.

Mittag

Der Bistro-Ableger von Sterne-Koch Jean-Luc Rabanel, das **Bistro à Côté** (➤ 139), serviert Spezialitäten der Region zu einem guten Preis. Bestens aufgehoben ist man auch im Gourmetrestaurant **L'Atelier** (➤ 139).

Nachmittag

Erobern Sie die Landschaft van Goghs: vorbei an der 44 **Abbaye de Montmajour** (➤ 134) und durch die Dörfchen Fontvieille und Maussane-les-Alpilles zur Ruine der einstigen Troubadour-Burg 45 **Les Baux-de-Provence** (➤ 135). Hier schweift der Blick über die Ebene und die Chaîne des Alpilles. Nicht weit von hier locken 46 **St-Rémy-de-Provence** und die antiken Ruinen von **Glanum** (➤ 136).

Abend

Lassen Sie den Tag provenzalisch im **Café de la Place** (➤ 140) von St-Rémy-de-Provence ausklingen, manchmal gibt es hier auch Livekonzerte.

Zweiter Tag

Vormittag

Besichtigen Sie die Burg in 47 **Tarascon** (➤ 137) und das Museum von Souleïado, einer Fabrik für provenzalische Stoffe.

Mittag
Regionale Küche wird im **Restaurant Abbaye St-Michel de Frigolet** bei Tarascon (östl.; Route de Frigolet; www.frigolet.com) serviert.

Nachmittag
Von hier ist es nicht weit zum 41 **Pont du Gard** (links, ➤ 128, 130), einem Musterbeispiel antiker Ingenieurskunst. Bleiben Sie im Altertum mit einem Besuch in 41 **Nîmes** (➤ 128), wo Sie das besterhaltene römische Amphitheater der Welt bewundern können.

Abend
Im charmanten Bistro **Le Vintage** (➤ 140) speisen Sie bei schönem Wetter mitten in der Stadt in einem kleinen Innenhof.

Dritter Tag

Abenteuerlich schön wird der Tag in den Salzmarschen, Reisfeldern, Lagunen und Dünen der 10 **Camargue** (➤ 120), wo Ihnen außer Pferden, Stieren und Flamingos auch ein besonderer Menschenschlag begegnet. Entspannte Stunden versprechen ein Pony-Treck (unten) oder die Beobachtung von Wasservögeln. Pausieren Sie in 42 **Stes-Maries-de-la-Mer** (➤ 132) bei einem guten Fischgericht im Restaurant **Brûleur de Loups** (➤ 140).

10 Camargue

Die Wildnis der Camargue fasziniert durch Farbigkeit und Vielfalt ihrer einmaligen Tierwelt: Neben Wildpferden mit silbern schimmerndem Fell grasen schwarze Stiere, zu denen sich kein schönerer Kontrast denken lässt als Wolken von rosa Flamingos über den hellen Salzablagerungen der Lagunen. Straßen gibt es kaum, weshalb sich zur Erkundung auch Wanderungen oder eine Bootstour empfehlen.

Die Landschaft der Camargue hat in Frankreich nicht ihresgleichen: brackige Lagunen, weite Reisfelder und Salzmarschen neben mit Strandgras getupften Sanddünen und kleinen Wasserläufen. Auch ihre Grenzen – Grand Rhône und Petit Rhône sowie im Süden das Meer – verändern sich unablässig, und irgendwie passen Hirten und Zigeuner hier gut ins Bild – als integraler Teil dieses ursprünglichen Lebens.

Traditionspflege

In niedrigen, strohgedeckten weißen Häuschen lebt hier ein bodenständiger, zugleich etwas abergläubischer Menschenschlag: Büffelhörner über dem Eingang sollen böse Geister fernhalten – ein wenig vielleicht auch den Zeitgeist, denn man lebt vorwiegend von Rinder- und Pferdezucht und trägt gerne Tracht. Die legendären weißen Pferde sind übrigens nur halbwild: Stets Eigentum eines Züchters, haben sie nur freien Auslauf von den *manades* genannten Höfen. Die kleinen schwarzen Stiere mit den lyraförmigen Hörnern sind für unblutige Kampfspiele bestimmt (➤ 12): Der Anblick einer Herde mit ihrem *gardian* (Hirt) zu Pferde ist ein unvergessliches archaisches Bild.

Schilfgürtel säumen die Wasserflächen der Camargue

Rosa Flamingos, Ausdruck des Grazilen

Tierwelt

Die Camargue ist Reservat einiger der seltensten Wasservögel Europas, darunter Purpurreiher und Triele. Kern des Naturschutzgebiets sind die seichten Gewässer des **Étang de Vaccarès:** für Besucher direkt nur mit besonderer Genehmigung zugänglich, doch von den Straßen ringsum (vor allem der D37) kommt man an vielen Stellen gut heran und sieht eine große Anzahl der Tiere. Das **Centre d'Information La Capelière** auf der Ostseite der Bucht ist hervorragend bestückt mit Übersichtstafeln zu Wanderwegen, Flora und Fauna. Es gibt zwei Unterstände und zwei Aussichtsplattformen nur wenige Minuten von dort entfernt sowie einen 1,5 km langen Erkundungspfad. Auf der Westseite der Bucht, 4 km nördlich von Stes-Maries-de-la-Mer, befindet sich die **Maison du Parc Naturel Régional de Camargue,** gleichfalls mit Erklärungstafeln.

Im angrenzenden **Parc Ornithologique du Pont de Gau** kommt man näher an die Vögel heran. Von dort aus gibt es halbstündige Führungen durch den Étang de Pont de Gau oder den Étang de Ginès, wo sommers die Stiere grasen. In großen Volieren nahe dem Eingang sind Greifvögel zu bewundern.

Weiter südlich, wo die Salzmarschen in Dünen und Priele übergehen, stößt man dann auf Flamingos, Säbelschnäbler und Silberreiher, Rohrdommeln tummeln sich im Schilf und am Wasser Enten, Gänse und Watvögel.

Camargue

KLEINE PAUSE

In der **Domaine Paul Ricard** an der D37 in Méjanes kann man Räder und Ponys mieten und sich im Restaurant mit frischer Kost stärken (www.mejanes.camargue.fr). Am Nordufer des Schutzgebietes, dem Étang de Vaccarès, sind herrliche Spaziertouren möglich.

194 B/C1/2

Réserve Nationale de Camargue

Centre d'Information La Capelière, Arles
04 90 97 00 97; www.reserve-camargue.org April–Sept. tägl. 9–13, 14–18 Uhr; Okt.–März Mi–Mo 9–13, 14–17 Uhr 3 €

Parc Ornithologique du Pont de Gau

D570 von Arles oder Stes-Maries-de-la-Mer
04 90 97 82 62; www.parcornithologique.com
tägl. bis Sonnenuntergang, April–Sept. ab 9, Okt.–März ab 10 Uhr 7,50 €

Manade Jacques Bon, Camargue

Le Mas de Peint, Le Sambuc 04 90 97 20 62; www.masdepeint.com professionelles Gestüt mit *ferrades* (► 133) und Reitausflügen; luxuriöse Zimmer (► 138), vorzügliches Restaurant und Lounge-Bar

Der Étang de Vaccarès

Musée Camarguais

Mas du Pont de Rousty 04 90 97 10 82; www.parc-camargue.fr April–Okt. Mi–Mo 9–12.30, 13–18 Uhr; sonst 10–12.30, 13 bis 17 Uhr 5 €

BAEDEKER TIPP

- Treffen Sie unbedingt Vorsichtsmaßnahmen gegen die in den Sümpfen allgegenwärtigen **Stechmücken!**
- Auf Erkundungsfahrten und -gängen sollten Sie immer ausreichend **Trinkwasser** mitnehmen.
- Welche **Vögel** man wann am besten beobachten kann, erfahren Sie unter www.reserve-camargue.org.
- Eine **Straßenkarte** der Camargue finden Sie auf ► 179.

40 Arles

Hauptstadt der Provence unter den Römern und im Mittelalter bedeutendes geistliches Zentrum, ist Arles heute reich an kultureller Tradition und eine lebendige, weltoffene Stadt. Auch Kunst und aktuelle Mode sind achtbar repräsentiert durch eine jährliche Fotografie-Messe von internationalem Rang und den Designer Christian Lacroix, der auch Elemente der Arlesianer Tracht aufnimmt (➤ 11).

Die Arena in Arles, ein römisches Amphitheater, ist heute Schauplatz von Stierkämpfen und Kulturveranstaltungen

Die meisten historischen Stätten von Arles liegen nah beieinander in der verkehrsberuhigten wie der Monumentalbau der Arena und das Antike Theater. Daneben finden sich Relikte des Mittelalters und der belebte **Boulevard des Lices** mit Läden, Hotels, Bars und Restaurants als Zentrum des Alltagslebens sowie der Touristeninformation.

Sehenswürdigkeiten

Die im 1. Jahrhundert n. Chr. erbaute **Arena** (Les Arènes) war die größte in ganz Gallien (ca. 136 m lang, 107 m breit) und Schauplatz blutiger Kämpfe zwischen Gladiatoren und Raubtieren. Der oberste der ursprünglich drei Zuschauerränge wurde im Mittelalter abgetragen und zum Bau von Armenunterkünften in der Arena und Kirchen verwendet. 1825 riss man sie wieder ab, und fortan fanden hier Stierkämpfe statt.

Auch die Substanz des **Antiken Theaters** (Théâtre Antique) wurde zeitweilig für neue Bauvorhaben geplündert. Heute finden hier große Konzerte und Theateraufführungen statt sowie im Juli das Musikfestival Les Suds (www.suds-arles.com).

links unten: Segler auf den blauen Wellen des Mittelmeers

Außerhalb der Stadtmauern, entlang der damaligen Via Aurelia, entstand die Nekropole von Arles, genannt **Alyscamps** (von lat. *Elisii campi* = Elysische Gefilde). In christlicher Zeit wurde das Gräberfeld weiter genutzt und mit angeblichen Wundern wie einer Christuserscheinung in Verbindung gebracht. Von den einst 19 Kapellen und mehreren Tausend Gräbern ist heute nur noch eine Allee übrig, die von bemoosten Sarkophagen gesäumt wird.

Die **Cathédral St-Trophime** an der Place de la République gilt als Meisterstück romanischer Architektur in der Provence. Sie löste gegen Ende des 11. Jahrhunderts einen frühchristlichen Bau ab. Das Tympanon mit Darstellung des Jüngsten Gerichts wurde später angefügt. Im Juli 1178 wurde hier der deutsche Kaiser Friedrich Barbarossa zum König gekrönt. Das angegliederte Benediktinerkloster **(Cloître St-Trophime)** gehört mit tapisseriebehangenen, lichtdurchfluteten Kapellen und reichem Schnitzwerk sowie einem prächtigen Kreuzgang zu den schönsten der Provence.

In der Nekropole von Alyscamps

VINCENT VAN GOGH

Im Februar 1888 kam der Maler Vincent van Gogh (1853–90, ➤ 17) aus Paris nach Arles, wegen des milden Klimas, der schönen Landschaft und des magischen Lichts der Provence. Dort wohnte er in dem kleinen gelben Haus (1944 zerstört), das oft auf seinen Bildern zu sehen ist. In Arles und Umgebung fand er Motive für viele seiner berühmten Gemälde, darunter verschiedene Fassungen der *Sonnenblumen*. Trotz höchster künstlerischer Produktivität litt er zunehmend unter Wahnvorstellungen und begab sich (nachdem er sich in einem dubiosen Streit mit Paul Gauguin ein Ohr verletzte) in psychiatrische Behandlung zunächst in Arles, später in der Anstalt St-Paul-de-Mausole (➤ 136) in St-Rémy. Der Garten der Anstalt in Arles (inzwischen Kulturzentrum **Espace van Gogh,** oben) ist heute wieder so angelegt, wie van Gogh ihn auf dem Gemälde *Jardin de l'Hôpital à Arles* darstellte.

Unbedingt einen Besuch abstatten sollten Sie dem **Musée de l'Arles Antique,** das etwa 2 km außerhalb an der Rhône auf dem Ausgrabungsfeld einer römischen Wagenrennbahn aus dem 2. Jahrhundert gelegen ist. Es zeichnet die Geschichte der Stadt von der Prähistorie bis zum Ende der Antike anhand von Modellen historischer Bauten, Mosaiken, Sarkophagen, Standbildern des Kaisers Augustus und der berühmten *Venus von Arles* (Original im Louvre) nach. Ein Höhepunkt der Sammlung ist eine Büste, die 2008 in der Rhône gefunden wurde und aller Wahrscheinlichkeit nach Julius Cäsar darstellt. Seit 2013 wird ein 31 m langes und bis zu 3 m breites gallo-römisches Lastschiff in einem Flügel des von Henri Ciriani entworfenen Gebäudes präsentiert. Er wurde dafür umgebaut. Im Außenbereich ist ein römischer Garten angelegt.

KLEINE PAUSE

Im rustikalen **La Mamma** nahe der Arena (20, Rue de l'Amphithéâtre, Tel. 04 90 96 11 60) gibt es leckere italienische und regionale Küche.

Die Konstantin-Thermen in Arles gehören zu den größten antiken Badeanlagen der Provence

194 C2

Touristeninformation
209 C3 Esplanade Charles de Gaulle, Boulevard des Lices 04 90 18 41 20; www.arles tourisme.com April–Sept. tägl. 9–18.45 Uhr; Okt.–März Mo–Sa 9–16.45, So 10–13 Uhr

Les Arènes
209 D2 Rond-Point des Arènes 04 90 49 38 20 tägl. 9–19; im Winter tägl. 9–12 und 14 bis 18 Uhr, an einigen Feiertagen sowie bei Stierkämpfen oder Konzerten geschl. 6,50 €

Musée de l'Arles Antique
209 bei A3 Presqu'île du Cirque-Romain 04 90 18 88 88; www.arles-antique.cg13.fr Mi–Mo 10–18 Uhr 8 €

BAEDEKER TIPP

- Der bei der Touristeninformation erhältliche **Pass Monuments** gewährt Zutritt zu neun Sehenswürdigkeiten.
- Der **Samstagsmarkt** und der **Trödelmarkt** (1. Mi im Monat) auf dem Boulevard des Lices lohnen einen Besuch.
- Ein **Mekka für Fotografen** aus aller Welt sind im Sommer die Rencontres d'Arles (www.rencontres-arles.com), die der Fotograf Lucien Clergue, der Schriftsteller Michel Tournier und der Historiker Jean-Maurice Rouquette 1970 aus der Taufe gehoben haben. Überall in der Stadt finden dann aufwendige Ausstellungen statt.

Theatergigant der Römer

Die Arènes d'Arles wurden auf dem höchsten Punkt der Stadt errichtet. Die Wahl des exponierten Standpunkts war wahrscheinlich ein politisches Statement: Mit dem monumentalen Bau von 136 m Länge und 107 m Breite über der Stadt wurde der Gedanke der Weltherrschaft des Imperiums für die Ewigkeit in Stein gehauen. Im Mittelalter entstand in der Arena eine eigene kleine Stadt.

❶ **Mittelalterliche Stadt:** Nach dem Zusammenbruch des römischen Imperiums wurde das Theater zur Festung umgebaut. Im Mittelalter entstand eine kleine Stadt darin. Im 19. Jh. versetzte man das Amphitheater weitgehend wieder in seinen Ursprungszustand.

❷ **Wachtürme:** Die mittelalterliche Stadt war durch Wachtürme gesichert. Als man den ursprünglichen Zustand des Amphitheaters wiederherstellte, blieben drei Türme von der Rekonstruktion verschont.

❸ **Arkaden:** Das Amphitheater ist etwa so groß wie das in Nîmes. Eine zweigeschossige (ursprünglich dreigeschossige) Arkadenstellung mit 60 Achsen umschließt das Oval. Während die untere Zone einfache Pfeilervorlagen mit Kämpfergesimsen aufweist, wurden für die Etage darüber korinthische Halbsäulen verwendet. Hinter den Arkaden zieht sich ein Gang entlang. Die Arena enthielt 34 in 4 Ränge unterteilte Stufen mit 20 070 Sitz- und 800 Stehplätzen.

Eine Musikkapelle spielt in der Arena anlässlich der Feria Pascale

In der Abenddämmerung hat sich Stille über die Arena von Arles gelegt

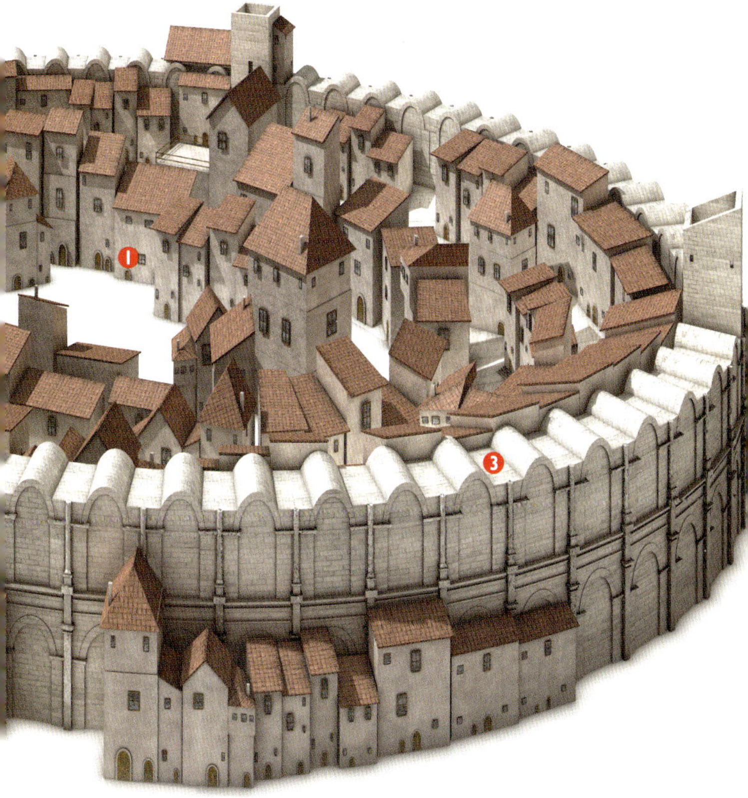

41 Nîmes & Pont du Gard

Nîmes war zur Römerzeit eine lebendige Großstadt, was sich heute noch an ihrem monumentalen Amphitheater ablesen lässt. Die Wasserversorgung erfolgte über einen Aquädukt. Mit dem Pont du Gard hat sich ein spektakulärer Teil davon erhalten.

Der Pont du Gard, seit 1984 UNESCO-Welterbe

Nîmes

Das sehenswerteste unter den Altertümern von Nîmes ist sein weltweit besterhaltenes, heute noch genutztes römisches **Amphitheater** (Les Arènes). Rund 20 000 Zuschauer haben auf den drei Rängen mit ihren steinernen Sitzen Platz, ähnlich wie in Arles (► 123, 126) und Orange (► 159).

Während vom **Dianatempel** nur Ruinen blieben, ist der heute **Maison Carrée** (»Rechteckiges Haus«) genannte Tempel auf dem ehemaligen Forum von Nîmes relativ gut intakt. Er birgt eine Sammlung von Antiken, darunter Mosaiken und Skulpturen. Moderne Eleganz verkörpert gleich daneben der lichte, großzügige Bau des **Carrée d'Art,** 1984 entworfen vom britischen Stararchitekten Sir Norman Foster, in dem eine Sammlung moderner Kunst und Wechselausstellungen zu sehen sind.

Pont du Gard

Weithin leuchten vor blauem Himmel die Bögen der mächtigen Aquäduktbrücke

GARRIGUE

Mit *garrigue* wird niedriges Buschwerk bezeichnet, wie es auch um den Pont du Gard wächst: anspruchslose Harthölzer, die wenig Wasser brauchen, wie Buchsbaum und Steineiche; Dornengewächse wie Distel und Ginster. Der auch für Kinder interessante Wanderweg Mémoires de Garrigue erklärt, warum hier Olivenbäume, aber auch Kräuter wie Thymian gedeihen.

über den Fluss Gardon. Die bis zu sechs Tonnen schweren Blöcke aus gelbem Muschelkalk sind ohne Mörtel zu einem Meisterstück römischer Ingenieurskunst aneinandergefügt. Denn auf 50 km Länge von der Quelle in Uzès wurden nur 12 m Höhenunterschied benötigt, damit das Wasser vom obersten Brückenteil bis nach Nîmes fließen konnte. Über den Bau aus dem 1. Jahrhundert und seine Restaurierung informiert sehr anschaulich das Besucherzentrum am linken Ufer.

KLEINE PAUSE

Genehmigen Sie sich eine Mahlzeit und ein Glas Wein im üppig mit Kunstwerken dekorierten **Vintage Restaurant** (➤ 140) zwischen Arena und Maison Carrée in Nîmes (7, Rue de Bernis, Tel. 04 66 21 04 45).

194 B3

Touristeninformation
6, Rue Auguste 04 66 58 38 00; www.ot-nimes.fr Juli–Aug. Mo–Fr 8.30–20, Sa 9–19, So 10–18 Uhr; April–Juni, Sept. Mo–Fr 8.30–19, Sa 9–19, So 10–18 Uhr; Okt.–März Mo–Fr 8.30–18.30, Sa 9–18.30, So 10–17 Uhr; 1. Jan., 25. Dez. geschl.

Les Arènes
Place des Arènes 04 66 21 82 56; http://arenes-nimes.com Juli/Aug. tägl. 9–20, Juni bis 19 Uhr; Frühling/Herbst 9–18 Uhr; Winter 9.30–17 Uhr, bei Stierkämpfen oder Konzerten geschl. 9 €

Maison Carrée
Place de la Comédie 04 66 21 82 56 tägl. Juli/Aug. 10–20, Juni bis 19 Uhr; Frühling/Herbst 10–18; Winter 10–13, 14–16.30 Uhr 5,50 €

Musée d'Art Contemporain (Carrée d'Art)
Place de la Maison Carrée 04 66 76 35 70 Di–So 10–18 Uhr 5 €

Pont du Gard
194 B4 Besucherzentrum Pont du Gard 08 20 90 33 30; www.pontdugard.fr Gelände ganzjährig 6–1 Uhr; Besucherzentrum tägl. Ostern bis Sept. 9.30–19 Uhr; Okt.–Ostern 10–17.30 Uhr; Mo vormittags und 2 Wochen im Januar geschl. 18 € pro Auto inkl. 5 Personen

BAEDEKER TIPP

- Im Hochsommer kann die **Hitze** hier extrem sein, daher empfiehlt sich in Nîmes eine Mittagspause im Schatten. Zum Pont du Gard sollten Sie frühmorgens oder am späten Nachmittag aufbrechen.
- Einen schönen Blick auf **Nîmes** genießt man vom **Magne-Turm** in den Jardins de la Fontaine (Kombiticket mit Arenen und Maison Carrée 11,50 € für 3 Tage).
- Vom Parkplatz am **Pont du Gard** (s. o.) hat man Zugang zum Aquädukt. Im Besucherzentrum kann man ein informatives 25-Minuten-Video anschauen. Im angeschlossenen **Ludo** können die Kleinen auf Entdeckungsreise gehen.

Pont du Gard

Der höchste Aquädukt der antiken Welt ist 275 m lang, 48,77 m hoch über dem Fluss verläuft der Kanal, getragen von 35 (einst 47) Arkaden. Die darunterliegenden Brückenbögen, elf im mittleren und sechs im unteren Niveau, sind unterschiedlich breit. Die größte Spannweite besitzen die beiden mittleren Bögen mit 24,52 m.

1 Kanal: Der Wasserkanal ist rechteckig, durchschnittlich 1,3 m breit und 1,9 m hoch, mit Boden und fast 40 cm dicken Seitenwänden aus sorgfältig behauenem Werkstein. Ca. 20 000 m³ Wasser flossen pro Tag über den Aquädukt. Wo der Kanal im Gelände unterirdisch verlief, verzichtete man auf eine Seitenwand, manchmal auf beide; nur ein Gewölbe aus 30 cm dickem Bruchstein trug das Gewicht der darüberliegenden Erdschicht.
2 Bauweise: Die Fugen zwischen den Steinen erscheinen perfekt. Dennoch sind die Steine nicht mit letzter Präzision zusammengefügt. Durch (unsichtbare) Zapfen und Stifte, Holzpfriemen und Falzbeine verhalf man ihnen zum Halt; auch goss man Blei in die Ritzen, um ein Verrutschen zu verhindern.
3 Der Pont du Gard als Brücke: Im Mittelalter nutzten zum ersten Mal Fuhrwerke und Fußgänger die untere Bogenreihe als Brücke. Dazu wurden damals die Pfeiler der mittleren Reihe verschmälert, wie alte Gemälde zeigen. Das destabilisierte sie jedoch. Auf Veranlassung des Erzbischofs von Narbonne wurden die Pfeiler 1743 wieder vervollständigt und eine eigene Straßenbrücke daneben gebaut.

Die zahlreichen Arkaden fügen sich zu der gewaltigen antiken Brücke zusammen

Wassersport mit toller Perspektive: Kanufahrer am Pont du Gard

Der Pont du Gard erwies sich in späteren Jahrhunderten als praktische Abkürzung. Im 18. Jh. wurde an die untere Bogenreihe eine Straßenbrücke angebaut.

42 Saintes-Maries-de-la-Mer

Idealer Ausgangspunkt für die Erkundung der Küstenregion ist der Ort Stes-Maries-de-la-Mer. Er hat einen ganz besonderen Charme und man begegnet Tradition und Volkskunst der Camargue, die hier in großer Intensität ausgeprägt sind.

Von hier aus lassen sich nicht nur Ausflüge in die Wildnis unternehmen, auch die nähere Umgebung ist reizvoll für Ausritte und Radtouren. Sonne tanken, schwimmen und Wassersport treiben kann man am großen Sandstrand im Osten.

Der Legende nach landeten hier im Jahre 40 n. Chr. zwei Halbschwestern der heiligen Jungfrau, Maria Jakobäa und Maria Salome, gemeinsam mit ihrer schwarzen Dienerin Sara (heute Schutzpatronin der Sinti und Roma). Nach ihrem Tod wurde über den Grabstätten eine Kapelle gebaut, später die Kirche **Notre-Dame-de-la-Mer,** und der Ort wurde zur Pilgerstätte.

Die große Wallfahrt der Sinti und Roma findet jährlich am 24./25. Mai statt, dann beherrschen bunte Schals, Bänder und

ZIEL DER WALLFAHRER

Aus ganz Europa strömen Sinti und Roma zur Wallfahrt im Mai hierher, die meisten stammen allerdings aus Spanien. Ihre bunten Wagen prägen ganzjährig das Bild in den Außenbezirken des Ortes: Wie die Flamenco-Darbietungen gehören sie fest zum touristischen Programm.

Wallfahrt in Saintes-Maries-de-la-Mer

Blumen das Bild um die Marien-Statuen. Die der schwarzen Sara wird in einem blauen Nachen zu Wasser gelassen. Hirten *(gardians)* zu Pferde begleiten den Zug. Zum Abschluss gibt es ein Fest mit Stierkämpfen, Rodeos *(ferrades)*, Flamenco und Feuerwerk.

Vom Turm der Kirche hat man einen schönen Blick auf Stadt und Umgebung. Auf dem Weg ans Meer empfiehlt sich ein Halt im **Château d'Avignon,** das der Conseil Général zum Kulturzentrum mit Ausstellungen zeitgenössischer Kunst ausgebaut hat.

KLEINE PAUSE

Provenzalische Küche mit frischen Zutaten aus der Region gibt es in einer Straße mit vielen Restaurants: bei **À Fleur de Sel** (43, Rue Frédéric Mistral, 04 90 97 83 42).

Blick über die Dachlandschaft von Stes-Maries-de-la-Mer

194 B1

Touristeninformation

5, Avenue Van-Gogh 04 90 97 82 55; www.saintesmaries.com

Château d'Avignon

RD 570 04 13 31 94 54; www.chateaudavignon.fr Winter geschl., unregelmäßige Öffnungszeiten im Sommer 4 €

BAEDEKER TIPP

Ganz dicht kommt man an Gehöften und den Weiden der Rinder und Pferde auf einer 90-minütigen **Schiffstour** über die Petit Rhône vorbei. Kontakt über A. C.T. Tiki III, Le Grau d'Orgon–D38, 13460 Stes-Maries-de-la-Mer (Tel. 04 90 97 81 68 oder 04 90 97 81 22; www.tiki3.camargue.fr).

Nach Lust und Laune!

Die trutzige Stadtbefestigung von Aigues-Mortes hat die Zeit überdauert

43 Aigues-Mortes

Das Festungsstädtchen wurde Mitte des 13. Jahrhunderts von König Ludwig IX. (dem Heiligen) als Ausgangshafen für den 6. Kreuzzug gegründet und mit einer **Stadtmauer** versehen, die sein Sohn Philipp III. zu einer trutzigen Anlage mit umlaufendem Wehrgang, 15 Türmen und 10 Toren ausbaute.

Parkt man außerhalb der Mauern an der Porte de la Gardette, gelangt man durch das Tor in ein ganz regelmäßig angelegtes System von Sträßchen mit der **Place St-Louis** als Hauptplatz, der vom Standbild des Königs dominiert wird. Hier im Herzen der Stadt sind die meisten Cafés und Restaurants sowie die Touristeninformation zu finden. Der älteste und imponierendste Turm von Aigues-Mortes ist die **Tour de Constance,** die während der Hugenottenkriege eine traurige Rolle als Frauengefängnis spielte. Der Turm ist nur über das Logis du Gouverneur zugänglich. Hier beginnen auch die Besichtigungstouren der Befestigungsanlage.

Mittwoch und Sonntag ist Markt in dem malerischen Städtchen, das sich bequem in 20 Minuten mit dem Touristenzug **Petit Train** erkunden lässt. Ostern bis September werden von hier aus Ausflüge in die Camargue angeboten, mit dem Boot oder zu Pferd.

194 A2

Touristeninformation

Place St-Louis ☎ 04 66 53 73 00; www.ot-aiguesmortes.fr Juli/Aug. tägl. 9–19 Uhr; sonst tägl. 10–17 Uhr

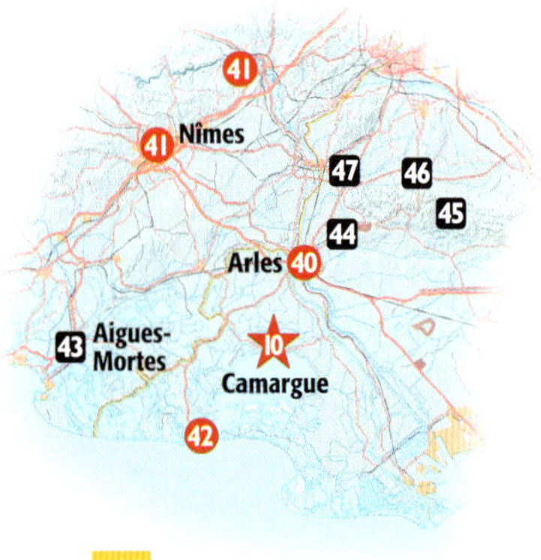

44 Abbaye de Montmajour

Das auf einem Hügel 3 km nordöstlich von Arles gelegene Kloster, im Mittelalter eines der einflussreichsten der Provence, ist noch als Ruine ein beeindruckender Anblick. Hierher floh einst aus Arles der frühchristliche Heilige **Trophimus** und verbarg sich in einer Höhle, deren Umgebung später von weiteren Eremiten besiedelt wurde. Im 10. Jahrhundert schließlich entstand an der geweihten Stätte ein **Benediktinerkloster,** das als Wallfahrtsort schnell zu Wohlstand und Einfluss gelangte. Mit dem Reichtum hielt allerdings auch die Korruption Einzug. Als im Jahre 1639 eine Abordnung hoher Ordensgeistlicher die Dinge wieder ins Lot bringen wollte, plünderten die Mönche die Abtei. 1786 wurde sie endgültig aufgegeben und ab 1907 schließlich restauriert.

Beim Rundgang durch die Ruinen ist man überwältigt von der schieren Dimension der Anlage und der Gebäude, darunter die obere **Kirche Notre-Dame** aus dem 12. Jahrhundert. Ihre Krypta ist seitlich des Hauptschiffs kühn in den Fels getrieben und besticht durch detailreiche Darstellungen wilder Tiere und Dämonen auf den Kolonnaden. Beachtenswert sind auch die Steinmetzzeichen im Gewölbe und die mittelalterlichen Wandzeichnungen im Kloster.

Erklimmt man die 124 Stufen der Wendeltreppe im 26 m hohen, wuchtigen Bergfried aus dem Jahre 1369, wird man mit einem herrlichen Rundblick über die Alpilles, Arles, Tarascon und die Ebene von Crau belohnt. Von hier hügelabwärts gehend stößt man auf die Einsiedelei **Ermitage St-Pierre** (11. Jahrhundert), in deren Felshöhlen einst der heilige Trophimus Zuflucht suchte.

194 C3 Route de Fontvieille, Arles 04 90 54 64 17; www.montmajour.monuments-nationaux.fr April–Sept. tägl. 10–18.30 Uhr; Okt.–März Di–So 10–17 Uhr 7,50 €

45 Les Baux-de-Provence

Auf einer der höchsten Erhebungen der Chaîne des Alpilles, einem 200 m breiten Plateau von fast 1 km Länge, ragen die Ruinen der Burg von Les Baux-de-Provence empor. Die zugehörige Ville Morte (Totenstadt) klebt darunter verlassen am Felsen, weiter unterhalb liegt der freundliche Hauptort mit seinen Kopfsteinpflastergassen, aber auch eleganten Renaissancebauten.

Im Mittelalter war die Burg Sitz der **Grafen von Les Baux,** einem der damals einflussreichsten Adelsgeschlechter Frankreichs. Als Cour d'Amour bildete sich hier ein kulturelles Zentrum, das vor allem durch seinen Minnesang im ganzen Süden bekannt war. Auch nachdem die Troubadoure verstummt und die Burg im Rahmen der Hugenottenkriege geschliffen worden war, blieb Les Baux Pilgerstätte für Dichter und Maler (darunter Dante, Mistral, van Gogh). Eine Übersichtstafel weist den Weg in der Ville Morte zum Bergfried aus dem 13. Jahrhundert, zum Taubenturm und weiteren mittelalterlichen Türmen sowie den Nachbauten alter Belagerungsmaschinen. Hauptattraktion aber ist der Panoramablick über Talsenken mit Wäldern und Weingärten und zerklüftete Berge.

Die Place Louis Jou in Les Baux

Das lebendige, vorwiegend im 16. und 17. Jahrhundert erbaute »moderne« **Dorf Les Baux** lockt mit schmucken Bürger- und Adelspalais, Läden und Kunstgalerien, einem *Santon*-Museum, schönen Kirchen und einem markanten Rathaus.

Nördlich des Ortes erstreckt sich das **Val d'Enfer** (Höllental), eine

Schmale Pfade mäandern durch die Burgruinen von Les Baux-de-Provence

bizarre Schlucht. In den Felshöhlen **Carrières de Lumières** finden faszinierende Multimediashows statt.
195 D3

Touristeninformation
Maison du Roy 04 90 54 34 39; www.lesbauxdeprovence.com Parkplatz 5 €/Tag im Sommer

Citadelle Les Baux-de-Provence
Ville Morte 04 90 54 55 56 tägl.; Frühjahr 9–18.30; Sommer 9–19.30; Herbst 9.30–18; Winter 9–17 Uhr Sommer 9,50 €, Winter 8 €

Carrières de Lumières
Route de Maillane; www.carrieres-lumieres.com tägl.; Sommer 9.30–19 Uhr; Winter 10–18 Uhr 9,50 €, Kombiticket mit Burg 16 € (Sommer), 14,50 € (Winter)

46 St-Rémy-de-Provence & Glanum

Der Geburtsort des Astrologen Nostradamus (geb. 1503, ➤ 106) ist ein unaufgeregtes provenzalisches Bilderbuchstädtchen mit pastellfarbenen Häusern, Palais des 16. bis 18. Jahrhunderts, schattigen kleinen Plätzen, plätschernden Brunnen und baumgrünen Alleen. Sehenswert ist in erster Linie dieses Ensemble, ergänzt durch einige Museen und Kunstgalerien. Kunstinteressierte verbinden mit St-Rémy natürlich den Namen van Goghs (➤ 17, 124), der nach kurzem Klinikaufenthalt in Arles 1889 in das hiesige Sanatorium **St-Paul-de-Mausole** wechselte. Während eines enorm produktiven Jahres entstanden hier rund 100 Zeichnungen und 150 Gemälde, darunter so bekannte wie *Sternennacht*, *Sämann* und *Schwertlilien*. Von April bis Oktober bietet die Touristeninformation von Rémy anderthalbstündige **Führungen** zu den Schauplätzen seiner Bilder an (Di, Do, Fr um 10 Uhr), deren Ticket auch ermäßigten Eintritt ins Sanatorium und das **Musée Estrine** gewährt. Wer lieber auf eigene Faust loszieht, kann in der Touristeninformation einen Übersichtsplan bekommen.

Nicht weit von St-Paul-de-Mausole liegen die Ruinen der antiken Stadt **Glanum,** älteste Zeugnisse des Altertums in Frankreich. Das Areal wurde bereits von den Kelten, dann ab dem 3. Jahrhundert v. Chr. von Griechen besiedelt – die Römer übernahmen 200 Jahre später eine intakte Stadt mit Tempeln und Agora. Von Alemannen 260 n. Chr. zerstört, wurde sie 1921 ausgegraben, wobei man nicht nur den ältesten Triumphbogen (20 v. Chr.) Frankreichs, sondern auch das besterhaltene Mausoleum der

römischen Welt (sogenanntes »Grabmal der Julier«) freilegte.
195 D3

Touristeninformation
Place Jean-Jaurès 04 90 92 05 22; www.saintremy-de-provence.com

Glanum
Avenue Vincent van Gogh, Route des Baux 04 90 92 23 79; www.glanum.monuments-nationaux.fr April–Aug. tägl. 10–18.30 Uhr; Sept.–März Di–So 10.30–17 Uhr; 1. Jan, 1. Mai, 1. und 11. Nov., 25. Dez. geschl. 7,50 €

47 Tarascon

Hauptattraktion von Tarascon, einst westliche Grenzfeste der Grafschaft

Die roten Ziegeldächer von Tarascon

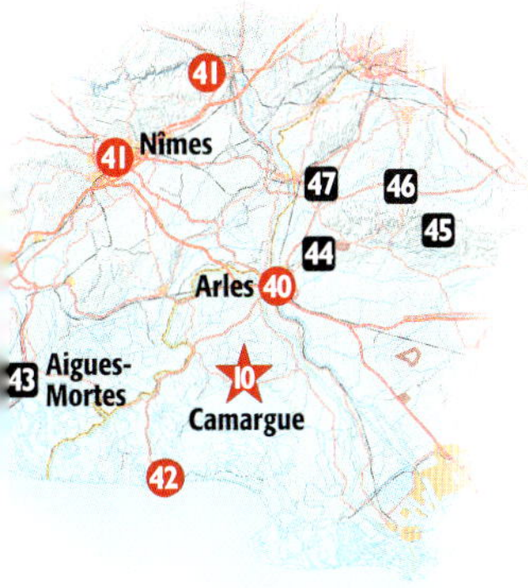

GANZ SCHÖN GRUSELIG
Tarascon: Bis in die 1920er-Jahre war die Burg als Gefängnis in Betrieb – gruselig sind die Wandkritzeleien der armen Insassen!

Provence, ist die **Burg** des Guten Königs René. Zwischen 1400 und 1449 erbaut am Ufer der Rhône, gehört sie mit zinnengekrönten Türmen, Wassergraben und exquisiter Innenausstattung zu den schönsten mittelalterlichen Burgen Frankreichs.

Der Name »Tarascon« leitet sich der Legende nach von der **Tarasque** ab, einem drachenartigen, menschenfressenden Untier, das die heilige Martha schließlich besiegte. Von daher ist sie auch Schutzpatronin der Stadt. Ende Juni feiert man die Tat vier Tage lang mit Feuerwerk, Feuern und Stierkampf sowie einem großen Umzug samt Drachen aus Papiermaschee. In Tarascon ist das ganze Jahr über etwas los, beginnend mit dem Orchideenfest im Februar, dem Mittelalterfest im August und dem *Santon*-Markt (Krippenfiguren) im November.

Im **Musée Souleïado** in der Altstadt (39, Rue Proudhon) kann man sich über die traditionelle Textilindustrie der Provence und die Muster ihrer typischen bunten Stoffe informieren
194 C3

Touristeninformation
16, Boulevard Itam 04 90 91 03 52; www.tarascon.org

Château de Tarascon
Boulevard de Roi-René 04 90 91 01 93 tägl.; April–Aug. 10–18.30 Uhr; Okt.–März 10.30–17 Uhr 7 €

Musée Souleïado
39, Rue Charles Deméry Tel. 04 90 91 08 80; http://souleiado-lemusee.com April–Okt. Mo–Sa 10–19 Uhr; sonst bis 18.30 Uhr 7 €

Wohin zum … Übernachten?

Preise
für ein Doppelzimmer pro Nacht:
€ unter 100 Euro **€€** 100–200 Euro **€€€** über 200 Euro

ARLES

Arlatan €€
Das charmante Domizil in der Residenz der Grafen von Arles aus dem 16. Jh. zählt zu den schönsten historischen Hotels der Region. Es gibt 30 mit provenzalischen Antiquitäten individuell eingerichtete Zimmer. Frühstück im ummauerten Garten. Hoteleigene Parkplätze.
209 C2 26, Rue Sauvage 04 90 93 56 66; www.hotel-arlatan.fr Anfang Jan. bis Anfang Feb. geschl.

Hôtel Calendal €€
Nettes 3-Sterne-Hotel direkt an der Arena, komfortabel und recht preisgünstig. 38 klimatisierte Zimmer im provenzalischen Stil mit Blick auf die Arena oder den üppig begrünten Patio (manche mit direktem Zugang von dort). Frühstück und kleine Mahlzeiten im Garten oder Teesalon. Hier wohnt man ruhig (Hofseite) und doch zentral.
209 D3 5, Rue Porte-de-Laure 04 90 96 11 89; www.lecalendal.com

Nord-Pinus €€–€€€
Offizielles Baudenkmal im Herzen der Stadt, einst Treffpunkt der Félibres und anderer hochkarätiger Literaten wie Stendhal, Frédéric Mistral, Jean Cocteau und Henry James. Heute wohnt hier Christian Lacroix, wenn er in der Heimat weilt, außerdem reiche *Aficionados* und prominente Stierkämpfer. Deshalb findet man hier neben antikem Mobiliar und Kunstobjekten Stierkampf-Plakate und -Trophäen. Ideal für alle, die es echt »arlesianisch« haben wollen!
209 C2 Place du Forum 04 90 93 44 44; www.nord-pinus.com Jan. geschl.

Le Mas de Peint €€€
Ehemalige Residenz des Lyoner Tuchhändlers Antoine Peint aus dem 17. Jh., später umgewandelt in einen Bauernhof, wo heute noch Reis angebaut und Rinder gezüchtet werden. Acht Zimmer und drei Suiten, einige mit rustikalen Deckenbalken, andere mit Bädern aus dem 19. Jh. Zum Abendessen wird frische Farmkost serviert.
194 A2 Le Sambuc 04 90 97 20 62; www.masdepeint.com Jan.–Mitte März, Mitte Nov.–Mitte Dez. geschl.

LES BAUX-DE-PROVENCE

Le Mas d'Aigret €€€
Wer den Sonnenaufgang über Les Baux erleben möchte, hat von diesem kühn in den Felsen gebauten Hotel einen fantastischen Blick. Die meisten der 16 Zimmer sind klimatisiert, mit Terrasse und schöner Aussicht. Lounge, Bar und Outdoor-Pool vorhanden.
195 D3 Les Baux-de-Provence 04 90 54 20 00; www.masdaigret.com
2 Wochen im Nov. geschl.

NÎMES

Hôtel Imperator Concorde €€€
Opulent ausgestattetes Hotel mit leicht angestaubtem Charme, traditionsgemäß Quartier auswärtiger Stierkämpfer. Das Haus liegt in einer gediegenen, doch recht leb-

haften Umgebung nahe dem Quai de la Fontaine und dem gleichnamigen Park. Die 62 klimatisierten, schallisolierten Zimmer haben Mini-Bar sowie Satelliten-TV. Blumenmuster schmücken innen, das Grün des Gartens erfreut hinter dem Haus.

194 B3 Quai de la Fontaine 04 66 21 90 30; www.nimes.concorde-hotels.com ganzjährig

ST-RÉMY-DE-PROVENCE

Chateau des Alpilles €€€

Das Herrenhaus aus dem 18. Jh. ist außerhalb von St-Rémy in einem großen Park mit Magnolien, Ginkgos und Platanenallee gelegen. Im Stil gediegen, weist das Interieur doch auch zeitgemäße Akzente auf. 18 Zimmer mit hohen Decken und 3 Suiten plus Familienapartment im Anbau. Es sind Restaurant, Bar und Outdoor-Pool im Haus vorhanden.

195 D3 D 31, St-Rémy de Provence 04 90 92 03 33; www.chateaudesalpilles.com Nov., Jan.–Mitte März geschl.

Hotel Les Ateliers de L'Image €€€

Dieses 4-Sterne-Hotel ist eine wahre Oase des raffinierten Minimalismus und im Zentrum der Stadt gelegen. 26 Zimmer und 6 Suiten mit allem modernen Komfort stehen für die Gäste bereit. Garten, Outdoor-Pool und ein Gourmetrestaurant gehören zum Haus, ein Spa ist ganz in der Nähe.

195 D3 36, Boulevard Victor Hugo 04 90 92 51 50; www.hotel-image.fr Mitte Dez.–Feb. geschl.

STES-MARIES-DE-LA-MER

Hotel de Cacharel €€

Das in einer ehemaligen Rinderranch eingerichtete Hotel in den Salzmarschen hat 16 komfortable Zimmer, alle haben Dusche oder Bad. Ein Swimmingpool ist vorhanden. Es werden auch Reitausflüge in die Camargue oder zu den schwarzen Stieren der Region organisiert.

194 B1 Route de Cacharel 04 90 97 95 44; www.hotel-cacharel.com ganzjährig

Wohin zum ... Essen und Trinken?

Preise
für ein Drei-Gänge-Menü ohne Getränke:
€ unter 25 Euro **€€** 25–50 Euro **€€€** über 50 Euro

ARLES

L'Atelier €€€

Das Gourmetrestaurant von Jean-Luc Rabanel, der am liebsten mit Bioprodukten, traditionellen Gemüsesorten und frischen Gewürzen arbeitet. Er schafft verwegene Kombinationen, serviert seine Kreationen häufig in kleinen Gläsern *(verrines)* und kredenzt dazu ausgesuchte Weine der Region.

209 C3 7, Rue des Carmes 04 90 91 07 69, www.rabanel.com Mo/Di geschl.

Bistro à Côté €–€€

Wie viele Sterneköche hat auch Jean-Luc Rabanel ein Bistro eingerichtet, in dem regionale Spezialitäten aus frischen Produkten in lockerer Atmosphäre preisgünstig auf den Tisch kommen.

209 C3 21, Rue des Carmes 04 90 47 61 13; www.bistro-acote.com tägl.

La Mamma €–€€
Italiener an der Arena von Arles, mit Fliesenboden, Rattanmöbeln und Pizza-Ofen. Es wird regionale und italienische Küche serviert, darunter *saltimbocca à la romana* (Schnitzel mit Schinken und Salbeiblättern), dazu Pasta.
209 D1 20, Rue de l'Amphithéâtre 04 90 96 11 60; www.lamammaarles.com Di–Sa 12–14.30, 19–22.30, So 12 bis 14.30 Uhr; Mo geschl.

LES BAUX-DE-PROVENCE

La Cabro d'Or €€€
Das Restaurant im Val d'Enfer (Höllental), das zum Gastro-Reich von Jean-André Charial gehört, besticht nicht nur durch seine provenzalische Küche und den Weinkeller, sondern auch mit der herrlichen Sommerterrasse und dem Blick auf den Felsen von Les-Baux-de-Provence. 20 luxuriöse Zimmer (€€€).
195 D3 Val d'Enfer, CD 27 04 90 54 33 21, www.lacabrodor.com tägl., Di mittags und So abends geschl., im Winter auch Mo geschl.

La Reine Jeanne €€
An Panoramafenstern mit wunderbarem Blick ins Tal sitzend, genießt man hier regionale Küche, etwa in Olivenöl marinierte Paprika, Lammkeule mit Knoblauch-Confit oder provenzalische Platte mit Tapenade. Freitags gibt es Dorsch mit gedünstetem Gemüse und Aïoli.
195 D3 Rue Porte Mage 04 90 54 32 06; www.la-reinejeanne.com tägl. 12–15, 19–21.30 Uhr

NÎMES

L'Imprévu €–€€
Große Terrasse auf einem schönen Platz im Zentrum, Innenhof und hübscher Saal. Die Brasserie tischt traditionelle Küche mit südlichem Einschlag auf.
194 B3 6, place Assas 04 66 38 99 59; www.l-imprevu.com Mi geschl.; im Winter auch Di geschl.

Le Vintage Restaurant €€
Zwischen antiker Arena und Maison Carrée liegt dieses charmante Bistro an einem winzigen Platz mit Brunnen. Hübsch ist der Innenhof. Der Speiseraum dient gleichzeitig als Galerie für die Werke einheimischer Künstler.
194 B3 7, Rue de Bernis 04 66 21 04 45; www.restaurant-levintage-nimes.com So/Mo geschl.

STES-MARIES-DE-LA-MER

À Fleur de Sel €–€€
Alexandra Middione hat die Charta des Gastronomen-Vereins Conservatoire des Cuisine des Camargue im regionalen Naturpark unterschrieben und setzt in ihrem Haus auf frische Zutaten aus der Region. Das Ergebnis auf dem Teller ist überzeugend. Spezialitäten sind *bourride de lotte* (Fischcremesuppe) und *gardianne de taureau* (mit Fleisch vom Jungbullen).
194 B1 43, Rue Frédéric Mistral 04 90 97 83 42; www.camargue-restaurantafleurdesel.com tägl.

Brûleur de Loups €€
Unter den Spezialitäten des schön am Wasser gelegenen Restaurants finden sich neben tagesfrischem Fisch etwa *bourride* (Fischcreme suppe mit Knoblauch) und *carpaccio* vom Stier.
194 B1 1, Avenue Gilbert-Leroy 04 90 97 83 31 12–13.45, 19–21.30 Uhr; Di abends, Mi und Mitte Nov.–Dez. geschl.

ST-RÉMY-DE-PROVENCE

Café de la Place €–€€
Mitten im Städtchen gelegen, besticht das Restaurant mit Gerichten aus frischen Produkten der Region, preisgünstigem Tagesessen und an manchen Abenden auch mit Livekonzerten in dem schönen Ambiente.
195 D3 17, place de la République 04 90 92 02 13; www.cafedelaplace-stremy.fr tägl.

Wohin zum … Einkaufen?

SOUVENIRS UND GESCHENKE

Die Marke **Souleiado** (www.souleiado.com) steht für bunte provenzalische Stoffe, aber auch für Accessoires wie Schals, Handtaschen, Tisch- und Bettwäsche. Boutiquen gibt es in der ganzen Provence, natürlich am Sitz der Firma in Tarascon (➤ 137), aber auch in Arles (10, Boulevard des Lices; Mo 14 bis 19, Di–Sa 10–19 Uhr).

Die zweite große Marke für Stoffe der Provence mit über hundertjähriger Tradition ist **Les Olivades** (Chemin des Indienneurs, 5, Avenue du Docteur Barberin, St-Etienne-du-Grès; www.olivades.fr), die in der Provence unter anderem Boutiquen in Nîmes (4, place de la Maison Carrée) oder Arles (4, Boulevard des Lices) betreibt.

MODE UND ACCESSOIRES

Der aus Arles gebürtige Topdesigner **Christian Lacroix** verwendet in seinen Kollektionen gerne Anregungen der provenzalischen Tracht und betreibt in der Fußgängerzone einen schicken Laden für Mode und Accessoires (52, Rue de la République, Tel. 04 90 96 11 16; Mo 14.30–19, Di–Sa 9–13, 14 bis 19 Uhr).

Wer originelle Accessoires für Wohnung oder Haus sucht, ist im Geschäft von Blandine Gonnet, **La Cigale et la Fourmi** (29, Rue Victor Hugo, Tel. 04 90 97 75 75) gut aufgehoben. In derselben Straße in Saintes-Maries-de-la-Mer bietet die Boutique **Le Gardian** (9, Rue Victor Hugo, www.legardian.com) die berühmten und entsprechend teuren handgemachten Schaftstiefel sowie Reiterausrüstung an. Konkurrenz belebt das Geschäft: Gleich nebenan gibt es bei **Tout pour le Gardian** (11, Rue Victor Hugo; www.toutpourlegardian.com) ebenfalls Stiefel und Ausrüstung für Reiter, aber auch Kleidung.

LEBENSMITTEL

Das Familienunternehmen **Conserverie Tomasella** (12, Rue Jouvene, Tel. 04 90 93 17 95) in Arles produziert und verkauft exzellente Delikatessen, von der Gänseleberpastete bis zu Enten-Confit, Cassoulet und Wein, angeboten in oft sehr attraktiver Verpackung. Der Chocolatier **Joël Durand** in St-Rémy-de-Provence versieht seine Köstlichkeiten mit regionalen Akzenten, wie die Lavendel-Schokolade (3, Boulevard Victor Hugo; www.chocolat-durand.com; Mo–Sa 9.30–12.30, 14.30 bis 19.30, So 10–13, 14.30 bis 19.30 Uhr). Kandierte Früchte (auch *marrons glacés* und Marmelade) sind die Spezialität von **Lilamand,** seit 1866 gleichfalls in St-Remy ansässig (5, Avenue Albert Schweitzer; www.confiserie-lilamand.com; Di–Sa 10–12.30, 14.30–19 Uhr).

Zu den besten Olivenölen der Provence gehören die Produkte aus dem **Moulin Castelas** (Mas de l'Olivier; www.castelas.com; Mo–Fr 8.30–18, Sa/So 10–13,14.30–18 Uhr) unweit von Les Baux-de-Provence, der auch Geschmacksproben *(dégustation)* organisiert. Die **Kooperative von Mouriès** (Quartier du Mas Neu; www.moulincoop.com; Mo–Sa 9–12, 14–18, So 14 bis 18 Uhr) gehört ebenfalls zu den Produzenten guten Olivenöls.

ANTIQUITÄTEN

Antiquités Maurin in Arles ist eine wahre Fundgrube für Möbel, Gemälde und Keramik aus dem 17. bis 20. Jh. (4, Rue de Grille; www.antiquites-maurin.com; So, Mo vormittags geschl.).

Wohin zum ... Ausgehen?

Das Nachtleben der Region konzentriert sich auf die Stadt Arles und deren Umgebung.

Das **Théâtre d'Arles** bringt neben zeitgenössischen Stücken auch Ballett auf die Bühne und bietet Sondervorstellungen für Kinder (Boulevard Georges Clemenceau, Tel. 04 90 52 51 55; www.theatre-arles.com; Ticket-Tel. 04 90 52 51 51, Vorverkauf Mo–Fr 11–13, 15 bis 18.30 Uhr, an Tagen mit Vorstellung Mo–Fr 11–15 und ab 17 Uhr, Sa, So ab 15 Uhr).

Im **Café la Nuit** (11, place du Forum, Tel. 04 90 96 44 56; 9–24 Uhr) in Arles – Motiv des bekannten Gemäldes von Vincent van Gogh – ist immer etwas los.

Am Rhône-Ufer unterhalten Sie Chico und seine Gypsy Kings im **Patio de Camargue** (49, chemin de Barriol, Tel. 04 90 49 51 76; http://chico.fr/patiowp; Sa ab 20 Uhr) mit Flamenco- und Rumba-Rhythmen. Unbedingt reservieren!

In der **Brasserie La Siesta** (10, Avenue Van Gogh, Tel. 04 90 97 83 34; www.brasserie-lasiesta-13.com; Di. geschl.) werden Abende mit Livemusik organisiert.

Modern in Stahl und Pink mit blauem Neonlicht gibt sich **Le Krystal** (Hameau de Moulès, Tel. 04 90 98 32 40; www.lekrystal.com; Di 19–2, Fr–Sa 23–6 Uhr). Das Programm variiert von Retro über Latin zu House. Außerhalb der Themennächte tanzt man So/Mo zu Orchesterklängen.

Die **Discothèque La Galine** in St-Rémy-de-Provence (Quartier de la Haute Galine, Chemin Cante Perdrix et Galine, Tel. 04 90 92 00 03; www.lagaline.com; Fr–Sa ab 23 Uhr) ist eine der wenigen Late-Night-Optionen in diesem Teil der Provence, musikalisch in ganz unterschiedlichen Stilrichtungen unterwegs. Seit 1974 bereits der richtige Ort zum Abtanzen.

SPORT UND FREIZEIT

Abseits ausgetretener Pfade kann man auf Safaris mit Vierrad-Antrieb die Natur erkunden. Mit **Camargue Safaris Gallon** in Arles (36, Avenue Edouard Herriot, Tel. 04 90 93 60 31; www.safari-4x4-gallon.camargue.fr; ganzjährig nach Voranmeldung) geht es quer durch die Landschaft zu weißen Pferden, schwarzen Stieren und rosa Flamingos. Auch Radtouren und Reitausflüge werden angeboten.

Pferde und Stiere züchtet man auf der Farm **La Cabano dis Ego** (Le Sambuc, Tel. 04 90 97 20 62; www.manade-jacques-bon.com; ganzjährig), die verschiedenste Freizeitaktivitäten anbietet, vom Reitausflug bis hin zu provenzalischen Cowboy-Spielen und Heißluftballonfahrten.

Stes-Maries-de-la-Mer ist ein idealer Ausgangspunkt für die Erkundung der Region, zum Beispiel bei einer 90-minütigen Bootsfahrt mit **A. C.T. Tiki III** auf der Petit Rhône (Le Grau d'Orgon D38, Tel. 04 90 97 81 68/04 90 97 81 22; www.tiki3.camargue.fr; März–Nov.), wo man der Fauna der Camargue ganz nahe kommt. Reservierung empfohlen.

Totales Kontrastprogramm: Lassen Sie sich bei diversen Anwendungen bei **Thalacap Camargue** verwöhnen! (Avenue Jacques Yves Cousteau, Tel. 04 90 99 22 22; www.thalacap.fr; unregelmäßige Öffnungszeiten; Anfang bis Mitte Dez. geschl.) Bei der Thalasso-Therapie genießt man die Segnungen des Meerwassers, inklusive Algen- und Schlammpackungen und Hydro-Massage. Fitnessstudio, Türkisches Bad und Sauna stehen ebenfalls zur Verfügung.

Vaucluse

Kleine Erlebnisse

Festspielrausch

Avignon wird im Sommer zu einer **Bühne** (➤ 150): Ensembles aus aller Welt präsentieren, was Theater gerade zu bieten hat.

Wein-Pioniere

Die Schöpfer des Gütesiegels AOC berücksichtigten als Erstes das Anbaugebiet von **Châteauneuf-du-Pape** (➤ 157) – noch heute werden hier Spitzenweine gekeltert.

Nicht nur für Liebespaare

In **Fontaine-de-Vaucluse** (➤ 166) sprudelt die Quelle, an der Petrarca im 14. Jh. Liebesgedichte verfasste. Ein Naturschauspiel!

Erste Orientierung

Das kleine Département Vaucluse entpuppt sich als wahres Schatzkästchen an historischer Substanz und landschaftlichen Reizen: Im Nordwesten erheben sich die filigranen Gipfel der Dentelles de Montmirail, östlich davon das majestätische Massiv des Mont Ventoux und im Süden die zerklüfteten und doch sanften grünen Hügel des Luberon. Im fruchtbaren Rhône-Tal trifft man auf beeindruckende Zeugnisse der Römerzeit sowie allerorten auf schöne Bauten des Mittelalters – ihre Ausmaße reichen von kleinen Bergfesten bis zum monumentalen Papstpalast in Avignon.

Durch die Bücher des Bestsellerautors Peter Mayle wurde der Luberon für eine ganze Generation von Lesern zum Inbegriff einer magischen Provence: Beim Lesen erstand das Bild alter Dörfer vor Augen, die in einer paradiesischen Landschaft vor sich hin träumen. Und die gibt es durchaus noch, trotz des Touristenansturms, der die Region erfasst hat: Da haben sich kleine Plätze bewahrt, auf denen man geruhsam neben einem plätschernden Brunnen eine Runde Pétanque spielt und danach mit Einheimischen in der Bar einen Pastis trinkt. Auch Burgruinen zwischen Olivenplantagen und Weingärten tragen zur besonderen Atmosphäre der Region bei.

Auf den bunten Märkten des Vaucluse wartet ein verschwenderisches Angebot vor allem an regionalen Spezialitäten: Melonen aus Cavaillon (► 165), Trüffel aus Carpentras (► 173), kandierte Früchte aus Apt (► 154) und Trauben in ihrer schönsten Form, als Wein aus Châteauneuf-du-Pape (► 157), Gigondas und Beaumes-de-Venise (► 168).

Der Ort Roussillon thront auf einer Bergkuppe

TOP 10

Nicht verpassen!

Zeugen der Römerzeit in Vaison-la-Romaine

Nach Lust und Laune!

In vier Tagen

Wer unschlüssig ist, auf welchen Wegen er die Region erkunden soll, findet hier Anregungen für eine entspannte viertägige Tour durch das Département Vaucluse. Auf den folgenden Seiten sind die Ziele ausführlich beschrieben.

Erster Tag

Vormittag
Ein guter Anfang wäre, den Tag in den mittelalterlichen Mauern von 7 **Avignon** (➤ 148) zu verbringen: den Papstpalast, der wuchtig über dem Rhône-Ufer thront, zu besuchen und den Pont St-Bénézet (rechts, ➤ 149).

Mittag
Nehmen Sie ein mediterranes Mittagsmahl in der Altstadt ein, im Restaurant **No 75** (75, Rue Guillaume Puy, Tel. 04 90 27 16 00).

Nachmittag
Sehr lebendig geht es meist auf dem Hauptplatz zu, der von schönen Cafés gesäumten Place de l'Horloge. Nicht weit davon erstreckt sich die Einkaufsmeile der Rue Joseph Vernet, benannt nach dem bekanntesten Maler Avignons (Seestücke im **Musée Calvet,** ➤ 149).

Abend
Beschließen Sie den Tag genüsslich mit einem Diner im Gourmettempel **Hiély-Lucullus** (5, Rue de la République, Tel. 04 90 86 17 07).

Zweiter Tag

Vormittag
In der Altstadt von 49 **Orange** sind zwei der besterhaltenen römischen Bauwerke zu besichtigen: ein Triumphbogen und der Kolossalbau des sich an die Colline St-Eutrope schmiegenden Amphitheaters (beide ➤ 159).

Mittag
Solide speist man im **Le Parvis** (➤ 160).

Nachmittag
Verbinden Sie einen Besuch der alten Römerstadt Vasio Vocontiorum (sehr gut erhalten) mit einer Tour durch die hübschen Weinorte des Haut Vaucluse; über Beaumes-de-Venise, Vacqueyras und Gigondas an den Hängen der Dentelles de Montmirail geht es weiter nach 50 **Vaison-la-Romaine** (➤ 161).

Abend
Genießen Sie vorzügliche provenzalische Küche und edle Tropfen im **Bistro Du'O** (➤ 172).

Dritter Tag

Vormittag
Im Morgenschwung hinauf in das Dörfchen 51 **Gordes** (➤ 163) und die prähistorische Siedlung und weiter zur inmitten von Lavendelfeldern gelegenen 51 **Abbaye de Sénanque** (rechts, ➤ 163).

Mittag
Kleine Mittagspause auf der Terrasse des Bistros **Café de la Fontaine** in der Hostellerie Le Phébus von Joucas (➤ 172).

Nachmittag
Es bietet sich ein Ausflug nach 53 **Roussillon** (➤ 166) zu den Ockerbrüchen (entlang des 1 km langen Sentier des Ocres, ➤ 166) an.

Abend
Die Farbenpracht des Ockers hat man bei **David** (Place de la Poste, Tel. 04 90 05 60 13) im Blick: tolles Panorama zum eleganten Diner.

Vierter Tag

Vormittag
Im Morgenlicht ein Schnuppertrip in den 9 **Luberon** (➤ 154) mit seinen pittoresken Dörfern: von Oppède-le-Vieux (mit Burgruine) nach Ménerbes, Lacoste und Bonnieux.

Mittag
Regionale Küche, aber auch Pizza und Pasta gibt es in **La Bergerie** (➤ 172) in Maubec unweit von Oppède-le-Vieux.

Nachmittag
Wandern Sie durch die Lavendelfelder, Pinienwälder und Weingärten des **Parc Naturel Régional du Luberon** (➤ 154).

Abend
Etwas außerhalb von Lourmarin an der Straße nach Cadenet liegt die Auberge **La Fenière** (➤ 172) von Reine Sammut für ein exquisites Abendessen.

7 Avignon

Wenn auch von trutzigen Mauern umschlossen und im Schatten des wuchtigen Papstpalastes liegend, gibt sich Avignons Altstadt durchaus heiter und lebendig. Von hier ist es nicht weit zur gleichfalls sehenswerten Rhône-Brücke.

Seit römischer Zeit war Avignon Schauplatz unzähliger Konflikte, vor allem politisch-religiöser Machtkämpfe. Auf deren Höhepunkt, 1309, hatte der (französische) Papst Clemens V. seinen Amtssitz vom Vatikan hierher verlegt. In dem 14. Jahrhundert erblühte die Stadt unter Päpsten und Gegenpäpsten als wehrhaftes Zentrum von Kultur und Wissenschaft rings um den gewaltigen **Papstpalast** *(Palais des Papes)* – eine regelrechte Stadt in der Stadt, deren Besichtigung heute gut einen halben Tag in Anspruch nimmt.

Bei der Rückkehr nach Rom 1403 nahmen die Kirchenfürsten zwar viele der einst hier gehorteten Schätze mit, doch ein Rundgang durch die imposanten Audienzsäle, den mit Fresken geschmückten Musiksaal, die Kapelle

Straßenkünstler vor den mächtigen Mauern des Papstpalasts

Wie eine Festung wirkt der Papstpalast am Ufer der Rhône

St-Martial, das Konsistorium und das päpstliche Schlafgemach vermag weiterhin zu beeindrucken.

Von der **Stadtmauer** am Flussufer sieht man deutlich beide Seiten des heutigen Avignon – einerseits die verwinkelte Altstadt mit ihren Kirchtürmen, daneben die modernen, industrialisierten Vorstädte, Lebensraum von rund 100 000 Einwohnern. Besonders lebhaft geht es während des Festivals im Juli (➤ 150) zu, dann beleben Gaukler und Straßentheater das Zentrum.

Die besten Einkaufsmöglichkeiten gibt es entlang der Rue de la République, die meisten Cafés an der **Place de l'Horloge.** Unter den zahlreichen Museen ist das schönste wohl das **Petit Palais,** dessen siebenhundertjährige Mauern eine umfangreiche Sammlung mittelalterlicher Kunstwerke beherbergen, darunter romanische und gotische Skulpturen und Fresken.

Das bedeutendste Museum der Stadt Avignon ist das **Musée Calvet.** Es birgt eine reiche Kollektion französischer, italienischer, flämischer und niederländischer Gemälde vom 14. bis 19. Jahrhundert sowie Porzellan und Kunstgewerbe.

Unbedingt ansehen sollte man sich natürlich die aus dem Kinderlied bekannte Brücke von Avignon, den **Pont St-Bénézet** (➤ 150). Angeblich 1177 von dem jungen Schäfer gleichen Namens als reine Holzkonstruktion erbaut, wurde sie während der Belagerung durch Ludwig VIII. im Jahre 1226 schwer beschädigt und anschließend durch einen Steinbau ersetzt. Dieser hielt jedoch der starken Strömung der Rhône nicht stand und versank Mitte des 17. Jahrhunderts weitgehend in den Fluten. Von den einst 22 Steinbögen blieben nur vier erhalten.

Einen herrlichen Blick auf die Silhouette der Stadt genießt man vom **Fort St-André** (13. Jahrhundert) in **Villeneuve-lès-Avignon** auf dem gegenüberliegenden Ufer, vor allem im goldenen Abendlicht und nachts, wenn die Kulisse angestrahlt wird.

SUR LE PONT D'AVIGNON
Ursprünglich bezog sich das Lied über die Brücke auf das Rotlichtviertel unter ihr. Die zum **Kinderlied** über den Tanz auf der Brücke verharmloste Version geht auf das 15. Jahrhundert zurück und stammt aus der Feder eines unbekannten Komponisten (»*Sous* [Unter] *le pont …*«). Es wurde einem breiten Publikum ein Begriff, als Adolphe Adam (bekannt als Schöpfer des Balletts *Giselle)* es 1853 in seiner Operette *Le Sourd ou l'Auberge Pleine* verwandte. Das Lied wurde schnell so populär, dass es schließlich 1876 zum Stoff einer eigenen Operette wurde. Im Laufe der Zeit erfuhr es unterschiedliche Interpretationen, es existiert sogar eine Swing-Version (Jean Sablon, 1939). Heute zählt es zum obligatorischen Stoff des Französischunterrichts.

Verbliebene Bögen des Pont St-Bénézet

KLEINE PAUSE
Bei Einheimischen ist das Restaurant **Au Tout Petit** (4, Rue Amphou, Tel. 04 90 82 38 86) vor allem für den preisgünstigen Mittagstisch (► 171) beliebt. Es befindet sich nahe der Markthalle.

BAEDEKER TIPP

- Die Karte **Avignon Passion** (gratis) gewährt 20–50% Ermäßigung auf den Eintritt zu Hauptsehenswürdigkeiten der Stadt (erhältlich dort oder bei Touristeninformation).
- Gratis sind die 1500 **Parkplätze** auf der Rhône-Insel Piot, ein Bus bringt Besucher kostenlos direkt an die Stadtmauer und wieder zurück zum Auto.
- Im Juli ist die gesamte Stadt über drei Wochen eine einzige Theaterbühne. Das **Festival d'Avignon** (www.festival-avignon.com) ist weltweit ein Begriff und das »Off« (► 174) ein Podium für spannende Entdeckungen.
- Der elegante Bau der **Fondation Angladon Dubrujeaud** birgt eine Gemäldesammlung mit Werken Cézannes, Manets, Sisleys, Picassos sowie das einzige Werk van Goghs in der Provence (Rue Laboureur; www.angladon.com; Mi–So 13–19 Uhr, 6 €). Ein Ziel für Freunde zeitgenössischer Kunst ist die **Collection Lambert** (5, Rue Violette, www.collectionlambert.com; Di–So 11–18, Sommer bis 19 Uhr, 7,50 €).

195 D4

Touristeninformation

204 B2 41, cours Jean-Jaurès
04 32 74 32 74; www.avignon-tourisme.com
April–Okt. Mo–Sa 9–18 (Juli bis 19), So 10–17 Uhr;
Nov.–März Mo–Fr 9–18, Sa 9–17, So 10–12 Uhr

Palais des Papes (Papstpalast)

204 C4 Place du Palais
04 90 27 50 00; www.palais-des-papes.com
Sommer tägl. 9–19, im Juli bis 21 Uhr; Winter 9.30–17.45 Uhr
10,50 € (mit Audioguide in deutscher Sprache)

Musée Calvet

204 B3 65, Rue Joseph Vernet
04 90 86 33 84
Mi–Mo 10–13, 14–18 Uhr 6 €

Petit Palais

204 C5 Place du Palais 04 90 86 44 58
Mi–Mo 10–13, 14–18 Uhr 6 €

Palais des Papes

An der Place de l'Horloge erhebt sich einer der größten mittelalterlichen Paläste der Welt. Weithin sichtbar überragen die Mauern des Papstpalastes die Stadt. Papst Benedikt XII. ließ den Palais Vieux als Zeichen dafür errichten, dass er keine Rückkehr nach Rom erwog. Sein Nachfolger erweiterte den Bau.

❶ **Palais Nouveau:** Die Fassade des Neuen Palastes von Clemens VI., Nachfolger von Papst Benedikt XII., ist im unteren Teil durch Spitzbögen gegliedert. Zwei Türmchen kennzeichnen den Eingang (Porte des Champeaux). Der Hof ist Hauptschauplatz des Theaterfestivals.

❷ **Palais Vieux:** Der Alte Palast Benedikts XII. mit der Tour de la Campane und der Tour de Trouillas (hinten).

❸ **Tour des Anges:** Der 1335 vollendete Turm der Engel zeigt sich als Bergfried: fensterlose Untergeschosse, Zinnen und Pechnasen. Das Schlafzimmer der Päpste wurde um 1336 mit Weinranken und Eichenblättern ausgemalt.

❹ **Chambre du Cerf:** Das mit Tier- und Jagdszenen gestaltete Hirschzimmer in der Tour de la Garde Robe war das Arbeitszimmer von Clemens VI.

❺ **Grande Chapelle:** In der 52 m langen, 15 m breiten und 20 m hohen Großen Kapelle über der Grande Audience fanden Messen und Zeremonien statt.

Rechts: Die Fresken in der Chapelle du Tinel im Papstpalast wurden von Matteo Giovannetti geschaffen.
Unten: Gleich vor den Mauern des Papstpalastes taucht man wieder ins Alltagsleben der Stadt ein.

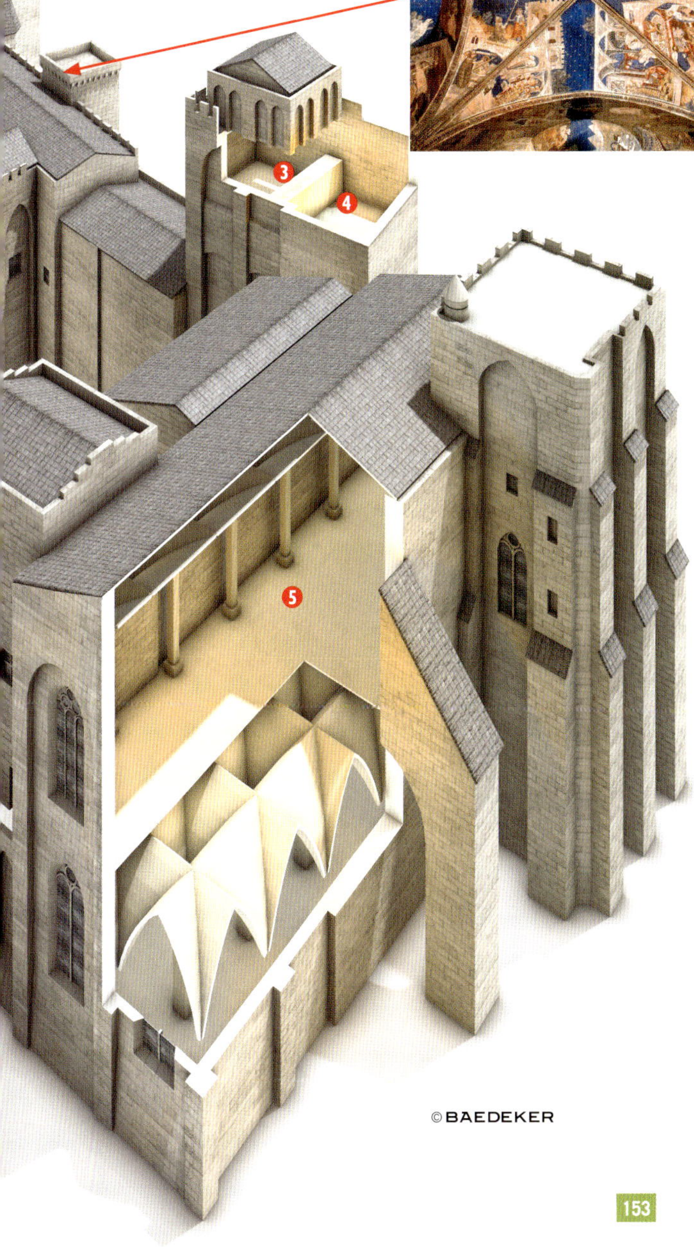

9 Luberon

Auf dem Höhenzug zwischen Cavaillon und Manosque erstreckt sich der Parc Naturel du Luberon, wo Zedern- und Pinienhaine mit Lavendelfeldern, Mandel- und Olivenplantagen, Buschwerk, duftenden Kräutern und Weingärten ein unverwechselbares, anmutiges Ensemble bilden.

Die wilde Waldschlucht des Combe de Lourmarin (D943) markiert die Zäsur zwischen dem Grand Luberon im Osten und dem Petit Luberon mit seinen schmucken Bergdörfern im Westen – hübsch restaurierte Häuser sind dort heute beliebte Zweitwohnsitze. Wanderer und Bergsteiger zieht es eher in den östlichen Teil, wo man von Auribeau aus in steilem Anstieg den höchsten Gipfel des Bergzugs erklimmen kann, den Mourre Nègre (1100 m). Die Aussicht reicht von den Basse-Alpes bis zum Mittelmeer. Ideal als Ausgangspunkt für Touren durch die Region ist das nördlich des Kalksteingebirges gelegene alte Marktstädtchen **Apt,** bekannt für seine köstlichen kandierten Früchte und Marmeladen (Kostproben auf dem Samstagsmarkt), Lavendelessenzen und Töpferwaren sowie im Winter die Trüffeln. In der **Maison du Parc Naturel Régional du Luberon** (mit kleinem naturgeschichtlichem Museum) erfährt man alles über die Wanderwege und die Region.

Weine aus dem Luberon

Die Dörfer des Luberon

Die benachbarten Orte Bonnieux, Lacoste, Ménerbes und Oppède-le-Vieux wetteifern miteinander um den Titel des schönsten Dorfes im Luberon.

Bonnieux liegt inmitten von Wein- und Kirschgärten und Lavendelfeldern im Coulon-Tal und hat an Sehenswürdigkeiten nicht nur das Rathau und ein Bäckereimuseum,

Bonnieux, eines der schönsten Dörfer im Luberon

Bonnieux ist nicht nur schön gelegen, es hat auch idyllische Winkel

sondern auch zwei Kirchen mit Altarbildern aus der Renaissance zu bieten.

Der Nobelort **Lacoste** wird bekrönt von einem Fort aus dem 11. Jahrhundert, dem einst bedeutendsten der Region.

Prominentestes Mitglied im Quartett ist sicherlich **Ménerbes,** wo schon Picassos zeitweilige Lebensgefährtin Dora Maar wohnte, später François Mitterand und der britische Erfolgsautor Peter Mayle. Mit dem Bestseller *Mein Jahr in der Provence* (1989) machte dieser den mittelalterlichen Ort mit seinem belebten Wochenmarkt, der Festung aus dem 13. und der Kirche aus dem 14. Jahrhundert einem Millionenpublikum bekannt.

Oppède-le-Vieux erscheint auf den ersten Blick wie ein normales Bergdorf, bei näherem Hinsehen bemerkt man allerdings einen allgegenwärtigen Verfall. Inzwischen wurden jedoch die romanische Kirche und mehrere Häuser renoviert, es tut sich also etwas, auch auf Initiative einheimischer Künstler.

Ab in den Süden

Über den malerischen Gassen und den mit Brunnen versehenen Plätzen von **Lourmarin** am Südhang des Luberon thront ein imposantes Renaissanceschloss, auf dem Friedhof befindet sich das Grab des Schriftstellers Albert Camus (1913–60). Er hatte hier 1957 – in jenem Jahr, in dem er den Nobelpreis erhielt – ein Haus erworben. Ursprünglich aus dem 12. Jahrhundert stammt das in der Renaissance umgebaute Schloss auf dem Fels hoch über dem hübschen Dörfchen **Ansouis.** Es wirkt heute eher wie ein Wohnhaus, weniger wie eine Burg, trotz der Waffen und Rüstungen, die den Besucher gleich beim Eintritt empfangen. Im oberen Stockwerk sind flämische Tapisserien und Möbel der italienischen Renaissance zu bewundern.

Weingärten auf den Hügeln des Luberon

Torbogen über einem Gässchen in Apt

KLEINE PAUSE

Im östlich von Bonnieux gelegenen Ort **Lacoste** kann man im **Café de France** preiswert und angenehm speisen, beispielsweise einen *salade niçoise* oder ein Omelette mit Bratkartoffeln (Le Village, Tel. 04 90 75 82 25; außer Juli/Aug. nur mittags). Herrlich ist der Blick von der Terrasse.

---

196 A/B 2/3

Maison du Parc Naturel Régional du Luberon

60, place Jean Jaurès, Apt 04 90 04 42 00; www.parcduluberon.com April–Sept. Mo–Sa 8.30–12, 13.30–19 Uhr; Okt.–März Mo bis Fr 8.30–12, 13.30–18 Uhr frei

Touristeninformation Apt

20, Avenue Philippe-de-Girard 04 90 74 03 18; www.ot-apt.fr Juli–Aug. Mo–Sa 9–19, So 9.30–12.30 Uhr; Mai–Juni, Sept. Mo bis Sa 9–12, 14–18, So 9.30–12.30 Uhr; Okt. bis April Mo–Fr 9–12, 14–18 Uhr

Touristeninformation Bonnieux

7, place Carnot 04 90 75 91 90; www.tourisme-en-luberon.com Mo–Fr 9.30 bis 12.30, 14–18.30, Sa 14–18.30 Uhr

Touristeninformation Ansouis

196 B2 Place du Château 04 90 09 86 98; www.ansouis.fr April–Sept. 10–12, 14–18 Uhr

BAEDEKER TIPP

- Informieren Sie sich in der **Maison du Parc Naturel Régional du Luberon** über Wanderwege und mehr.
- Genießen Sie auf der Terrasse nahe der Kirche von **Bonnieux** den atemberaubenden Blick auf das Tal.
- In **Oppède-le-Vieux** führen überwucherte Pfade zum Gipfel der Anhöhe – oft halsbrecherisch am Abgrund!
- Das beste Eis in der Gegend gibt es bei der Familie Perrière. Ihr Lokal **L'Art Glacier** (5 km von Ansouis in Richtung La Tour d'Aigues, Les Hautes Terres; www.artglacier.com) ist nicht einfach zu finden, bietet aber eine Terrasse mit Traumblick.

48 Châteauneuf-du-Pape

Zwischen den in der Sonne glänzenden Felsen des südlichen Rhône-Tals liegt malerisch das Festungsstädtchen Châteauneuf-du-Pape. Es ist von Weinfeldern umgeben, auf deren rötlich-braunen Böden ein weltberühmter roter Tropfen gedeiht.

Weingärten um Châteauneuf-du-Pape

Endlose Ströme von Besuchern fallen jedes Jahr in den hübschen Ort ein, um den legendären Wein zu probieren. Unten im Dorf, im **Musée Père Anselme,** hat man gleich Gelegenheit dazu. Hier kann man sich auch über die Geschichte des hiesigen Weinbaus informieren und Wein kaufen. Zu den bekanntesten Weingütern der Gegend ge-

WEINSTRASSEN

Wie an einer Perlenkette reihen sich entlang der *Routes du Vin* schmucke Dörfer, deren alte Ziegeldächer über den Rebhügeln schimmern. An schattigen Plätzen warten Restaurants und Weinkeller, in denen man kostenlos einen guten Tropfen verkosten kann.

FACETTEN DER WEINPRODUKTION

Während Côtes du Rhône oft aus einer einzigen Rebsorte gewonnen wird, verwenden die Winzer dieser Gegend bis zu 13 verschiedene für ihre Cuvées. Die Böden der weitläufigen Weingüter sind mit Kieseln bedeckt, die tagsüber die Sonnenwärme absorbieren und nachts wieder abstrahlen. So entstehen Weine von hohem Alkoholgehalt (ab 12,5%). Den Großteil der Jahresproduktion von 13 Mio. Flaschen stellen die körperreichen Roten, aber auch die Weißweine (um 700 000 Flaschen) können sich sehen lassen. Achten Sie beim Einkauf auf die gekreuzten Schlüssel im Flaschenglas (oben), das Emblem des echten Châteauneuf-du-Pape.

hören Château Le Nerthe, Château Rayas, Château de la Gardine, Château de Beaucastel und Château des Fines Roches. Beim Fest der Traubenreife **(Fête de la Véraison)**, das mit viel mittelalterlichem Spektakel Anfang August begangen wird, sind die umliegenden Châteaux mit Verkostungsständen vertreten.

Die Weinproduktion nahm hier bereits im 14. Jahrhundert ihren Anfang, vorwiegend auf Initiative von Papst Johannes XXII., der auch das heute in Trümmern liegende **Schloss** als Sommerresidenz erbaute. Von der Ruine genießt man einen herrlichen Ausblick über das Rhône-Tal und die Weinberge.

Séguret, eines der hübschen Weindörfchen nordöstlich von Châteauneuf-du-Pape

195 D4

Touristeninformation
Place du Portail, 04 90 83 71 08; www.pays-provence.fr, Juli–Sept. tägl. 9.30–18 Uhr; Okt.–Juni Mo–Sa 9.30–12.30, 14–18 Uhr; Di ab 10.30 Uhr

Musée Père Anselme
Cave Brotte, Avenue Pierre de Luxembourg, 04 90 83 70 07; www.brotte.com, April–Sept. tägl. 9–13, 14–19 Uhr; Okt.–März 9–12, 14–18 Uhr, frei

BAEDEKER TIPP

Kostenlos darf man **Schokolade** im Familienbetrieb von Chocolatier Bernard Castelain (Tel. 04 90 83 54 71; www.chocolat-castelain.fr; Mo–Sa 9–12, 14–18 Uhr) probieren; eine Verkostung in bester Qualität.

49 Orange

In der fruchtbaren Ebene des Rhône-Tals liegt die alte Römerstadt Orange mit ihrem außergewöhnlichen Amphitheater und einem stolzen Triumphbogen. Sie ist gewissermaßen westliches »Einfallsstor zur Provence«. Von der mittelalterlichen Bausubstanz hat sich in dem malerischen Ort, der heute durch Wein, Oliven, Trüffeln und Honig sowie sein Theaterfestival bekannt ist, ebenfalls viel erhalten. Er lässt sich leicht zu Fuß erkunden.

Das Antike Theater besitzt eine vollständig erhaltene Bühnenwand

Théâtre Antique

Das zur Zeit von Kaiser Augustus erbaute Antike Theater von Orange bot 10000 Zuschauern Platz, und noch seine Ruinen vermitteln einen Eindruck einstiger Prachtentfaltung. Die 37 m hohe Bühnenwand *(frons scenae)* aus fast 2 m dickem rotem Sandstein (als einzige der Antike vollständig erhalten) misst 103 m in der Länge und war Kulisse für Versammlungen und Lesungen, aber auch für Aufführungen antiker Tragödien und Zirkusspiele aller Art. Die exzellente Akustik des Amphitheaters kommt vor allem während des Musikfestivals **Chorégies d'Orange** im Juli und August zur Entfaltung, das seit 1869 Oper, Drama und Ballett auf höchstem Niveau bietet (www.choregies.fr). Außerdem finden hier jeden Sommer Konzerte mit klassischer Musik, Jazz und Pop statt.

Arc de Triomphe

Der 22 m hohe Triumphbogen wurde um die Zeitenwende errichtet, wohl zu Ehren der Siege Cäsars über die Gallier oder der Seeschlacht bei Actium. Kunstvolle Steinmetzar-

Blick von der Colline St-Eutrope auf Orange

beiten und nautische Symbole verherrlichen die Vorherrschaft Roms zur See. Heute steht das Monument auf einer vom Verkehr umtosten Verkehrsinsel der N7.

Das ausgezeichnete **Musée Municipal** (Stadtmuseum) gewährt detaillierte Einsicht in das Alltagsleben zur Römerzeit. Auffälligstes Exponat ist das auf Marmortafeln eingemeißelte einzige römische Kataster der Region, auf dem akribisch Grenzen, Landbesitzer und Steuersätze verzeichnet sind. Darüber hinaus informiert das Museum über die spätere Stadtgeschichte und zeigt Porträts des Herrschaftshauses von Oranien. Vor einem Besuch der Arena sollte man einmal hier hereinschauen.

Der römische Triumphbogen in Orange – im Ensemble mit den anderen Bauten der Römerzeit zählt er zum UNESCO-Weltkulturerbe

KLEINE PAUSE

Das **Restaurant Le Parvis** (55, cours Pourtoules, Tel. 04 90 34 82 00; Nov. geschl., So, Mo geschl.) ist nur ein paar Schritte vom Théâtre Antique entfernt und bietet ein preisgünstiges Mittagsmenü an.

---

195 D5

Touristeninformation
5, cours Aristide-Briand ☎ 04 90 34 70 88; www.otorange.fr April–Juni, Sept. Mo–Sa 9–18.30, So 10–13, 14–18.30 Uhr; Juli–Aug. Mo–Sa 9–19.30, So 10–13, 14–19 Uhr; Okt.–März Mo–Sa 10–13, 14–17 Uhr

Théâtre Antique
Place des Frères-Mounet ☎ 04 90 51 17 60 Juni–Aug. tägl. 9–19 Uhr; April–Mai, Sept. 9–18 Uhr; März, Okt. tägl. 9.30–17.30 Uhr; Nov.–Feb. tägl. 9.30–16.30 Uhr 9,50 €, Ticket gilt auch für das Musée Municipal

Arc de Triomphe
Avenue de l'Arc-de-Triomphe/N7

Musée Municipal
Rue Madeleine-Roch ☎ 04 90 51 17 60 Juni–Aug. tägl. 9.15–19 Uhr; April–Mai, Sept. 9.15–18 Uhr; März, Okt. 9.45–12.30, 13.30–17.30 Uhr; Nov. bis Feb. 9.45–12.30, 13.30–16.30 Uhr 5,50 €

BAEDEKER TIPP

- Am besten kann man am Cours Aristide-Briand und am Cours Pourtoules beim Amphitheater **parken.**
- Erkundigen Sie sich telefonisch beim **Théâtre Antique** nach Führungen (für Gruppen), Konzerten und Theatervorstellungen.
- Auf der westlich des Amphitheaters gelegenen **Colline St-Eutrope** lockt ein schattiger Park mit Picknick-Gelegenheiten und wunderbarem Blick über Orange.

50 Vaison-la-Romaine

Vaison, das insbesondere durch sein Zusammenspiel von Mittelalter und Moderne besticht, hat zudem die besterhaltene Römerstadt der ganzen Provence zu bieten: das antike Vasio Vocontiorum.

Auf den Rängen des restaurierten Amphitheaters wird die Antike lebendig

Antike Ausgrabungsstätten

Die Ausgrabungsfelder Villasse und Puymin erstrecken sich links und rechts der Verkehrsstraße nördlich des Stadtzentrums. Sie bergen zahlreiche Relikte aus der Zeit der Römer, die sich hier, im fruchtbaren Tal der Ouvèze, angesiedelt hatten.

Im höher gelegenen und weitläufigeren Quartier **Puymin** lässt sich noch der Verlauf der einstigen Straßen erkennen, ebenso Mauerreste mit Fresken und Mosaikböden. Am eindrucksvollsten aber ist das wohl aus dem 1. Jahrhundert n. Chr. stammende Theater, das seit seiner Renovierung wieder bespielbar ist. Es fasste rund 6000 Zuschauer, die auf den abgestuften Sitzreihen Platz fanden. Weitere interessante Gebäude sind das sog. Sanctuarium, das opulente Haus des »Lorbeergekrönten Apollo« *(Maison à l'Apollon lauré)* und das noch größere Haus mit der Laube *(Maison à la Tonnelle)*.

Im Quartier **Villasse** haben sich Straßen mit Geschäften und Werkstätten sowie Villen mit Mosaikfußböden erhalten, darunter die größte von Vaison mit 5000 m²: das »Haus mit der Silberbüste« *(Maison du Buste en Argent)*. Sehenswert auch die *Maison au Dauphin*, ursprünglich ein Gehöft.

Römische Bogenbrücke über die Ouvèze

Mittelalterliche Stadt

Flaniert man nun die Grande Rue herab, gelangt man über eine Bogenbrücke aus der Römerzeit *(Pont Romain)* zum mittelalterlichen Kern von Vaison. Die an den Fels geschmiegte, restaurierte Oberstadt wird von der Ruine der **Burg** (Château) aus dem 13. Jahrhundert überragt – und der mühsame Anstieg durch herrliche Ausblicke auf das Tal der Ouvèze, die Weingärten an der Rhône oder sogar die schneebedeckten Gipfel der Seealpen belohnt.

KLEINE PAUSE

Béatrice Roux arbeitet in ihrem Restaurant **O'Natur'elles** (€; 36, place Monfort, Tel. 04 90 65 81 67; Mo geschl.) mit Bioprodukten und serviert das Essen im Saal oder auf der kleinen Terrasse.

---

195 E5

Touristeninformation

Place du Chanoine-Sautel ☎ 04 90 36 02 11; www.vaison-ventoux-tourisme.com

Ausgrabungsstätten

Avenue Général-de-Gaulle ☎ 04 90 36 02 11 Puymin & Museum Théo Desplans: Juni–Sept. tägl. 9.30–18.30, April–Mai 9.30 bis 18 Uhr. La Villasse: Juni–Sept. tägl. 10–12.30, 14.30–18.30, April–Mai 10–12.30, 14.30 bis 18 Uhr. Museum und beide Stätten: Okt.–März tägl. 10–12.30, 14–17/17.30 Uhr. Jan. bis 5. Feb. geschl. 8 € mit Kombikarte

Historisches Gebäude in der Oberstadt

BAEDEKER TIPP

- Für Ausgrabungsstätten, Archäologisches Museum und weitere Sehenswürdigkeiten gibt es den günstigen **Billet Pass** (erhältlich beim Kartenverkauf an den Ausgrabungsstätten).
- Nahe den Ausgrabungsstätten liegen geräumige **Parkplätze.**
- Dienstags findet in Vaison ein großer, lebendiger **Straßenmarkt** statt.
- Im Juli wird im Amphitheater ein **Sommerfestival** für Theater, Musik, Tanz ausgerichtet, alle drei Jahre im August auch ein **Festival der Chormusik** (www.choralies.fr).
- Sehenswert sind darüber hinaus die romanische Kathedrale **Notre-Dame-de-Nazareth** und das an den Bau anschließende **Kloster** aus dem 12. Jahrhundert (Avenue Général-de-Gaulle, 10 Minuten zu Fuß von Villasse).

51 Gordes & Abbaye de Sénanque

Alte Schäfersiedlung, mittelalterliche Zisterzienserabtei, moderne Künstlerkolonie: Der Besuch in Gordes, idealer Ausgangspunkt zur Erkundung des Luberon, kommt einer kleinen Zeitreise gleich.

Im Grün des Talgrunds liegt die Abbaye de Sénanque

Gordes gilt zu Recht als eines der schönsten Dörfer Frankreichs: Malerisch an einem Ausläufer des Mont Ventoux liegt dieses Ensemble aus Sandsteinhäuschen mit engen Kopfsteinpflastergassen im Schatten einer schönen Kirche und eines Schlosses aus der Renaissance. Nachdem es im Zweiten Weltkrieg fast verfallen war, wurde es in den 1960er-Jahren von Künstlern wiederentdeckt und restauriert. Nun zog neues Leben in die alten Mauern ein, mit Kunstgalerien und Ateliers. Mittlerweile ist es eine schicke Adresse für Zweitwohnsitze und gut mit Boutiquen und Restaurants ausgestattet. Die Touristeninformation residiert zurzeit auf der Beletage des **Château,** gemeinsam mit dem **Musée Pol Mara,** das sich dem flämischen Künstler (1920 bis 1998) und Ehrenbürger von Gordes widmet.

Durch die Kopfsteinpflastergassen von Gordes flanierend

Abbaye de Sénanque

In einem abgelegenen Tal nördlich von Gordes schlummert, umgeben von einem Meer aus Lavendel, eines der Symbole der Provence: die Zisterzienserabtei von Sénanque. Sie entstand als letztes der drei großen Klöster dieses Ordens in der Region, die gerne als die »drei Zisterzienserschwestern der Provence« bezeichnet werden – dazu gehören Silvacane (► 107) und Thoronet (► 84). Streng geheim gehalten wird von den Mönchen das noch aus dem Mittelalter stammende Rezept ihres herben Kräuterlikörs, des Sénancole. Besucher werden vor Ort um Verständnis gebeten,

Schicht um Schicht wurden die Steine zu *bories* aufeinandergefügt

dass Sénanque kein touristischer Ort ist, sondern ein Platz des klösterlichen Lebens, der Frömmigkeit und Stille – weshalb man die Abtei auch nur im Rahmen einer Führung (auf Französisch) besichtigen kann.

KLEINE PAUSE

Anspruchsvolle Küche serviert das Restaurant **Artégal** (€€, Place du Château, Tel. 04 90 72 02 54; Di abends, Mi geschl.) auf seiner Terrasse vor dem Schloss in Gordes.

BORIES

Südwestlich von Gordes trifft man auf das berühmteste Ensemble von *bories* – die wie Bienenstöcke geformten und ohne Mörtel geschichteten Feldsteinhütten, wie sie Bauern und halbnomadische Hirten ab dem 3. Jh. v. Chr. bewohnten.

195 E/F4

Touristeninformation

Le Château, Gordes Tel. 04 90 72 02 75; www.gordes-village.com
Mo–Sa 9–12, 14–18, So 10–12, 14–18 Uhr

Château de Gordes

Gordes Tel. 04 90 72 02 75 tägl. 10–12, 14–18 Uhr; 25. Dez. und 1. Jan. geschl. 4 €

Village des Bories

D2 von Gordes Tel. 04 90 72 03 48 tägl. 9 Uhr bis Sonnenuntergang
6 €

Abbaye de Sénanque

Gordes Tel. 04 90 72 05 72; www.senanque.fr Führungen: Juli–Aug. ab 10 Uhr bis 11-mal tägl., im Winter 2-mal tägl.; So/feiertags geschl.; Gruppen nur nach Voranmeldung 7 €

BAEDEKER TIPP

- Zwei Wochen im August findet in Gordes ein munteres **Musikfestival** statt.
- Zutritt zur **Abtei Sénanque** nur im Rahmen einer Führung (auf Französisch) in angemessener Kleidung. Pünktliche Schließzeiten um 12 bzw. 17/18 Uhr.
- Im Laden der Abtei werden von den Mönchen handgemachte **Lavendelöle** und **Seifen** verkauft.

Nach Lust und Laune!

Aus der Gegend um Cavaillon kommen die leckeren Melonen

52 Cavaillon

Bei Cavaillon denkt man natürlich gleich an die köstlich aromatischen, orangefleischigen Melonen! Die Umgebung ist tatsächlich wie ein »Nutzgarten« im Süden Frankreichs. Hier hat auch einer der bedeutendsten Großmärkte Europas für Obst und Gemüse seinen Platz. Der **Markt** für die Allgemeinheit am Montagmorgen ist der opulenteste des Vaucluse. Kein Wunder, liegt die Stadt doch privilegiert im fruchtbaren Tal der Durance, überragt von der Colline St-Jacques, wo sich bereits im Neolithikum eine Siedlung befand. Von dort hat man einen herrlichen Blick über das Tal und auf die fernen Höhen des Luberon und der Alpilles.

Das **Musée Archéologique** im Zentrum beherbergt eine Sammlung römischer Ausgrabungsstücke. Daneben ist die ehemalige **Kathedrale,** die auf das 12. Jahrhundert zurückgeht, einen Besuch wert wie auch die sehr gut erhaltene **Synagoge** aus dem 18. Jahrhundert (Rue Hébraïque) mit einem kleinen Museum zur Geschichte der jüdischen Gemeinde. Am Stadtrand steht ein Triumphbogen.

195 E3

Touristeninformation

Place François-Tourel 04 90 71 32 01; www.cavaillon-luberon.com Mitte März bis Mitte Okt. Mo–Sa 9–12.30, 14–18.30 Uhr, Juli bis Aug. auch So 9–12.30 Uhr; Mitte Okt.–Mitte März Mo–Fr 9–12, 14–18, Sa 9–12 Uhr

53 Roussillon

Einst weltberühmt für seine Ockerbrüche, gilt Roussillon heute als eines der schönsten Dörfer in Frankreich.

IN FARBEN BADEN

- **Fontaine-de-Vaucluse** Auf dem Weg zur Quelle liegt **Le Monde Souterrain Collection Norbert Casteret** (Tel. 04 90 20 34 13; April–Sept. 10–12.30, 14–19 Uhr; Feb. bis Nov. unregelmäßige Öffnungszeiten; 4 Euro) mit hervorragender Mineraliensammlung und lebendig gestalteter Dokumentation der Forschungen rund um die Quelle.
- **Roussillon und Rustrel** Für Kinder sind die Ockersteinbrüche im Luberon (➤ Abb. S. 170) ein Erlebnis. Noch ausgedehnter als in Roussillon sind die Wege durch farbige Landschaften mit Feenkaminen *(cheminées de fées)*, in den Himmel ragende schlanke Formationen in Rustrel im Westen von Apt (Parkplatz: 4 Euro).

Allein seine Lage schon spricht dafür: Auf dem Plateau des Mont Rouge liegt es versteckt in Pinienhainen und Buschwerk, umgeben von zerklüfteten Felsen und Schluchten in allen Schattierungen des Ockers – von Blutrot, Gold und Orange bis zu fahlem Gelb, Weiß, Rosa und Violett. Noch immer findet man hier die größten Ockerressourcen des Landes.

Die malerischen Häuser der ehemaligen Minenarbeiter erstrahlen in allen Ockernuancen, was dem Straßenbild ein heiteres Gepräge verleiht. Zentrum des Ortes ist der lebendige Hauptplatz am Rathaus, wo die Einheimischen sich auf den Caféterrassen versammeln. Schmale Gassen und Treppen winden sich zur romanischen Kirche hinauf und bieten schöne Ausblicke auf die Täler, Hügel und fernen Gipfel des Vaucluse. Obwohl der schon in der Römerzeit begonnene und ab dem 18. Jahrhundert florierende Ockerabbau seit 1958 kaum noch betrieben wird, feiert Roussillon weiterhin jährlich um Christi Himmelfahrt ein fröhliches Fest zu Ehren des Ockers.

Entlang dem 1 km langen **Sentier des Ocres** (Ockerpfad, Juli bis Aug. tägl. 9–19.30, Sept.–Juni 9 bis 17 Uhr; 2,50 Euro) kann man alte Ockerbrüche besichtigen; der Weg wird von Informationstafeln flankiert. Nur etwas für Trittsichere, das Terrain ist schwierig!

195 F4

Touristeninformation

Place de la Poste ☎ 04 90 05 60 25; www.roussillon-provence.com Di–Fr 9.30–12, 13.30–18, Mo, Sa 9.30–12, 13.30–17.30 Uhr

54 Fontaine-de-Vaucluse

»Eingeschlossen« am Ende eines engen Tals (*vallis clausa* = abgeschlossenes Tal) liegt Fontaine-de-Vaucluse mit seiner berühmten smaragdfarbenen **Quelle** *(fontaine;* ➤ 143). Man erreicht sie in einem viertelstündigen Spaziergang auf dem Chemin de la Fontaine entlang der Sorgue.

Die Quelle entspringt unter einer steilen Wand in einer höhlenartigen Klamm und ihr Wasser ergießt sich, meist sprühend, um Baum und Fels in einen stillen, tiefen Tümpel – ein beinahe verwunschener Ort. Es handelt sich um eine der größten und ergiebigsten natürlichen Quellen der Welt. Unterirdisch erstreckt sich ein ganzes Labyrinth von Wasserläufen, dem

Der Mont Ventoux ist der höchste Gipfel zwischen Alpen und Pyrenäen

jährlich bis zu 630 Millionen Kubikmeter entströmen: durch das enge Tal bis zur Mündung in die Sorgue. Am gewaltigsten tosen die Wellen im Frühjahr: im März und April.

Weitere Touristenattraktionen von Fontaine sind eine alte **Papiermühle** und das kleine Museum zu Ehren des italienischen Dichters **Francesco Petrarca** (1304–74), der hier, unter dem Eindruck der einsamen Wildnis des Tales, den Großteil seiner Sonette verfasste. Er stammte aus Arezzo und hatte sich für eine Zeitlang in Avignon niedergelassen.

195 E4

Touristeninformation
Chemin de la Fontaine 04 90 20 32 22; www.oti-delasorgue.fr Di–Sa 9.30–12.30, und 13.30–17.30 Uhr Parken im Dorf 4 € pro Tag

Moulin à Papier Vallis Clausa
Chemin de Gouffre 04 90 20 34 14; www.moulin-vallisclausa.com Hochsommer tägl. 9–19.30, sonst 10–12.30, 14–18 Uhr frei

Musée Pétrarque
Linkes Ufer der Sorgue
04 90 20 37 20 April–Okt. Mi bis Mo 10–12, 14–18 Uhr 3,50 €

55 Mont Ventoux

Über der Ebene des Vaucluse erhebt sich fast 2000 m hoch der Solitär des Mont Ventoux. Angeblich war Francesco Petrarca der Erste, der im Jahr 1336 seinen Gipfel bezwang.

Wer den fünfstündigen Aufstieg angehen möchte, erkundigt sich am besten bei den Touristeninformationen von **Bedoin** (Tel. 04 90 65 63 95) oder **Malaucène** (Tel. 04 90 65 22 59) nach Touren und Beschaffenheit. Sie bieten sogar Nachtexkursionen an. Dann hat man jedoch erst nach Sonnenaufgang den wunderbaren Rundblick auf Alpen, Rhône-Tal, Vaucluse-Hochebene und Mittelmeer. Warme Kleidung ist selbst im Sommer unerlässlich. Der Gipfel aus nacktem Kalkstein ist von aller Vegetation entblößt durch den eisigen Hauch des Mistral, der bis zu 160 km/h

Die Erosion hat zauberhafte Formen in den Ockerbrüchen von Rustrel geschaffen

stark bläst. Den größten Teil des Jahres ist er schneebedeckt: ein beliebtes Skigebiet.

195 F5

Mont Ventoux Information

Chalet d'Accueil du Mont Ventoux 04 90 63 42 02; www.stationdumontserein.com

56 Dentelles de Montmirail

Zu Füßen der waldigen Gipfel dieses kleinen Gebirgszuges im Norden des Vaucluse wachsen die Rotweine der Côtes du Rhône, in Ortschaften mit klingenden Namen wie **Gigondas.** Dort werden einige der besten Tropfen der ganzen Gegend gekeltert, vor allem aus der tiefroten Grenache-Traube.

Andere bedeutende Weinorte der Gegend sind **Vacqueyras** und **Beaumes-de-Venise,** wo, von majestätischen Felsen umschlossen, süße, goldfarbene Elixiere aus Muskattrauben entstehen. Probieren kann man sie auf dem alljährlichen Weintest oder in der Cave des Vignerons (Winzerkeller) – und dazu ein Häppchen Ziegenkäse genießen. **Séguret,** ein anderes hübsches Dorf der Region, ist nicht für seinen Wein bekannt, sondern für Trockenblumen und Krippenfiguren *(santons).*

195 E5

Touristeninformation Gigondas

Rue du Portail 04 90 65 85 46; www.gigondas-dm.fr

Touristeninformation Beaumes-de-Venise

Maison des Dentelles, Place du Marché 04 90 62 94 39; www.ot-beaumesdevenise.com

Mo–Sa 9–12, 14–18/19 Uhr

Wohin zum ...
Übernachten?

Preise
für ein Doppelzimmer pro Nacht:
€ unter 100 Euro €€ 100–200 Euro €€€ über 200 Euro

APT

Le Couvent €€
Hübsche *maison d'hôtes* in einem ehemaligen Konvent des 17. Jh.s. Mit Sonnenterrasse und Pool ist Le Couvent in einer ruhigen Gegend der Altstadt gelegen. Geräumige, elegant-moderne Zimmer mit hohen Decken und komfortablen Bädern; außerdem riesiges Drei-Bett-Zimmer unterm Dach und eines mit vier Betten für Familien. Ein ideales Refugium für Touren in den Luberon.
196 A3 36, Rue Louis Rousset 04 90 04 55 36; www.loucouvent.com ganzjährig

AVIGNON

Auberge de Cassagne €€€
Reizendes 4-Sterne-Hotel nur fünf Autominuten außerhalb von Avignon, geschmackvoll gestaltet und mit allem Komfort. Großzügige Zimmer im provenzalischen Stil mit luxuriösen Bädern, Satelliten-TV und Mini-Bar. In einem schönen Park gelegen mit Outdoor- und Indoor-Pool. Restaurant mit Terrasse.
195 D4 450, allée de Cassagne, Le Pontet 04 90 31 04 18; www.aubergedecassagne.com im Jan. geschl.

Camping de Bagatelle €
Schön gelegener, großer Campingplatz im Grünen. Er befindet sich auf der mit Avignon durch eine Brücke verbundenen Rhône-Insel Île de la Barthelasse; mit Zulassung für Zelte und Caravans. Lebensmittelladen, Bars, Restaurant, Pool, Fahrradverleih und Kinderspielplatz. Jugendherberge nebenan. Gebühren pro Zwei-Mann-Zelt ca. 22 Euro, pro Caravan ca. 25 Euro.
195 D4 Île de la Barthelasse 04 90 86 30 39; www.campingbagatelle.com ganzjährig

La Ferme €
Altes Bauernhaus auf der Île de la Barthelasse, die einst Jagdrevier war und nun ein angesagter Platz für Spaziergänge und Picknick ist.
195 D4 Chemin des Bois, Île de la Barthelasse 04 90 82 57 53; www.hotel-laferme.com Nov.–Mitte März geschl.

Hôtel d'Europe €€€
Die ehemalige Residenz des Marquis von Graveson aus dem Jahre 1580 wurde 1799 in ein luxuriöses Hotel umgewidmet, in dem schon Napoléon Bonaparte, Pablo Picasso und Salvador Dalí logierten. Stilvolles Ambiente mit Antiquitäten, Kandelabern und Perserteppichen. Die 41 Zimmer und 3 Suiten haben Schallschutzfenster und teilweise Terrassen mit wundervollem Blick über Avignon. Restaurant und Parkplatz sind vorhanden.
204 B4 12, place Crillon 04 90 14 76 76; www.heurope.com ganzjährig

La Mirande €€€
Elegantes 4-Sterne-Haus im mittelalterlichen Kardinalspalais, an einem ruhigen Platz im Schatten des Papstpalastes und innerhalb der ehemaligen Stadtmauern gelegen. Sorgsam renoviert, eingerichtet mit Antiquitäten und Gemälden. Luxuriöse Zimmer mit schönen Marmorbädern, die meisten mit Blick über

Platz oder Park mit dem Palast als Kulisse. Exzellentes Restaurant (mit Terrasse), Candlelight-Bar, Teesalon und Garten.

204 C4 4, place de la Mirande 04 90 14 20 20; www.la-mirande.fr ganzjährig

BUOUX

Auberge des Seguins €

Die Familie Pessemesse betreibt seit über 50 Jahren den Gasthof, rund 8 km südlich von Apt. Himmlische Ruhe erwartet den Gast. 27 Zimmer und ein Schlafsaal, Restaurant (€) und Schwimmbad stehen zur Verfügung. Wer mag, kann hier Kurse in Französisch buchen.

196 A2 Buoux Tel. 04 90 74 16 37; www.aubergedesseguins.com März–Mitte Nov.

GORDES

Le Mas de la Beaume €€

Altes Bauernhaus *(mas)* oberhalb des Ortes, liebevoll ausgestattet mit Blumenkörben, verzierten Lampenschirmen und viel poliertem Holz. Fünf sehr geschmackvoll in traditionellem Stil eingerichtete Zimmer. Malerisch angelegter Garten mit Pool und Terrasse, wo man herrlich und opulent frühstückt; die Marmelade ist hausgemacht.

195 F4 84220 Gordes Village 04 90 72 02 96; www.labeaume.com

LOURMARIN

Le Glacier €€

34 liebevoll eingerichtete, aber einfache Zimmer verbergen sich hinter der rosafarbenen Fassade des Hotels, das eine Familie seit vier Generationen führt. Vom Zimmer der »Catégorie économique« blickt man über die Dächer der Stadt, großzügiger gestaltet sind die Räume der Kategorien Executive und Supérieure.

196 A2 46, cours Aristide Briand 04 90 34 02 01; www.le-glacier.com Ende Dez. bis Anfang Jan. geschl.

Le Moulin de Lourmarin €€

In einer Ölmühle aus dem 18. Jh. und mitten im Dorf gelegen. Es gibt 20 komfortable, provenzalisch eingerichtete Zimmer (darunter 2 Suiten) und ein ordentliches Restaurant. Garten und Terrasse gehören zum Haus.

196 A2 Rue du Temple 04 90 68 06 69; www.moulindelourmarin.com Jan. geschl.

ROUSSILLON

Le Clos de la Glycine €€

Pastellfarbene, gekalkte Balken und provenzalische Möbel schaffen eine distinguiert elegante und zugleich sommerliche Atmosphäre in dem kleinen Hotel im Zentrum von Roussillon. Herrlicher Blick auf die Ockerbrüche von dem mit Michelin-Stern ausgezeichneten Restaurant. Von den Zimmern Ausblick ins Tal, Dorf oder auf die Felsen. Ein Apartment hat Terrasse und Panoramablick.

196 A3 Place de la Poste 04 90 05 60 13; www.luberon-hotel.com

VAISON-LA-ROMAINE

Hostellerie Le Beffroi €–€€

3-Sterne-Hotel in einem Herrenhaus aus dem 16. und Erweiterungsbau aus dem 18. Jh. mit viel Lokalkolorit: Deckenbalken, Fliesenböden, schönes Mobiliar. Die 22 komfortablen Zimmer verfügen über Bad/Dusche, Satelliten-TV und Mini-Bar. Einige haben einen herrlichen Blick über das Städtchen, andere in den Garten, auf dessen Terrasse man auch frühstücken kann. Im Restaurant zaubert man Originelles aus saisonalen einheimischen Produkten, zu denen die Weine der Côtes du Ventoux und Côtes du Rhône ausgezeichnet passen. Swimmingpool und Parkmöglichkeit (gegen Gebühr).

195 E5 Rue de l'Evêché, Cité Médiévale 04 90 36 04 71; www.le-beffroi.com Feb.–März geschl.

Wohin zum ...
Essen und Trinken?

Preise
für ein Drei-Gänge-Menü ohne Getränke:
€ unter 25 Euro **€€** 25–50 Euro **€€€** über 50 Euro

APT

Le Platane €–€€
Das Restaurant hat die Charta für die Berücksichtigung natürlicher Kost und regionaler Küche unterschrieben. Platanen spenden auf der kleinen, erhöht gelegenen Terrasse Schatten.

196 A3 25, place Jules Ferry 04 90 04 74 36 So/Mo geschl.

AVIGNON

Au Tout Petit €–€€
Das Restaurant hat sich der kreativen Küche mit frischen Produkten aus der Region verschrieben. Es liegt in der Nähe der Markthalle von Avignon und damit mitten im historischen Zentrum der Stadt. Bei Einheimischen ist der günstige Mittagstisch (12 Euro) beliebt, der ein Hauptgericht samt Dessert einschließt.

205 D3 4, Rue d'Amphou 04 90 82 38 86; www.autoutpetit.fr So, Mo sowie zwei Wochen Ende Aug. geschl.

Christian Étienne €€€
Wenn auch nicht gerade preiswert, so ist das Essen doch von exzellenter Qualität. Es wird in dem prächtigen Ambiente eines Palais aus dem 14. Jh. serviert, zu dem schöne Fresken gehören. Von der Terrasse hat man einen wunderbaren Blick auf den Papstpalast. Viele Gerichte mit Trüffeln sind auf der Speisekarte, aber auch Hummer.

204 C4 10, Rue de Mons 04 90 86 16 50; www.christian-etienne.fr Di–Sa 12–13.15, 19.30–21.15 Uhr

BONNIEUX

Le Pont Julien €€
Traditionelles provenzalisches Haus im Herzen des Parc Régional du Luberon. Gäste schätzen die unprätentiöse, hübsche Ausstattung, zu der Lampen und Gemälde beitragen. In den beiden Speiseräumen oder auf der Terrasse genießt man z. B. Schnecken am Spieß in Knoblauchbutter, Enten-Confit auf Apfelsauerkraut oder *pot au feu* vom Lamm mit Ravioli – alles weitgehend aus regionaler Quelle. Es empfiehlt sich, hier mindestens zwei Tage im Voraus zu reservieren!

196 A2 N100 04 90 74 48 44; www.lepontjulien.com 12–13.45, 19.45 bis 20.45 Uhr, Mo abends, Di. geschl.

CAVAILLON

Prévot €€€
In dem aparten Speisezimmer serviert Chefkoch Jean-Jacques Prévot ebensolche Köstlichkeiten: darunter Hase in Rotwein und Gänseleberersauce, ein Menü aus Spezialitäten des Luberon und leckere Desserts mit Cavaillon-Melone – die klangvolle Namen wie »Sur le Nil« tragen.

195 E3 353, Avenue Verdun 04 90 71 32 43; www.restaurant-prevot.com So, Mo geschl.

CHÂTEAUNEUF-DU-PAPE

La Mère Germaine €–€€
Eines der beliebtesten Restaurants am Ort, nicht zuletzt wegen des Ausblicks: Vom Innenraum schaut

man weit über die Weingärten. Auf der Weinkarte sind dann auch die besten Crus der umliegenden Appellationen vertreten. Eine spezielle Speisekarte widmet sich der *fête des Mères*.

195 D4 Avenue du Commandant-Lemaître 04 90 83 54 37; www.lameregermaine.fr tägl. mittags und abends

GORDES

Hostellerie Le Phébus €€€

In dem 4-Sterne-Hotel befindet sich das Restaurant von Xavier Mathieu. Hier genießt man anspruchsvolle Spezialitäten wie Seezungenfilet aus der Pfanne in Salzbutter mit Jasmin und Vanille oder Gänseleber nach Bauernart. Je nach Wetterlage empfiehlt sich der gediegene Speiseraum mit rustikalen Deckenbalken oder die große Terrasse mit herrlichem Blick. Im Sommer serviert das Café de la Fontaine mittags preisgünstiges Essen (€–€€) im Garten des Hauses.

195 F4 Route de Murs, Joucas-Gordes 04 90 05 78 83; www.lephebus.com Di bis Do mittags und Mitte Okt. bis Ende April geschl.

Le Mas Tourteron €€€

Südwestlich von Gordes liegt das entzückende Restaurant von Elisabeth Bourgeois in einem hübschen Garten. Sie kocht mit provenzalischer Note, wobei die Kochbuchautorin z. B. Lamm und Kaninchen mit Zutaten wie Honig und Tapenade zubereitet und mit selbst gezogenem Gemüse garniert: frische, schmackhafte saisonale Küche.

195 F4 Chemin de Sainte-Blaise-les-Imberts, 84220 Gordes 04 90 72 00 16; www.mastourteron.com Mo–Sa mittags und Jan.–Feb. geschl.

LOURMARIN

Auberge La Fenière €€€

Reine Sammut gehörte zu den ersten Sterne-Köchinnen in Südfrankreich und hat vor den Toren von Lourmarin ihre Auberge mit luxuriösen Zimmern und hölzernen Jahrmarktswagen, einem Gourmetrestaurant und dem einfacheren Bistro La Cour de Ferme (€€) zu einer guten Adresse gemacht.

196 A2 route de Cadenet 04 90 68 11 79; www.reinesammut.com Nov.–März geschl.

MAUBEC

La Bergerie €–€€

Einfache Spezialitäten der Region, rustikale Küche, aber auch Pizza oder Pasta, dazu eine umfangreiche Karte mit Spitzenweinen der Region. An einem Samstagabend im Monat gibt es ein Livekonzert. Das Dorf liegt unweit von Oppède.

195 E3 75, chemin du Puits de Grandaou 04 90 76 83 95; http://labergerie-maubec.com So geschl.

ORANGE

La Rom'Antique €–€€

Orange ist die Heimatstadt von Cédric Bremond und er betreibt sein Restaurant (mit Terrasse) gleich in der Nähe der Arena. Unter den Spezialitäten, die er anbietet, sind Geflügelgerichte wie das *filet de volaille »en Crémonata«*, aber auch Fischgerichte. Preisgünstiges Mittagsmenü.

195 D5 5, place Sylvain 04 90 51 67 06; www.la-romantique.com Juni–Sept. Sa mittags und Mo geschl., sonst auch So abends geschl.

VAISON-LA-ROMAINE

Bistro Du'O €€

In der Oberstadt auf dem Weg zum Schloss ein modern eingerichteter Saal mit Blick auf die Stadt und sehr gute regionale Küche in origineller Präsentation. Preisgünstiger Mittagstisch (€).

195 E5 Haute-Ville, Rue du Château, 04 90 41 72 90; www.bistroduo.fr Mi/So geschl.

Wohin zum … Einkaufen?

MÄRKTE

Fürs Picknick kann man bestens auf den Märkten von Avignon einkaufen, z. B. in der Markthalle **(Marché des Halles;** Place Pie; Di bis So 6–13.30 Uhr) oder auf dem Sonntagsmarkt **Marché Forain** (Boulevard Limbert, Place des Maraîchers, St-Chamand): Hier gibt es nordafrikanische Gewürze, Gemüse und Früchte. Einer der größten Märkte der Provence findet jeden Freitagmorgen in der Altstadt von **Carpentras** statt. Er ist im Winter der wichtigste Umschlagplatz für Trüffeln.

SOUVENIRS UND GESCHENKE

In Manosque befindet sich der Stammsitz der Firma **L'Occitane** (Fabrikbesichtigung; kleines Museum an der Place Dr. Joubert, www.manosque-tourisme.com), die mittlerweile in ganz Europa mit Shops vertreten ist. Sie steht für umweltschonend hergestellte Kosmetik und provenzalische Mitbringsel.

Die Familie Lincelé produziert seit 1890 echten **Lavendel** und hat neben ihrem **Lavendelmuseum** (276, route de Gordes, D2; www.museedelalavande.com; Mai–Nov. 10–19, sonst 9–12.15, 14–18 Uhr, Jan. geschl., 6,80 Euro, gratis für Kinder unter 15 Jahren) eine Boutique mit Kosmetik, Parfüm und Öl aus echtem Lavendel eingerichtet (www.lechateaudubois.com).

ESSEN UND TRINKEN

Süßmäuler decken sich in Apt mit kandierten Früchten ein, z. B. bei **Kerry Apt Union** (Quartier Salignan, RD 900; www.lesfleurons-apt.com; Mo–Sa 9–12, 14–18 Uhr). Bei **La Bonbonnière** (57, Rue de la Sous-Préfecture, Tel. 04 90 74 12 92; 8.30–12.30, 14.30–19.30 Uhr) läuft einem das Wasser im Mund zusammen angesichts der Geleefrüchte, Florentiner und *calissons*.

Herzhafter geht es in Avignon bei **Les Délices du Luberon** (20, place du Change; www.delices-du-luberon.fr; Mo–Sa 10–19 Uhr) mit Olivenöl, Tapenade (Olivenpaste), Oliven und provenzalischer *rouille* zu. **La Tropézienne** (22, Rue St-Agricole; www.latropezienne.net; Di–So, im Juli tägl.) ist Spezialist für *papalines* (dunkle Schokolade mit Kräuterlikör), kandierte Früchte und *tropéziennes* (Gebäck mit Vanillecreme).

Paula Marty-Chauvin verkauft in ihrer Boutique **Ferme de Gerbaud** (Chemin de Gerbaud, 3 km nördl. von Lourmarin; www.plantes-aromatiques-provence.com; tägl. 14 bis 19 Uhr) in kleinen Säckchen Kräuter der Provence, die sie ohne Zusatz chemischer Stoffe zieht.

Vinadea heißt die Boutique der Winzer von Châteauneuf-du-Pape mit einer riesigen Auswahl an hiesigen Weinen (8, Rue Maréchal Foch; www.vinadea.com; tägl. 10–12, 14 bis 18 Uhr). Rund 150 unabhängige Winzer des Rhône-Tals beschicken den **Palais du Vin** (RN 7, Orange; http://lepalaisduvin.com; Mo–Sa 9–19 Uhr).

BÜCHER & ANTIQUITÄTEN

Wer bei **Camili Books & Tea** in Avignon im Buch blättern möchte, bekommt auch eine Tasse Tee (155, Rue Carreterie; www.camili-booksandtea.com; Di–Sa 9.30–12.30, 14 bis 18.30 Uhr). Im **Antiquitäten-Zentrum L'Île aux Brocantes** (Passage du Pont, 7, Avenue des 4 otages, Isle-sur-la-Sorgue; www.lileauxbrocantes.com; Fr 14–19, Sa 9–19, So/Mo 10–19 Uhr) präsentieren rund 40 Händler ihre Fundstücke. Das Restaurant La Marmite

Wohin zum … Ausgehen?

BARS, CLUBS UND CASINOS

Absolut hip ist in Avignon das **Opéra Café,** ein schickes modernes Bar-Restaurant am belebtesten Platz der Stadt; jeden Abend mit DJ (24, place de l'Horloge, Tel. 04 90 86 17 43; www.operacafe-avignon.fr; 10–1.30, im Juli bis 3 Uhr).

Im Restaurant **Le Zinzolin** (22, Rue des Teinturiers, Avignon, Tel. 04 90 82 41 55; www.lezinzolin.fr) findet jeden Donnerstagabend ein Livekonzert statt. Kabarett und Konzerte veranstaltet **Le Rouge Gorge** (10 bis, Rue Peyrolerie, Tel. 04 90 14 02 54; www.lerougegorge.fr) regelmäßig in einer ehemaligen Druckerei nahe dem Papstpalast. Außerhalb des Sommers trifft sich die Szene der Stadt im Bistro **La Manutention** des Utopia-Kinos (4, Rue des Escaliers/Rue Sainte-Anne), wo regelmäßig Konzerte veranstaltet werden.

THEATER UND MUSIK

Das **Théâtre des Doms** (1 bis, Rue des Escaliers Ste-Anne, Tel. 04 90 14 07 99; www.lesdoms.be) ist das Aushängeschild belgischer Kultur in Avignon mit Theater, Konzerten und Festivals. Konzerte des Orchestre Lyrique de Région Avignon-Provence und Ballettabende finden im **Opéra Théâtre d'Avignon** (Place de l'Horloge; www.operatheatredavignon.fr; Auskunft 11–18 Uhr; Karten Tel. 04 90 82 81 40) statt.

Rund um das offizielle **Theater-Festival von Avignon** (► 150) ist das **Off** (www.avignonleoff.com) ein Podium für Ensembles aus der ganzen Welt. Zu Hunderten reisen die Künstler an und nehmen im Juli praktisch die ganze Stadt in Beschlag. Auf Minibühnen und auf Plätzen zeigen sie in Avignon ihre Kunst.

Ab Mitte Juli findet in Orange das berühmte Festival **Chorégies** statt, mit beeindruckenden Opernaufführungen im **Théâtre Antique** (Tel. 04 90 34 24 24; www.choregies.fr). Dann steht beispielsweise »Nabucco« auf dem Programm; man widmet sich aber auch Gesangsformen wie dem Belcanto.

SPORT UND FREIZEIT

Auf der Île de la Barthelasse in Avignon kann man im Schwimmbad **Piscine La Palmeraie** (135, allée Antoine Pinay, Tel. 04 90 82 54 25; www.piscine-avignon.net; Juni, Juli, Aug. tägl. 10–20 Uhr; 10 €) im Freien seine Runden drehen – in einem Becken, das olympische Beckenmaße hat.

16 computergesteuerte Bahnen findet man im **Bowling** vor (Avenue Paul-Claudel, Tel. 04 90 88 50 11, 15–2, Fr–Sa bis 4 Uhr, kleine Snacks). Schlittschuhe leihen kann man im Stadion des Eishockeyteams *Castors* (Biber), dem **Patinoire d'Avignon** (2483, chemin de l'Amandier, Tel. 04 90 88 54 32; www.patinoire-avignon.com; Anfang Sept.–Mitte Mai Mo–Fr 9.30 bis 12, 14.30–17.30, Fr auch 21 bis 23.30, Sa 14.30–17.30, 21 bis 23.30, So 15–18 Uhr; 9,50 €).

Mit dem **Heißluftballon** über dem Luberon zu schweben, ermöglicht das Unternehmen Montgolfière Luberon Vol-Terre (Hameau des Goubauds, Saint Saturnin d'Apt, Tel. 06 03 54 10 92; www.montgolfiere-luberon.com; 230 € pro Person).

Für **Radtouren im Luberon** ist ADT Vaucluse Tourisme (12, Rue Collège de la Croix, Avignon, Tel. 04 90 80 47 00; www.provence-a-velo.fr; 9–12.30, 14–17 Uhr) der erste Ansprechpartner. Interessenten erhalten hier nicht nur Tourenvorschläge, sondern auch Tipps für die Übernachtung.

Spaziergänge & Touren

1 IM HERZEN DER PROVENCE

Tour

LÄNGE: 135 km
DAUER: Nehmen Sie sich einen ganzen Tag Zeit
START/ZIEL: Aix-en-Provence 200 B4

Von Aix-en-Provence geht es zur Montagne Ste-Victoire, dann südwärts zum Massif de la Ste-Baume. Zuweilen sind die Straßen eng und steil, doch handelt es sich um eine interessante Tour.

1–2

Verlassen Sie **Aix-en-Provence** (➤ 101) auf der **D10** Richtung St-Marc-Jaumegarde und Vauvenargues, wo Sie nach rund 7 km auf den **Barrage de Bimont** stoßen. Der Stausee versorgt die umliegenden Gemeinden mit Trinkwasser.

2–3

Weiter geht es auf der **D10** zum hübschen Dorf **Vauvenargues** mit seinem **Château** aus der Renaissance, das Pablo Picasso 1958 erwarb. Dort lebte er mit seiner Frau Jacqueline Roque zwar nur bis 1961, dennoch befindet sich sein Grab auf dem Gelände (Picasso verstarb 1973). Park und Schloss sind der Öffentlichkeit nicht zugänglich. Folgen Sie weiter der **D10** durchs Dorf (einzige Straße). Danach führt sie, nun mit **Jouques/Rians** beschildert, am Nordhang der Montagne Ste-Victoire entlang.

3–4

Sie halten sich auf der **D10** kurz rechts Richtung Rians. Die Straße mit schönen Ausblicken wird nun schmaler und führt bergauf. Fahren Sie an der nächsten Kreuzung links, Sie gelangen auf die **D23** Richtung Rians. Folgen Sie ihr bis zur Gabelung mit der D3 und nehmen Sie dort die Abzweigung nach **Ollières** und **St-Maximin-la-Ste-Baume.** Bei der Anfahrt nach **St-Maximin** halten Sie sich an der Ampel links, dann rechts und wieder links zur Ortsdurchfahrt. Die **Basilika** hier ist einer der schönsten romanischen Bauten der Provence.

4–5

Biegen Sie am Kreisverkehr auf die **N560** in Richtung **Nans-les-Pins** ab, dann nach 100 m an der Ampel links. Über die nächsten Kreuzungen geht es geradewegs auf die **D64** Richtung **Mazaugues.** Fahren Sie weiter bis zur **D1** und biegen Sie rechts nach **Rougiers** ab. Dann geht es links Richtung *Rougiers Centre* und wieder links beim Café/Tabac an der Rue Ste-Anne. So kommen Sie hinauf zu **Burgruine** und **Kirche.** Sie müssen sich scharf links halten; durch die Schranke (manchmal geschlossen wegen Waldbrandgefahr) gelangen Sie weiter ins Tal. An der Kreuzung nach der Hügelkuppe biegen Sie rechts ab auf die **D95.** (Es ist nur die Rückseite des Schildes zu sehen; Sie sollten besser checken, dass es auf der »falschen« Seite nach Plan-d'Aups geht.)

An der nächsten Gabelung fahren Sie links auf die **D80** (Richtung Plan d'Aups) bis zur **Hôtellerie** in **La Ste-Baume**, einer mittelalterlichen, im 19. Jh. restaurierten Pilgerherberge der Dominikaner (heute geistliches Studienzentrum). Weiter geht es auf der D80 durch **Plan-d'Aups.** Folgen Sie nach dem

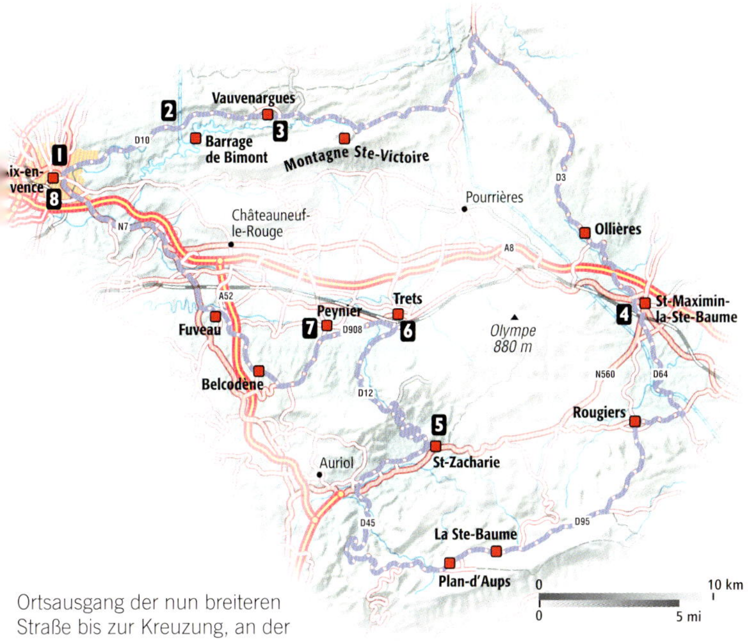

Ortsausgang der nun breiteren Straße bis zur Kreuzung, an der Sie nach rechts Richtung Auriol abbiegen.

So kommen Sie auf die **D45,** die in langen, teils engen Kurven hinabführt. Am Kreisverkehr nehmen Sie die D560 und an der ersten Abfahrt folgen Sie **St-Zacharie.**

5–6

Biegen Sie im Ort links auf die **D85** Richtung **Trets/Col du Petit Galibier** ab. Als D12 führt sie später zu schönen Ausblicken hoch und nach **Trets,** wo man Reste der mittelalterlichen Stadtmauern sowie Turm, Burg und Kirche aus dem 14./15. Jh. bewundern kann.

6–7

Bei der Anfahrt nach **Trets** halten Sie sich im Kreisverkehr links und fahren gerade über den nächsten kleinen Kreisverkehr, an der nächsten Kreuzung links und zu einem Kreisverkehr mit Olivenbäumen. Dort geht es links auf der **D908** Richtung **Peynier** mit einer schönen romanischen Kirche.

7–8

Verlassen Sie Peynier Richtung Süden und fahren Sie die bewaldeten Hügel hinauf.

Nach 4 km geht es rechts auf die **D46C** nach **Belcodène,** wo Sie sich Richtung **Fuveau** orientieren; an der nächsten Gabelung rechts auf die Autoroute und nach Fuveau. Dort links, dann rechts zum Hauptplatz und direkt danach die erste Straße links Richtung **Aix-en-Provence/ Gardanne**. Am Kreisverkehr (mit Brunnen) biegen Sie auf die **D46** Richtung **Aix,** und halten sich rechts. Später geht es auf der **N7** zurück nach Aix.

KLEINE PAUSE

In **St-Maximin-la-Ste-Baume** stehen zahlreiche Restaurants und Brasserien für eine Rast zur Wahl.

2 CAMARGUE

Tour

LÄNGE: 95 km
DAUER: Nehmen Sie sich einen ganzen Tag Zeit
START/ZIEL: Arles 194 C2

Die Camargue (► 120), eines der wichtigsten Feuchtgebiete Europas, ist auch das bedeutendste Reservat für Wildtiere in der Provence – für weiße Pferde, Stiere, Flamingos und seltene Vogelarten.

1–2
Fahren Sie von **Arles** in Richtung Grand Rhône. Folgen Sie der **D570** Richtung Stes-Maries-de-la-Mer bis **Albaron.** Reste der einst stolzen Festung (13. Jh.) sind noch erhalten. Von hier geht es auf der **D37** nach Méjanes.

2–3
Méjanes ist ein kleines Seebad mit Schmalspurbahn, Stierkampfarena und der Möglichkeit, auf Pony oder Pferd zu reiten. Die **D37** führt weiter und am Étang de Vaccarès entlang.

Restaurant de Méjanes
Domaine de Méjanes, an der D37, 4 km südlich von Albaron 04 90 97 10 51 tägl. mittags, abends nach Reservierung

3–4
Der **Étang de Vaccarès** (► 121), die größte Lagune der Camargue, ist Teil des Naturparks **Parc Naturel Régional de Camargue** und hat ein Besucherzentrum in La Capelière. Halten Sie hier unterwegs an den Ausweichstellen an, wo Ihnen der typische Moorgeruch, eine Mischung aus Pflanzen, Salz und Fäulnis, in die Nase steigt. Halten Sie sich in Villeneuve südwärts

Platanenallee bei Arles

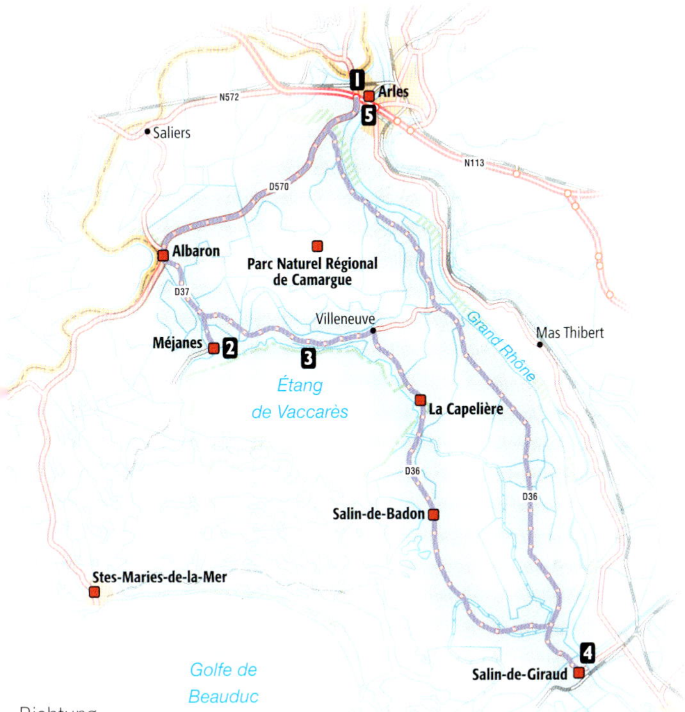

Richtung **La Capelière.** Geben Sie acht, dort verpasst man leicht die Zufahrt zum **Besucherzentrum:** Sie sollten sich an den Schildern orientieren und dann links abbiegen. Wanderwege von hier aus sind gekennzeichnet, der 1,5 km lange Rundweg um das Zentrum ist als Lehrpfad zu Flora und Fauna angelegt. Fahren Sie weiter über **Salin-de-Badon** (ein Paradies für Vögel) nach Salin-de-Giraud.

4–5

Salin-de-Giraud ist die bekannteste Salinenstadt der Region. Über ihren Alleen erhebt sich die Silhouette der Solvay-Raffinerie. Durch den Zaun kann man aufgehäuftes, glitzerndes Salz erspähen. Nun durchquert man auf der **D36** Richtung Norden das Marschland bis zum Westufer der trägen Grand Rhône. Schließlich geht es auf der **D570** noch in Richtung Nordosten und zurück nach Arles.

TIERE DER CAMARGUE

Die Camargue ist Heimat unzähliger Vogelarten, darunter sind Enten, Watvögel und Gänse. Die seichten Lagunen bieten ideale Nahrung für Schwäne, Säbelschnäbler und Silberreiher, während die Süßwassersümpfe mit ihren Schilfgürteln Fischreihern, Wildenten, Moor- und Blesshühnern als Nistplatz und Ort für die Nahrungssuche dienen. Am eindrucksvollsten aber ist der Anblick der rosafarbenen Flamingos.

3 VAISON-LA-ROMAINE

Spaziergang

LÄNGE: 3,5 km **ZEIT:** 1½ Stunden
START/ZIEL: Zentraler Parkplatz an der Avenue Général-de-Gaulle
195 E5

In Vaison-la-Romaine (► 161) an der Ouvèze begegnet man Antike, Mittelalter und Moderne. Ihr Weg ähnelt einer kleinen Zeitreise und führt über eine römische Brücke, durch den Torbogen der Oberstadt und zur Kathedrale aus dem 12. Jahrhundert.

Dieser Spaziergang ist zu jeder Jahreszeit möglich. An klaren Tagen schaut man von der Burgruine bis zum Mont Ventoux (► 167).

1–2

Parken Sie auf dem zentralen Parkplatz bei den Ausgrabungsstätten an der **Avenue Général-de-Gaulle.** Von hier geht es durch den modernen Ortsteil zur römischen Brücke **(Pont Romain)**, die die Ouvèze überspannt. Der Fluss führt häufig Hochwasser.

2–3

Die Straße jenseits der Brücke führt hinauf in die **Oberstadt (Haute Ville)**, ein schmuckes, nahezu unversehrtes mittelalterliches Architekturensemble, das man durch einen **Torbogen** (Relikt der Stadtmauer) betritt. Biegen Sie hier scharf links in die schmale **Rue de l'Horloge** und folgen Sie ihr hinauf zum namengebenden **Uhrturm.**

Wenn Sie sich nun nach rechts wenden und dann links um den Turm herumgehen, gelangen Sie an einer Einmündung auf die **Rue de l'Église** mit Beschilderung Richtung Burg **(Château)**. Links bei der Kirche liegt ein Aussichtspunkt. Gehen Sie an der Kirche vorbei hinauf zum Plan Pascal und dort

Die mittelalterliche Oberstadt von Vaison erhebt sich auf einem Hügel über der Ouvèze

Statue der Kaiserin Sabina, Gattin Hadrians, Archäologisches Museum von Vaison

noch ein paar Stufen hoch zur **Rue de la Charité,** die in einen Fußpfad mündet. Halten Sie sich jetzt am Ende der Mauer links, dann haben Sie nur noch einen kurzen Aufstieg zur Burgruine.

3–4
Von der **Burg** (Château; nicht öffentlich zugänglich) hat man einen herrlichen Blick auf Unterstadt und Ausgrabungsstätten. Begeben Sie sich nun wieder zur Mauer und durchqueren Sie (nach zwei Schlenkern rechts und links) den Torbogen. Über roh behauene Stufen gelangen Sie zu einem schönen Platz mit Brunnen und dem **Hôtel de Prévôt** hinab.

Linker Hand erreichen Sie nun die **Rue des Fours,** eine der hübschesten Straßen vor Ort. Gehen Sie geradeaus, bis rechts die Rue Soubeiranne abzweigt, dort später links und wieder rechts auf die Promenade des Consuls. Von hier nehmen Sie die Stufen hinab zur **Rue du Château.** Folgen Sie der Straße links bis zur Einmündung in die Hauptstraße. Dort halten Sie sich rechts und gehen auf dem **Pont Neuf** über die Ouvèze zurück. Die erste Straße rechts führt Sie auf die Avenue Jules Ferry und links kommen Sie dann zur Kathedrale.

4–5
In der **Cathédrale Notre-Dame de Nazareth** aus dem 12. Jh. befindet sich hinter dem Altar ein Bischofsthron, an der Nordseite des Gebäudes eine schöne Klosteranlage. Kehren Sie nun zur **Avenue Jules Ferry** zurück, wo Sie nach 500 m wieder auf die **Avenue Général-de-Gaulle** und zum Eingang der Ausgrabungsstätte **Puymin** kommen.

5–6
Unter den **römischen Ruinen** sind hier besonders die Villen und ein Theater mit rund 6000 Sitzplätzen faszinierend, im **Quartier de la Villasse** auf der anderen Straßenseite

die Relikte der Badeanlage. Und damit sind Sie eigentlich schon fast wieder am Parkplatz!

KLEINE PAUSE
Cafés und Restaurants finden Sie reichlich auf und rings um **Grande Rue** und **Place Chanoine-Sautel** nahe den Ausgrabungsstätten.

4 GORGES DU VERDON

Tour mit Spaziergängen

LÄNGE: 137 km
ZEIT: Ein ganzer Tag (ohne Spaziergänge)
START/ZIEL: Castellane 198 A2

Eine fantastische Sicht auf die Gorges du Verdon (▶ 78) erwartet Sie bei der Fahrt von Castellane zum Lac de Ste-Croix. Nach einer Pause in Moustiers-Ste-Marie fahren Sie am Südufer der Schlucht zurück, dies ist weniger abenteuerlich, doch ebenso spektakulär vom Panorama her.

1–2

Verlassen Sie **Castellane** (Ausgangspunkt für Wanderer) im Kreisverkehr am **Grand Hôtel du Levant** Richtung **Moustiers-Ste-Marie** über die **D952.** Die Straße gabelt sich am **Pont de Soleils,** wo Sie auf der Rückfahrt wieder nach Castellane zurückkommen. Halten Sie sich weiterhin rechts auf der **D952** Richtung **Moustiers,** wo Sie bald einen kurzen Tunnel passieren. Unmittelbar danach geht es links ab auf die **D23B** zum **Belvédère du Couloir Samson.** Den Parkplatz dieses Aussichtpunkts am unteren Teil des Tals erreichen Sie über eine kurze Stichstraße.

Unterwegs sollten Sie sich Zeit nehmen, bei einem Pétanque-Spiel zuzuschauen

2–3

Von hier können Sie ein Stück der siebenstündigen **Wanderung** auf den Gipfel **La Maline** (1460 m) zurücklegen, wofür allerdings (wie auf Schildern vermerkt) entsprechende Ausrüstung erforderlich ist sowie Wachsamkeit wegen des mitunter blitzschnell steigenden Wasserpegels. Fahren Sie nun wieder zurück auf die **D952,** der Sie nach links bis **Rougon** folgen. Dort halten Sie sich wieder links und erreichen nach 1 km **La Palud-sur-Verdon.** Dort finden Sie linker Hand den Wegweiser zur **Route des Crêtes**.

3–4

Von dieser **Panoramastraße**, die nördlich und teils hoch an der Schlucht entlangführt, genießt man atemberaubende Ausblicke, vor allem an den *Belvédères*. Sollte die Straße im Winter wegen des Schnees geschlossen sein, warnen Schilder mit *fermé* (geschlossen). In diesem Fall geht es weiter mit Punkt 4–5.

Andernfalls fahren Sie nun zum **Pas de la Baou** (1285 m), 715 m über dem Fluss. Von hier windet sich die Straße hinab, mit schöner Sicht nach Westen und markanten Haarnadelkurven. Fahren Sie auf dem Rückweg nach **La Palud-sur-Verdon** vorsichtig: Die Straße ist nur gelegentlich durch Leitplanken gesichert, und Sie müssen immer wieder mit Wanderern rechnen.

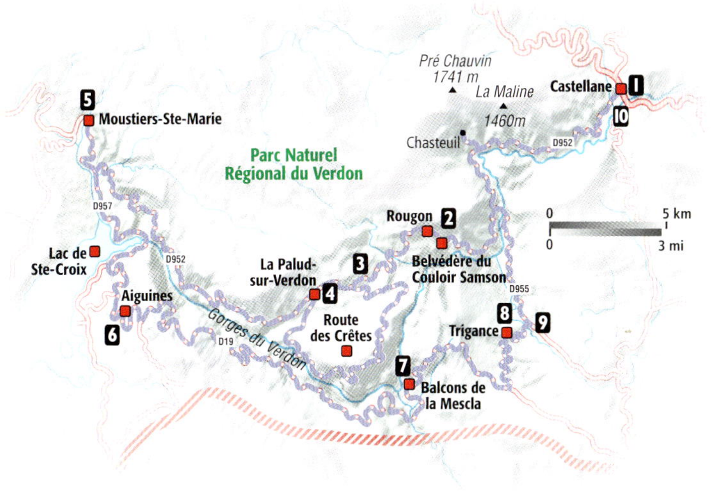

4–**5**
In La Palud kann man **Mountainbikes** leihen oder geführte **Wanderungen** und **Bergtouren** buchen. Im Ausstellungsbereich des in einem Schlösschen untergebrachten Rathauses erfährt man viel über Geologie, Flora und Fauna der Gegend.

Zur Weiterfahrt nehmen Sie die **D952** Richtung Moustiers bis zum Ende des Canyons, wo man einen Blick auf den **Lac de Ste-Croix** hat. Über einen Kreisverkehr geht es nun rechts weiter nach Moustiers-Ste-Marie.

5–**6**
Moustiers-Ste-Marie (➤ 84) ist ein Zentrum der **Fayence**-Herstellung. Es fällt sofort ein silberner Stern ins Auge, der an einer Kette hoch über der Schlucht hängt – der Legende nach die Dankesgabe eines Ritters für die Errettung aus sarazenischer Gefangenschaft.

Um Moustiers zu verlassen, begeben Sie sich zum Kreisverkehr zurück, den Sie gerade auf der **D957** passieren. Sie fahren nun Richtung Aiguines. Auf einer Brücke überqueren Sie die Mündung des Verdon in den See; dort kann man auch Kajaks und Elektroboote für eine Fahrt mieten. Kurz danach zweigt die **D19** nach **Aiguines** ab.

6–**7**
Parken Sie im Ortszentrum von **Aiguines.** Über ein Treppchen gelangen Sie zu einem kleinen Arkadengang mit Kunstgewerbeläden. Eines ist auf Drechselarbeiten spezialisiert, einst Haupterwerbsquelle der Einheimischen.

Ab Aiguines nehmen Sie die **D71** hinauf bis zu einer **Orientierungstafel** (nach 1 km). Schlucht und Aussichtspunkte liegen nun vorwiegend zu Ihrer Linken. Von dem

VORSICHT
Wer eine Wanderung plant, sollte sich zuvor bei den Touristeninformationen in Castellane oder Moustiers-Ste-Marie nach **Weg** und **Wetter** erkundigen. Ratsam ist ferner die Mitnahme von Taschenlampe, Wasser und Proviant.

Das hübsche Bergstädtchen Trigance

schönen Blick sollten Sie sich vor allem in den engen Kurven und kleinen Tunneln (wie dem **Tunnel de Fayet)** beim Fahren nicht ablenken lassen.

Abschließender Höhepunkt ist der Fernblick von den **Balcons de la Mescla.**

7–8
Dort kann man im **Bar-Restaurant** etwas zu sich nehmen und die wunderbare Aussicht genießen. Danach geht es weiter nach **Trigance** (mit Maison de l'Information), dessen Zentrum Sie nach einigen Kilometern erreichen.

8–9
Dort gibt es nette Lädchen, eine Kunstgalerie und die letzte mit Wasserkraft angetriebene **Kornmühle** der Provence, die noch in Betrieb ist. Die über dem Ort thronende Burg ist nicht öffentlich zugänglich. Nach 5 km erreichen Sie auf der Straße, die südwärts aus dem Ort führt, die Touristeninformation. Halten Sie sich an der Abzweigung der **D955** rechts, dann sind Sie nach etwa 500 m am Ziel.

9–10
Die **Touristeninformation** wartet mit ausgezeichneten Erklärungstafeln zur Geologie der Gegend auf. Außerdem kann man hier einheimische Produkte erwerben. Auf der **D955** fahren Sie bis Pont de Soleils, dann rechts auf die **D952** und zurück nach Castellane.

KLEINE PAUSE

Ma Petite Auberge
✉ Boulevard de la République, Castellane ☎ 04 92 83 62 06; www.mapetiteauberge.com 🕓 Sa–Mi 12–14, tägl. 19–21.30 Uhr.

La Treille Muscate
✉ Place de l'Église, Moustiers-Ste-Marie ☎ 04 92 74 64 31 🕓 Mitte Feb. bis Mitte Nov. Mi nachmittags und Do geschl., Juli–Aug., Mi ganztägig.

Praktisches

Praktisches

REISEVORBEREITUNGEN

WICHTIGE PAPIERE

● Erforderlich
○ Empfohlen
▲ Nicht erforderlich

	Deutschland	Österreich	Schweiz
Pass/Personalausweis	●	●	●
Visum	▲	▲	▲
Weiter- und Rückflugticket	▲	▲	▲
Impfungen (Tetanus und Polio)	▲	▲	▲
Krankenversicherung (► 187, Gesundheit)	●	●	●
Reiseversicherung	○	○	○
Führerschein (national)	●	●	●
Kfz-Haftpflichtversicherung (Internationale Grüne Versicherungskarte)	○	○	○

REISEZEIT

Hauptsaison   Nebensaison

JAN	FEB	MÄRZ	APRIL	MAI	JUNI	JULI	AUG	SEPT	OKT	NOV	DEZ
Nebensaison	Nebensaison	Nebensaison	Hauptsaison	Hauptsaison	Hauptsaison	Hauptsaison	Hauptsaison		Nebensaison	Nebensaison	Nebensaison
12°C	12°C	14°C	18°C	21°C	27°C	28°C	28°C	25°C	22°C	17°C	14°C
Bewölkt	Bewölkt	Bewölkt	Sonnig	Sonnig	Sonnig	Sonnig	Sonnig	Sonnig	Sonnig	Regnerisch	Regnerisch

Sonnig   Bewölkt   Regnerisch

Die angegebenen Temperaturen sind das **mittlere Tagesmaximum.** Im Juli und August werden mitunter über 35°C erreicht. Im März beginnt an der Küste mit der Mandel- und Mimosenblüte der Frühling. Ab April kann man in den Straßencafés und auf den Terrassen bei angenehmen Temperaturen draußen sitzen. Im Rhône-Tal kommt es durch die Schneeschmelze öfter zu Überschwemmungen. Die Sommer sind heiß und trocken und die Küsten dann oft überlaufen. Im Herbst, vor allem im September und Oktober, herrscht meist freundliches Wetter, es kann jedoch hin und wieder Gewitter geben. Ab November wird es kalt. Im Dezember kann es in den Hochlagen schneien. Den Winter über bläst von Norden der Mistral durchs Rhône-Tal. Sein Einfluss nimmt entlang der Côte d'Azur nach Osten merklich ab.

INFORMATION VORAB

Websites

- **Atout France (Frz. Fremdenverkehrsamt) www.rendezvousenfrance.com**
- **Alpes-Maritimes: www.guideriviera.com**
- **Marseille und Camargue (Bouches-du-Rhône): www.visitprovence.com**
- **Var: www.tourismevar.com**
- **Haute-Provence: www.alpes-haute-provence.com**
- **Vaucluse: www.provenceguide.com**

ANREISE

Mit dem Flugzeug: Nice-Côte d'Azur und Marseille-Provence sind die größten Flughäfen der Region; Maschinen aus europäischen Nachbarländern landen auch in Toulon-Hyères, Nîmes-Arles-Camargue und Montpellier.
Von Deutschland: Ab Hamburg, Stuttgart, München, Düsseldorf, Frankfurt und Berlin gibt es regelmäßig direkte Charter- oder Linienflüge in die Provence, dazu kommen Verbindungen über Paris. Von Frankfurt am Main nach Nizza fliegt man in knapp 1½ Stunden.
Von Österreich und der Schweiz: Auch von Basel, Genf, Zürich und Wien starten regelmäßig Maschinen nach Südfrankreich.

Mit dem Zug: Die nationale Eisenbahngesellschaft SNCF verkehrt mit Hochgeschwindigkeitszügen (TGV) zwischen Paris (Gare de Lyon) und Marseille (3 Std.) bzw. Nizza (5½ Std.). Eine weitere TGV-Verbindung besteht zwischen Genf über Lyon nach Marseille/Nizza. Eine neue TGV-Linie verläuft von Frankfurt/Main über Karlsruhe und Marseille nach Nizza (www.tgv-europe.de).

Mit dem Auto: Ein durchgehendes, mautpflichtiges Autobahnsystem verbindet die Provence mit den wichtigsten Grenzübergängen nach Deutschland, Österreich und in die Schweiz.

ZEIT

In Frankreich gilt die **Mitteleuropäische Zeit**. Von Ende März bis Ende Oktober werden die Uhren auf die Sommerzeit umgestellt, was einer Stunde vor der natürlichen (Sonnen-)Zeit entspricht.

WÄHRUNG UND GELD

Währung: Die Währungseinheit in Frankreich ist der **Euro** (€).
Für die Schweiz gilt: 1 CHF = 0,82 €, 1 € = 1,22 CHF.
Geld: An den französischen Geldautomaten ***(Bancomat)*** lässt sich mit Bank- und Kreditkarten rund um die Uhr Geld abheben. Gängige Kreditkarten werden von Banken, aber auch von den meisten Hotels, Restaurants, Autovermietern sowie vielen Geschäften akzeptiert. Manche Banken haben samstags bis 12 Uhr geöffnet.
Sperrnummern: Unterschiedliche elektronische Berechtigungen wie Bank- und Kreditkarten, Online-Banking-Zugänge, Handykarten und die elektronische Identitätsfunktion des neuen Personalausweises kann man bei Verlust unter folgenden Notfallnummern unverzüglich sperren lassen:
Deutschland: Tel. 0049 11 61 16; Österreich: Tel. 0043 1 7 17 01 45 00.
Die Schweiz hat keine einheitliche Notfallnummer. Die wichtigsten sind: Tel. 0041 44 6 59 69 00 (Swisscard); 0041 44 8 28 35 01 (UBS Card Center); 0041 044 200 83 83 (VISECA); 0041 44 8 28 32 81 (Postfinance).

FRANZÖSISCHES FREMDENVERKEHRSAMT

In Deutschland:
Atout France
Postfach 100128
60001 Frankfurt am Main
www.rendezvousenfrance.com

In Österreich:
Atout France
☎ 01 5 03 28 92
www.rendezvousenfrance.com

In der Schweiz:
Atout France
☎ 044 2 17 46 00;
www.rendezvousenfrance.com

Praktisches

DAS WICHTIGSTE VOR ORT

FEIERTAGE

1. Januar	Neujahr	Mai/Juni	Pfingstsonntag/ Pfingstmontag
März/April	Ostersonntag/ Ostermontag	14. Juli	Nationalfeiertag
1. Mai	Maifeiertag	15. August	Mariä Himmelfahrt
8. Mai	Ende Zweiter Weltkrieg	1. November	Allerheiligen
		11. November	Volkstrauertag
6. Do nach Ostern	Himmelfahrt	25. Dezember	Weihnachten

An allen oder manchen dieser Tage sind Banken, Museen und viele Läden (außer Bäckereien) geschlossen.

ÖFFNUNGSZEITEN

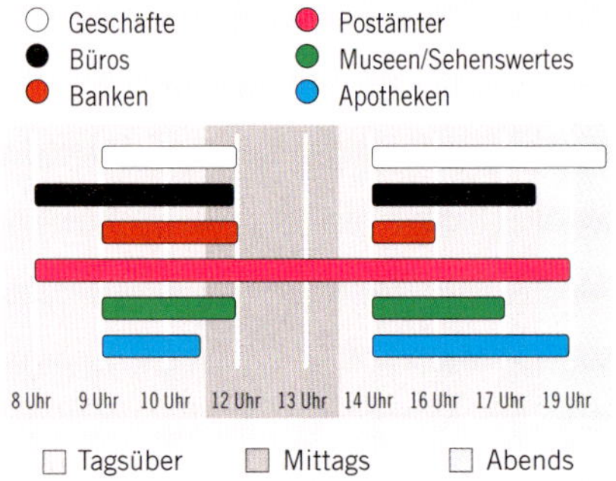

Die **Läden** sind von 9 bis 19 Uhr, die *Hypermarches* oft bis 21/22 Uhr geöffnet. Sonntags und montags sind die meisten geschlossen. Kleine Lebensmittelgeschäfte öffnen oft am Sonntagvormittag.
Banken ► 187.
Museen und Gedenkstätten haben im Sommer längere Öffnungszeiten. Die städtischen Museen sind meist Mo, die staatlichen Di geschl.

TRINKGELD

Alle Restaurant-, Café- und Hotelrechnungen enthalten den gesetzlichen Anteil an Trinkgeld. Dennoch hat niemand etwas gegen eine kleine zusätzliche Summe.

Taxi	0,50–1,50 €
Fremdenführer	0,50–1,50 €
Gepäckträger	0,50–1,50 €
Platzanweiserin	nach Ermessen
Friseur	0,50–1,50 €
Toiletten	nach Ermessen

ELEKTRIZITÄT

Alle Steckdosen bieten 220 Volt Wechselstrom wie in den meisten kontinentaleuropäischen Ländern. Die meisten sind für die üblichen runden Schukostecker ausgestattet. Vereinzelt gibt es auch noch ältere mit drei Eingängen.

ZEITUNTERSCHIED

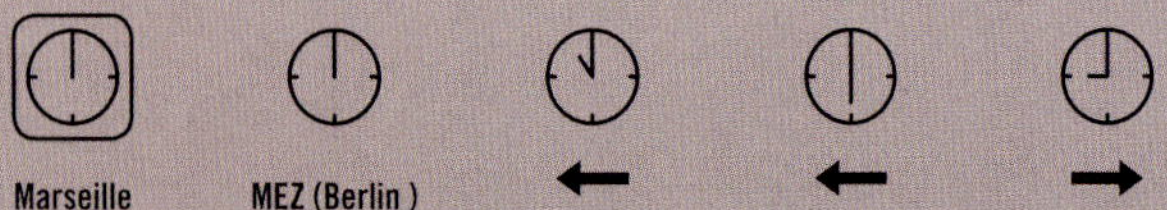

Marseille 12 Uhr	MEZ (Berlin) 12 Uhr	London (GMT) 11 Uhr	New York (EST) 6 Uhr	Sydney (AEST) 21 Uhr

IN KONTAKT BLEIBEN

Post: Postämter sind am gelben oder braunen Schild *La Poste* zu erkennen. Außerhalb der Zentren schließen viele Ämter schon gegen 12 oder 14 Uhr. In den meisten Postämtern gibt es Geldautomaten.

Telefonieren: Alle französischen Telefonnummern sind zehnstellig (Monaco acht Stellen). Es gibt auch in Frankreich immer weniger Telefonzellen, die sich mit einer Telefonkarte *(télécarte)* bedienen lassen. Dafür ist der Gebrauch eines Handys (frz.: *portable)* relativ problemlos.

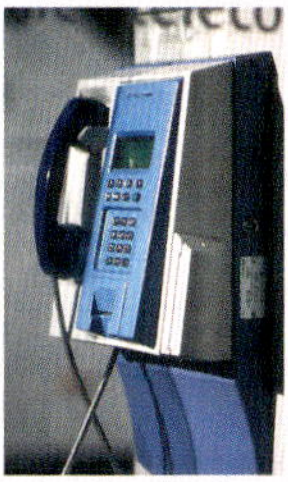

Internationale Vorwahlen:

Deutschland	**00 49**
Österreich	**00 43**
Schweiz	**00 41**
Frankreich	**00 33**

Mobilfunkanbieter: Es lohnt sich, für den Urlaub eine Prepaid-Karte *(carte prépayée)* von einem der vier großen Anbieter SFR (www.sfr.fr), Orange (www.orange.com), Bouygues (www.bouyguestelecom.fr) oder Free (www.free.fr) zu besorgen. Das Telefonieren mit einer deutschen SIM-Card kann mit hohen Roaming-Gebühren verbunden sein, sodass sich der Kauf einer französischen SIM-Card meistens lohnt.

WLAN und Internet: Viele Hotels bieten einen freien Zugang ins Netz an *(WiFi gratuit)*. Insbesondere in Städten stellen Cafés einen Hotspot bereit, den man während des Kaffeetrinkens nutzen kann; zudem kommt man in öffentlichen Bibliotheken günstig oder kostenlos ins Internet. Auch in Postämtern kann man ins Netz gehen: Am Schalter kauft man eine Chipkarte mit einem Guthaben.

SICHERHEIT

In den Städten ist die *Police Municipale* (blaue Uniformen), auf dem Land und in kleineren Gemeinden die Gendarmerie (schwarze Jacken mit einem weißen Gürtel) bzw. die Nationalpolizei zuständig. Monaco hat eine eigene Polizei.
Für die eigene Sicherheit sollten Sie die üblichen Regeln beachten.

- Übernachten Sie nicht auf unbewachten Rastplätzen neben den Straßen.
- Fahrzeuge, vor allem ausländische, sollten immer abgesperrt werden.
- Schützen Sie sich im Gedränge vor Taschendieben.

Polizei:
☎ 17 von jedem Telefon

☎

POLIZEI 17

FEUERWEHR 18

KRANKENWAGEN 15

INTERNATIONALER NOTRUF 112

Praktisches

GESUNDHEIT

Krankenversicherung: Die europäische Krankenversicherungskarte wird von den meisten Ärzten der Provence nicht akzeptiert. Deutsche und österreichische Versicherte müssen die Behandlung bezahlen, bekommen die Auslagen dann nach den Sätzen des Heimatlandes erstattet. Eine Auslandskrankenschutzversicherung lohnt sich also weiterhin.

Zahnarzt: Hier gilt das Gleiche wie für die allgemeinärztlichen Behandlung (s.o. Krankenversicherung).

Wetter: Im Juli und August ist es sonnig und heiß. Achten Sie auf schützende Bekleidung, Sonnencreme, Sonnenbrille, und trinken Sie viel.

Medikamente: Apotheken *(pharmacie)* erkennen Sie an ihrem grünen Kreuz. Das gut ausgebildete Personal bietet neben medizinischen Ratschlägen auch Erste Hilfe. Manche Arzneimittel gibt es nur auf Rezept *(ordonnance)*.

Trinkwasser: Leitungswasser können Sie bedenkenlos trinken, jedoch keinesfalls bei der Aufschrift *eau non potable* (kein Trinkwasser) auf dem Wasserhahn.

ERMÄSSIGUNGEN

Studenten und Schüler: Mit einem Internationalen Studentenausweis (ISIC) bekommen Sie in vielen Einrichtungen, Museen, bei Flugtickets und in manchen Studentenrestaurants Ermäßigungen. Jugendliche sollten sich die *International Youth Travel Card* besorgen, die ähnliche Vergünstigungen verschafft.
Senioren: Reisende über 60 können bis zu 50 Prozent Ermäßigung in Museen, bei öffentlichen Verkehrsmitteln und Veranstaltungen erhalten.
Für Bahnreisen mit der SNCF brauchen Sie eine *Carte Senior* (60 Euro/Jahr), die sich dann nach mehreren Reisen amortisiert.

EINRICHTUNGEN FÜR BEHINDERTE

Hotels mit zwei oder mehr Sternen haben fast immer Aufzüge. Metrostationen mit Lifts sind dagegen selten. RATP und SNCF bieten einen Begleitservice für Gehbehinderte an (Tel. 01 53 11 11 12). Den kostenpflichtigen Service müssen Sie vor der Reise buchen. Infos gibt es bei der Association des Paralysés de France (17, Boulevard Auguste Blanqui, 75013, Paris, Tel. 01 40 78 69 00; www.apf.asso.fr).

KINDER

In den meisten Restaurants und Hotels sind Kinder willkommen. In neueren Museen und Sehenswürdigkeiten gibt es Wickelräume, in älteren nur begrenzt. Besondere Attraktionen sind in diesem Band durch oben stehendes Symbol gekennzeichnet.

TOILETTEN

In den meisten Großstädten gibt es moderne, nicht nach Geschlecht getrennte, selbstreinigende Münztoiletten. In Kleinstädten und Dörfer findet man öffentliche Toiletten meist an Marktplätzen oder unweit der Touristeninformationen.

BOTSCHAFTEN UND KONSULATE

Deutschland
☎ 0033 1 53 83 45 00
www.auswaertiges-amt.de

Österreich
☎ 0033 1 40 63 30 63
www.amb-autriche.fr

Schweiz
☎ 0033 1 49 55 67 00
www.eda.admin.ch

IMMER ZU GEBRAUCHEN

Ja/Nein **Oui/non**
Guten Tag/Abend **Bonjour/bonsoir**
Hallo **Salut**
Auf Wiedersehen **Au revoir**
Wie geht es Ihnen? **Comment allez-vous?**
Bitte **S'il vous plaît**
Danke **Merci**
Entschuldigung **Excusez-moi**
Tut mir leid **Pardon**
Bitte (nach »Danke«) **De rien/Avec plaisir**
Haben Sie …? **Avez-vous ...?**
Was kostet das? **C'est combien?**
Ich hätte gern … **Je voudrais ...**

NACH DEM WEG FRAGEN

Wo ist …? **Où se trouve ...?**
… die nächste Metro **le métro le plus proche**
… das Telefon **le téléphone**
… die Bank **la banque**
… das Hotel ... **l'Hôtel ...**
… die Toilette **les toilettes**
Hier/dort **Ici/là**
Gehen Sie nach rechts/links **tournez à droite/gauche**
Gehen Sie geradeaus **allez tout droit**
die erste/zweite (rechts) **le premier/le deuxième (à droite)**
an der Kreuzung **au carrefour**

IM NOTFALL

Könnten Sie mir bitte helfen?
Pouvez-vous m'aider, s'il vous plaît?
Sprechen Sie Deutsch/Englisch?
Parlez-vous allemand/anglais?
Ich verstehe nicht. **Je ne comprends pas.**
Könnten Sie schnell einen Arzt rufen?
Pouvez-vous appeler un médecin d'urgence, s'il vous plaît?

IM RESTAURANT

Ich würde gerne einen Tisch bestellen.
Puis-je réserver une table?
Einen Tisch für zwei Personen, bitte.
Une table pour deux personnes, s'il vous plaît.
Haben Sie ein Menü zu festen Preisen?
Vous avez un menu?
Könnten wir die Speisekarte haben?
Nous pouvons voir la carte?
Kann ich bitte zahlen?
L'addition, s'il vous plaît.
Eine Flasche/Ein Glas ...
Une bouteille/Un verre ...

SPEISEKARTE

apéritif Aperitif
boissons alcoolisées alkoholische Getränke
boissons chaudes heiße Getränke
boissons froides kalte Getränke
carte des vins Weinkarte
coquillages Muscheln
fromage Käse
gibier Wild
hors d'œuvres Vorspeisen
légumes Gemüse
plats chauds warmes Essen
plats froids kalte Platten
plat du jour Tagesgericht
pâtisserie Kuchen
plat principal Hauptgang
potages Suppen
service compris Service inklusive
service non compris Service exklusive
spécialités régionales regionale Spezialitäten
viandes Fleischgerichte
volaille Geflügel

ZAHLEN

0	**zéro**	11	**onze**	22	**vingt-deux**	101	**cent un**
1	**un**	12	**douze**	30	**trente**	110	**cent dix**
2	**deux**	13	**treize**	31	**trente et un**	200	**deux cents**
3	**trois**	14	**quatorze**	32	**trente-deux**	300	**trois cents**
4	**quatre**	15	**quinze**	40	**quarante**	400	**quatre cents**
5	**cinq**	16	**seize**	50	**cinquante**	500	**cinq cents**
6	**six**	17	**dix-sept**	60	**soixante**	600	**six cents**
7	**sept**	18	**dix-huit**	70	**soixante-dix**	700	**sept cents**
8	**huit**	19	**dix-neuf**	80	**quatre-vingts**	800	**huit cents**
9	**neuf**	20	**vingt**	90	**quatre-vingt dix**	900	**neuf cents**
10	**dix**	21	**vingt et un**	100	**cent**	1000	**mille**

SPEISEKARTE A–Z

agneau Lamm
ail Knoblauch
ananas Ananas
anguille Aal
banane Banane
beurre Butter
bifteck Steak
bière (bière pression) Bier (Bier vom Fass)
bœuf Rindfleisch
boudin noir/blanc Blut-/Weißwurst
bouillabaisse Meeresfrüchtesuppe
chet Hecht
cabillaud Kabeljau
calmar Tintenfisch
canard Ente
cassoulet Fleisch-/Bohneneintopf
champignons Pilze
chou Kohl
choucroute Sauerkraut
chou-fleur Blumenkohl
choux de Bruxelles Rosenkohl
citron Zitrone
civet de lièvre Hasenpfeffer
concombre Gurke
confiture Konfitüre
coquilles Saint-Jacques Jakobsmuscheln
cornichon Essiggurke
côte/côtelette Kotelett
côtelettes dans l'échine Rippchen
couvert Besteck
crevettes grises Shrimps
crevettes roses Krabben
croque monsieur getoastetes Schinken- und Käsesandwich
cru roh
crustacés Meeresfrüchte
cuisses de grenouilles Froschschenkel
cuit (à l'eau) gekocht
eau minerale gazeuse/non gazeuse Mineralwasser mit/ohne Kohlensäure
ecrevisse Krebs
entrecôte Filetsteak
entrées erster Gang
épices Gewürze
épinards Spinat
épis de maïs Maiskolben
escargots Schnecken
farine Mehl
fenouil Fenchel
fèves dicke Bohnen
figues Feigen
filet de bœuf Rinderfilet
filet mignon Filetsteak
filet de porc Schweinefilet
fines herbes Kräuter
foie gras Gänse-/Entenleberpastete
fraises Erdbeeren
framboises Himbeeren
frit gebraten
friture frittiert
fruit de la passion Passionsfrucht
fruits de saison Früchte der Saison
gaufres Waffeln
gigot d'agneau Lammkeule
glace Eiscreme
glaçons Eiswürfel
grillé gegrillt
groseilles Johannisbeeren
hareng Hering
haricots blancs weiße Bohnen
haricots verts grüne Bohnen
homard Hummer
huîtres Austern
jambon blanc/cru/fumé (gekochter/Parma-/geräucherter) Schinken
jus de citron Zitronensaft
jus de fruits Fruchtsaft
jus d'orange Orangensaft
lait demi-écrémé/entier fettarme/Vollmilch
langouste Languste
langoustine Scampi
langue Zunge
lapin Kaninchen
lentilles Linsen
lotte Seeteufel
loup de mer Barsch
macaron Makrone
maïs Mais
marron Esskastanie
menu du jour/à la carte Tagesmenü/Menü à la carte
morilles Morcheln
moules Miesmuscheln
mousse au chocolat Schokoladenmousse
moutarde Senf
myrtilles Heidelbeeren
noisette Haselnuss
noix Walnuss
noix de veau Kalbsfilet
œuf à la coque/dur au plat weiches/hartes Ei/Spiegelei
oignon Zwiebel
origan Oregano
pain au chocolat Schokocroissant
part Portion
pêche Pfirsich
petite friture Bratfische
petits (biscuits) salés Knabberkekse
petit pain Brötchen
petits pois grüne Erbsen
pintade Perlhuhn
poire Birne
pois chiches Kichererbsen
poisson Fisch
poivre Pfeffer
poivron rote/grüne Paprika
pomme Apfel
pommes de terre Kartoffeln
poulet (blanc) Hühnchenbrust
prune Pflaume
pruneaux Backpflaumen
queue de bœuf Ochsenschwanz
ragoût Ragout
ris de veau Kalbsbries
riz Reis
rôti de boeuf (rosbif) Roastbeef
rouget Knurrhahn
saignant englisch gebraten
salade verte grüner Salat
salé/sucré gesalzen/gesüßt
saumon Lachs
saucisses Würstchen
sel Salz
soupe à l'oignon Zwiebelsuppe
steak tartare Rinderhacksteak
sucre Zucker
thon Thunfisch
thym Thymian
tripes Kutteln
truffes Trüffeln
truite Forelle
truite saumonée Lachsforelle
vapeur (à la) gedämpft
venaison Wildbret
viande hachée Gehacktes
vin blanc Weißwein
vin rosé Roséwein
vin rouge Rotwein
vinaigre Essig
xérès Sherry

Reiseatlas

Kapiteleinteilung: siehe vordere Umschlaginnenseite

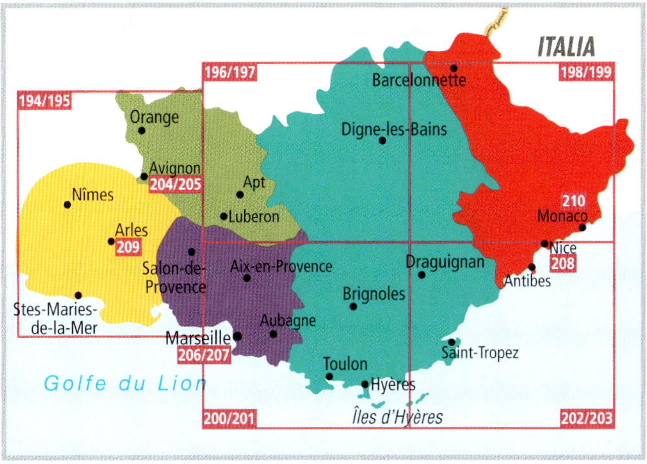

Legende

A 9	Autobahn		Internationaler Flughafen
	Schnellstraße		Regionaler Flughafen
N 7	Fernstraße		Burg, Kastell; Ruine
D994	Hauptstraße		Kloster, Kirche Kapelle
	Nebenstraße		Sehenswürdigkeit
	Straße in Bau/Straße in Planung		Archäologische Stätte
	Straße, nicht befestigt		Höhle, Leuchtturm
	Fahrweg		Berggipfel; Pass, Joch
	Fußweg		Badestrand
	Fähre		
	Staatsgrenze	1	TOP 10
	Provinzgrenze	26	Nicht verpassen!
	Naturparkgrenze	22	Nach Lust und Laune!

1 : 510.000

0 — 10 — 20 km

0 — 5 — 10 miles

St-Ambroix
Molières-sur-Cèze
St-Jean-de-Maruéjols
Montclus
St-André-de-Roquepertuis
de-Caisson
Pont-St-Esprit
Mondragon
St-Denis
Mages
St-Julien-de-Cassagnas
Rivières
Méjannes-le-Clap
Goudargues
Cornillon
St-Laurent-de-Carnols
St-Alexandre
Mornas
La Bastide
St-Nazaire
St-Etienne-des-Sorts
Allègre
La Léque
Rousson
St-Gervais
Salindres
Malataverne
Verfeuil
Bagnols-sur-Cèze
Navacelles
Lussan
Carme
Sabran
Chusclan
St-Privat-des-Vieux
Les Plans
St-Marcel-de-Careiret
Orsan
Codolet
Brouzet-lès-Alès
Mégier
Vallérargues
Cavillargues
Caderousse
Mons
Méjannes-lès-Alès
St-Just
Seynes
La Bruguière
Tresques
Laudun
St-Laurent-la-Vernède
Ribas
L'Ardoise
Monteils
Le Chabian
La Bastide-d'Engras
Le Pin
Connaux
St-Hilaire-de-Brethmas
Euzet
Belvézet
Gaujac
St-Géniès-de-Comolas
Montfaucon
Marignac
Larnac
St-Quentin-la-Poterie
La Capelle
St-Victor-la-Coste
St-Hippolyte-de-Caton
Baron
St-Laurent-des-Arbres
Foissac
Serviers
St-Victor-des-Oules
Pouzilhac
Vézénobres
St-Maurice-de-Cazevieille
Montaren
Lirac
Uzès
Flaux
Valliguières
Tavel
St-Siffret
Cruviers
Brot
Maruéjols-lès-Gardon
Saint-Dézéry
Collorgues
St-Maximin
Rochefort-du-Gard
Garrigues
Arpaillargues et-Aureillac
Castillon-du-Gard
Villeneuve-lez-Avignon
Domessargues
Moussac
Vers
St-Hilaire-d'Ozilhan
Sanilhac
Collias
Les Angles
St-Geniès-de Malgoirès
Pont du Gard
Remoulins
Montagnac
Rouvière
Ste-Anastasie
Gorges du Gardon
Domazan
AVIGN
St-Bonnet-du-Gard
Fournès
Moulézan
La Calmette
Le Castélas 171 m
Poulx
Théziers
St-Bauzély
Cabrières
Aramon
Barbentane
St-Mamert-du-Gard
Gajan
Massillan
Meynes
Bezouce
Montfrin
Boulbon
Parignargues
Courbessac
Marguerittes
St-Pierre-de Vacquière
NÎMES
Redessan
Comps
Clarensac
Caveirac
Rodilhan
Manduel
Jonquières-St-Vincent
Beaucaire
Tarascon
Langlade
Caissargues
Bouillargues
Calvisson
Milhaud
Le Roubian
Congénies
Nages
Garons
St-Etienne-du-Grès
Boissières
Bernis
Nîmes Alès Camargue Cévennes
Mas-de-Ranguy
Aubais
Aubord
Bellegarde
Saujean
Vergèze
Uchaud
Aigues-Vives
Fontvieille
Codognan
Générac
Molines
Gallargues-le-Montueux
Beauvoisin
Rantin
Abbaye de Montmajour
Vauvert
Aimargues
Le Cailar
La Marque
St-Gilles
ARLES
Les Passerons
Raphèle-les-Arles
Marsillargues
St-André
Saliers
Stanislas
Pont de Crau
St-Laurent-d'Aigouze
Mas Bourry
Gallician
Espeyran
Bouchaud
Etang de Grey
Etang du Charnier
Etang de Scamandre
La Fosse
Signoret
Gageron
P. des Tourradons
Albaron
Brunet
Mas des Iscles
Bellan
Tour Carbonnière
Quatret
Villeneuve
Mas de Capette
Plaine de la Camargue
Grand Rhône
Aigues-Mortes
Château d'Avignon
Méjanes
Étang de Vaccarès
Réserve Naturelle
Parc Régional
Etang du Lairan
Sylvéréal
Petite Camargue
Pioch-Badet
Le Sambuc
Les Frignants
Pin-Fourcat
Etang de Malagroy
Fiélouse
Mas d'Icard
Pont de Gau
Camargue
Musée
Salin-de-Badon
Parc ornithologique
Maguelonne
Etang du Roi
Etang de Malegal
de Camargue
Peaudure
Le Grand-Radeau
Digue à la Mer
Phare de la Gacholle
Stes-Maries-de-la-Mer
Beauduc
Salin-de-Giraud
Mer Méditerranée
Pointe du Sablon
Etang de Faraman
Phare de Beauduc
Phare de Faraman
Plage de Piémanson
A
B
C

Rochegude
Ste-Cécile-les-Vignes
Rasteau
Vaison-la-Romaine
50
Mollans-sur-Ouvèze
Entrechaux
Montagne de Bluye
St-Léger-du-Ventoux
Lagarde-Paréol
Séguret
Sablet
Dentelles de Montmirail
Cirque de St-Amand
Veaux
Toulourenc
Brantes
Savoillan
Sérignan-du-Comtat
Travaillan
Gigondas
Suzette
Malaucène
55
Col de Tempêtes 1841 m
Mont Ventoux
Piolenc
Violès
56
Lafare
Camaret-sur-Aigues
Vacqueyras
Le Barroux
Bédoin
Ste-Colombe
Le Ventouret
Col N.-D. des Abeilles 996 m
ORANGE
49
Les Roques
Beaumes-de-Venise
Caromb
Flassan
Jonquières
Aubignan
St-Pierre-de-Vassols
Sarrians
Serres
Mormoiron
La Gabelle
Monieux
Courthézon
Mazan
Cal. de Pierrelatte
48
Châteauneuf-du-Pape
Carpentras
Villes-sur-Auzon
196
St-Estève
Bédarrides
Roquemaure
Malemort-du-Comtat
Monteux
Blauvac
Nesque
St-Hubert
Sorgues
Entraigues-sur-la-Sorgue
Méthamis
St-Didier
Sauveterre
Pernes-les-Fontaines
Venasque
Col de Murs 627 m
Rhône
Les Valayans
Le Beaucet
Plateau de Vaucluse
La Roque-s.-Pernes
Fontjouvale
Le Pontet
St-Saturnin-lès-Avignon
Velleron
Murs
Pont St-Bénézet
51
Abbaye de Sénanque
Les Yves
Les Cordiers
Sorgue
Palais des Papes
Le Thor
L'Isle-sur-la-Sorgue
54
Fontaine-de-Vaucluse
Joucas
Mines
Gordes
Les Sauvestres
Gargas
Montfavet
Châteauneuf-de-Gadagne
Fontaine
51
Roussillon
Cabrières-d'Avignon
53
Durance
Rognonas
Caumont-sur-Durance
Velorgues
Lagnes
St-Pantaléon
Les Huguets
La Chêne
Châteaurenard
Noves
Coustellet
Goult
Le Petit Palais
Cabannes
Coulon
N.-D. de Lumières
St-Véran
Cavaillon
52
Robion
Maubec
Maillane
Eyragues
St-Andiol
Plan-d'Orgon
Oppède-le-Vieux
Ménerbes
Bonnieux
Bastidon-du-Pradon
Montagne
Mas-Blanc-des-Alpilles
St-Rémy-de-Provence
Mollégès
Cheval-Blanc
46
Glanum
Orgon
L'Aumône
Gorges du Régalon
Lourmarin
Chaîne des Alpilles
Le Logis Neuf
Mérindol
Puget
Lauris
45
Les Baux-de-Provence
Les Plaines
Sénas
Abbaye de Silvacane
36
Mallemort
Charleval
Le Paradou
Maussane-les-Alpilles
La Roque-d'Anthéron
Eyguières
Mouriès
Chaîne de la Trévaresse
La Fourbine
Bois-Vert
Aiguebelle
Lambesc
Rognes
Villepail
St-Hippolyte
St-Martin-de-Crau
La Samatane
Le Merle
34
Salon-de-Provence
35
Château de la Barben
Bel-Air
Pélissanne
St-Cannat
Poscros
Étang d'Entressen
Beauchamp
Grans
Plaine de la Crau
Étang des Aulnes
Entressen
Miramas
Le Pont-de-Rhaud
Lançon-Provence
Centre d'essais
Vergières
Miramas-le-Vieux
Champ de Tir
Coudoux
Mas Thibert
St-Chamas
Calissanne
Ventabren
Grand Plan du Bourg
Les Baïsses
Aérodrome d'Istres-le-Tubé
St-Estève
Istres
Mauran
Berre-l'Étang
Le Merindolle
Chaîne de Vitrolles
200
La Porcelette
Varage
Étang de Berre
Étang de Varne
Vitrolles
Calas
St-Mitre-les-Remparts
Marseille-Provence
Montvallon
Zone Industrielle
Salin du Relai
L'Eysselle
Fos-sur-Mer
Plage de Jai
Les Pennes-Mirabeau
Marignane
33
Port de Fos
Plage-de-Fos
Martigues
Port-de-Bouc
Port-St-Louis-du-Rhône
La Mède
Châteauneuf-les-Martigues
St-Antoine
Les Ventrons
Magicland
Ponteau
L'Estaque
La Palissade
E.D.F.
La Ves
Niolon
195
Pointe de Bonnieu
Sausset-les-Pins
Rade de Marseille
They de Roustan
They de la Gracieuse
Golfe de Fos
Carro
Carry-le-Rouet
Plage d'Arles
MARSEILLE

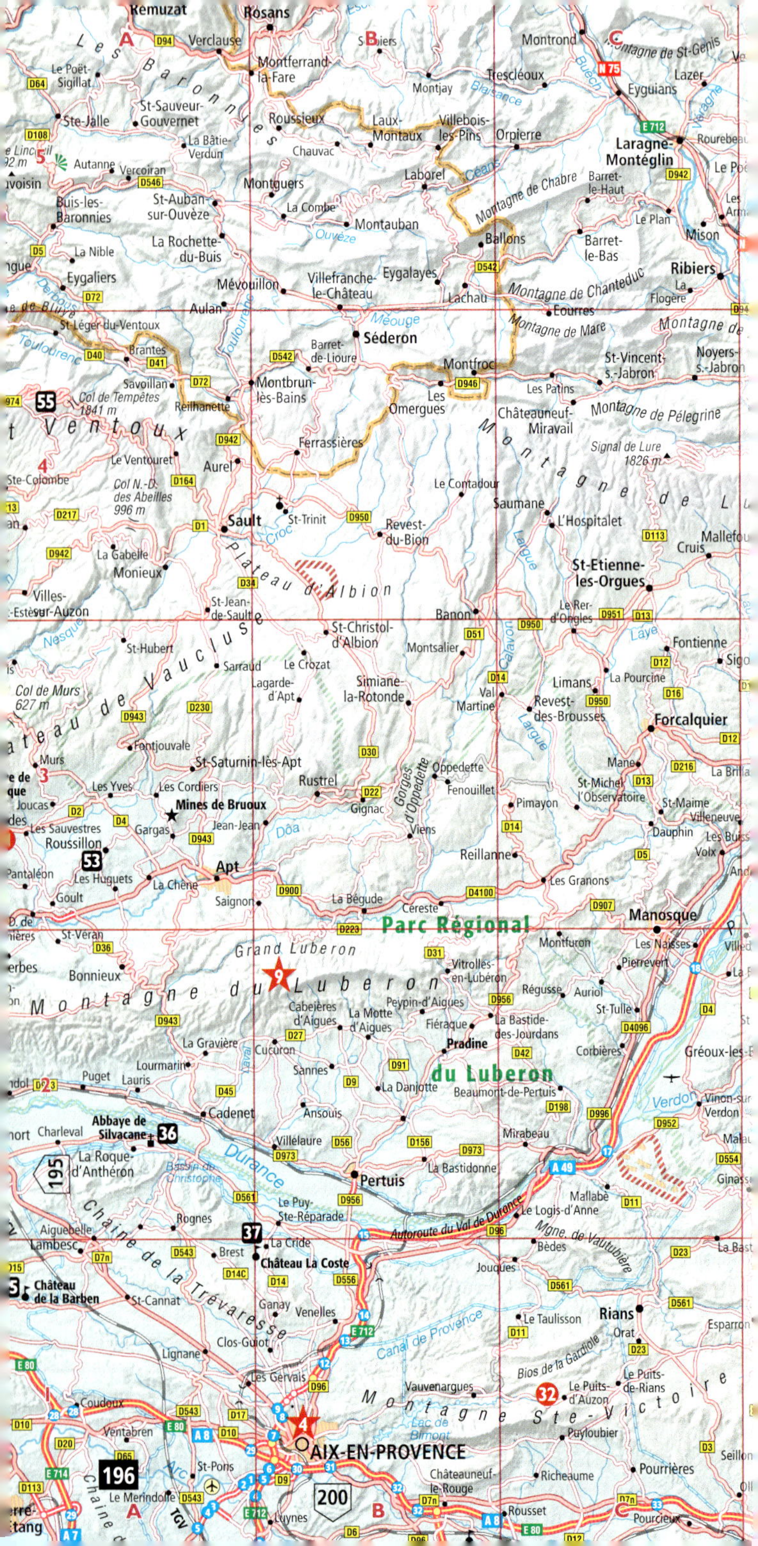

A
B
C
Remuzat
Rosans
Verclause
D94
St-Sauveur-Gouvernet
Montferrand-la-Fare
Montrond
Montagne de St-Genis
N 75
Le Poët-Sigillat
Les Baronnies
Montjay
Trescléoux
Buëch
Eyguians
Lazer
D64
Ste-Jalle
Roussieux
Laux-Montaux
Villebois-les-Pins
Orpierre
E 712
Laragne-Montéglin
Rourebeau
D108
La Bâtie-Verdun
Chauvac
Céans
Barret-le-Haut
D942
Le Poët
Autanne
Vercoiran
D546
Montguers
Laborel
Montagne de Chabre
Buis-les-Baronnies
St-Auban-sur-Ouvèze
La Combe
Montauban
Le Plan
Mison
Ouvèze
Ballons
Barret-le-Bas
D5
La Nible
La Rochette-du-Buis
Eygalayes
D542
Ribiers
Eygaliers
Mévouillon
Villefranche-le-Château
Montagne de Chanteduc
La Flogère
D72
Aulan
Lachau
Eourres
Toulourenc
Méouge
Montagne de Mare
Montagne de
St-Léger-du-Ventoux
Séderon
Brantes
Barret-de-Lioure
D40
D41
D542
Montfroc
St-Vincent-s.-Jabron
Noyers-s.-Jabron
Savoillan
D72
Montbrun-lès-Bains
D946
Les Patins
55
Col de Tempêtes 1841 m
Reilhanette
Les Omergues
Châteauneuf-Miravail
Montagne de Pélegrine
Ventoux
D942
Ferrassières
Montagne de Lure
Signal de Lure 1826 m
4
Le Ventouret
Aurel
Ste-Colombe
Col N.-D. des Abeilles 996 m
D164
Le Contadour
Saumane
D217
D1
Sault
St-Trinit
D950
Revest-du-Bion
L'Hospitalet
D113
Malleföu
Cruis
D942
La Gabelle
Monieux
Croc
Plateau d'Albion
St-Etienne-les-Orgues
Villes-sur-Auzon
D34
St-Jean-de-Sault
Banon
Le Rey-d'Ongles
D951
D13
Nesque
St-Christol-d'Albion
D950
Laye
Fontienne
St-Hubert
Montsalier
D51
Sarraud
Le Crozat
D12
Sigo
Col de Murs 627 m
Lagarde-d'Apt
Simiane-la-Rotonde
D14
Limans
La Pourcine
D16
Plateau de Vaucluse
D943
D230
Val Martine
Revest-des-Brousses
D950
Forcalquier
Largue
D12
Fontjouvale
D30
Murs
St-Saturnin-lès-Apt
Gorges d'Oppedette
Oppedette
Mane
D216
La Brilla
3
Rustrel
Fenouillet
St-Michel-l'Observatoire
D13
Les Yves
Les Cordiers
D22
Joucas
Mines de Bruoux
Gignac
Pimayon
St-Maime
Villeneuve
D2
D4
Gargas
Jean-Jean
Dôa
Viens
D14
Dauphin
Les Sauvestres
D943
Roussillon
Reillanne
D5
Volx
53
Apt
Les Huguets
La Chêne
Pantaléon
Les Granons
Goult
Saignon
D900
La Bégude
D4100
Céreste
D907
Manosque
D223
Parc Régional
St-Véran
Montfuron
Les Naïsses
D36
Grand Luberon
D31
Pierrevert
Bonnieux
9
Luberon
Vitrolles-en-Lubéron
Régusse
Auriol
Montagne du Luberon
Cabeières-d'Aigues
Peypin-d'Aigues
D956
St-Tulle
D943
La Motte-d'Aigues
Fiéraque
La Bastide-des-Jourdans
D4096
D4
La Gravière
D27
Pradine
D42
Corbières
Gréoux-les-
Cucuron
Lourmarin
Sannes
D91
du Luberon
Puget
Lauris
D9
La Danjotte
Beaumont-de-Pertuis
D45
D198
Vinon-sur-Verdon
Cadenet
Ansouis
D996
Verdon
D952
Abbaye de Silvacane
36
Charleval
Villelaure
D56
D156
Mirabeau
195
La Roque-d'Anthéron
D973
D973
Durance
17
D554
Bassin de Christophe
Pertuis
La Bastidonne
A 49
Ginass
D561
D956
Mallabé
Le Puy-Ste-Réparade
D11
Chaîne de la Trévaresse
Rognes
Le Logis-d'Anne
Aiguebelle
37
15
Autoroute du Val de Durance
D96
Mgne. de Vautubière
Lambesc
La Cride
D7n
D543
Brest
Château La Coste
Bèdes
D23
La Bast
Château de la Barben
D14C
D14
D556
Jouques
D561
St-Cannat
Ganay
Venelles
Rians
D561
14
Le Taulisson
E 712
Canal de Provence
Orat
D11
Esparron
Lignane
Clos-Guiot
13
D23
E 80
Bios de la Gardiole
12
Les Gervais
Le Puits-de-Rians
D96
Vauvenargues
32
Le Puits-d'Auzon
Coudoux
Montagne Ste-Victoire
D543
D17
9
8
D10
E 80
4
Lac de Bimont
Puyloubier
Ventabren
A 8
D10
D3
D20
7
D65
AIX-EN-PROVENCE
Seillon
196
St-Pons
E 714
Arc
D113
Châteauneuf-le-Rouge
Richeaume
Pourrières
D543
200
Le Merindolle
TGV
D9
A
B
C
D7n
Rousset
D7n
E 712
A 8
E 80
Pourcieux
Luynes
D6
A 7

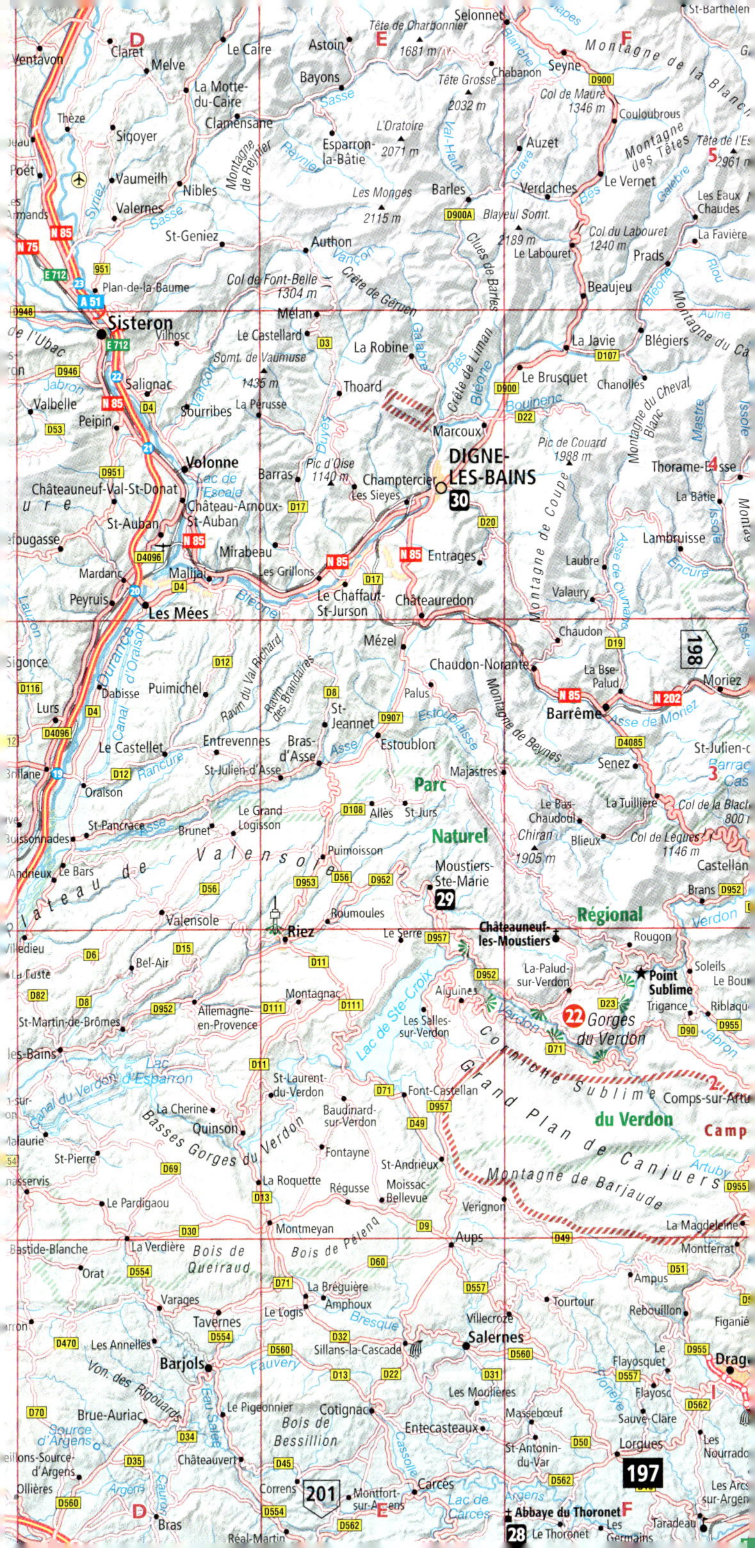

Ventavon
Claret
D
Le Caire
Astoin
E
Tête de Charbonnier
1681 m
Selonnet
F
St-Barthelen
Melve
Bayons
Tête Grosse
2032 m
Chabanon
Seyne
Montagne de la Blanche
La Motte-du-Caire
Col de Maure
1346 m
D900
Thèze
Clamensane
Couloubrous
Sigoyer
Sasse
L'Oratoire
2071 m
Esparron-la-Bâtie
Auzet
Montagne des Têtes
Tête de l'Es
2961 m
5
Poët
Montagne de Reynier
Reynier
Val-Haut
Grave
Vaumeilh
Nibles
Verdaches
Le Vernet
Les Monges
2115 m
Barles
Les Eaux Chaudes
Valernes
Sasse
D900A
Blayeul Somt.
2189 m
Armands
N 85
N 75
St-Geniez
Authon
Vançon
Clues de Barles
Le Labouret
Col du Labouret
1240 m
La Favière
Prads
951
E 712
Plan-de-la-Baume
Col de Font-Belle
1304 m
Crête de Géruen
Beaujeu
Bléone
Montagne du Ca
A 51
D948
Sisteron
Vilhosc
Mélan
Aulne
de l'Ubac
Le Castellard
D3
La Robine
La Javie
Blégiers
E 712
Somt. de Vaumuse
1435 m
D107
D946
Crête de Liman
Le Brusquet
Chanolles
Salignac
Thoard
Jabron
Valbelle
N 85
D4
Sourribes
La Pérusse
Bès
Bléone
D900
Bouinenc
Montagne du Cheval Blanc
Peipin
D22
Marcoux
Mastre
Issole
D53
Pic de Couard
1988 m
DIGNE-LES-BAINS
30
Volonne
Pic d'Oise
1140 m
Barras
Champtercier
Thorame-Basse
D951
Lac de l'Escale
Les Sieyes
Châteauneuf-Val-St-Donat
Château-Arnoux-St-Auban
D17
Montagne de Coupe
La Bâtie
St-Auban
D20
Issole
Montay
Lambruisse
fbugasse
N 85
Mirabeau
N 85
N 85
Entrages
D4096
Laubre
Encure
Mardanc
Malijai
Les Grillons
D17
Asse de Clumanc
Valaury
Peyruis
D4
Le Chaffaut-St-Jurson
Châteauredon
Les Mées
Bléone
Lauzon
Chaudon
D19
Durance
Mézel
198
Sigonce
D12
Canal d'Oraison
Ravin du Val Richard
Ravin des Brandaires
Chaudon-Norante
La Bse-Palud
Moriez
D116
Puimichel
Dabisse
Palus
N 85
N 202
Lurs
D8
St-Jeannet
Montagne de Beynes
Barrême
Asse de Moriez
D4
D907
Estoublaisse
D4096
Entrevennes
Bras-d'Asse
Estoublon
D4085
St-Julien-d
Le Castellet
Asse
Senez
Barrac
Cas
3
Brillane
St-Julien-d'Asse
Majastres
Parc
Oraison
D12
Rancure
Le Bas-Chaudoul
La Tuilière
Col de la Blach
800 m
Le Grand Logisson
D108
Allès
St-Jurs
St-Pancrace
Asse
Brunet
Naturel
Blieux
Buissonnades
Chiran
1905 m
Col de Lèques
1146 m
Puimoisson
Castellan
Andrieux
Le Bars
Valensole
Moustiers-Ste-Marie
D953
D56
D952
Brans
D952
Plateau de
D56
29
Régional
Roumoules
Valensole
Verdon
Riez
Le Serre
D957
Châteauneuf-les-Moustiers
Rougon
Villedieu
D6
D15
D11
La-Palud-sur-Verdon
Soleils
Bel-Air
D952
Point Sublime
Le Bou
La Fuste
Aiguines
D23
Trigance
Riblaqu
D82
D8
Montagnac
D111
D111
Lac de Ste-Croix
Les Salles-sur-Verdon
22
Gorges du Verdon
St-Martin-de-Brômes
D952
Allemagne-en-Provence
Verdon
D90
D955
Corniche Sublime
Jabron
D71
Les-Bains
D11
Lac d'Esparron
Grand Plan de Canjuers
Comps-sur-Artu
St-Laurent-du-Verdon
D71
Font-Castellan
Canal du Verdon
La Cherine
Baudinard-sur-Verdon
D957
du Verdon
Camp
Quinson
D49
Basses Gorges du Verdon
Fontayne
Artuby
St-Pierre
St-Andrieux
D69
La Roquette
Régusse
Moissac-Bellevue
Montagne de Barjaude
D955
nasservis
D13
Le Pardigaou
Verignon
D30
Montmeyan
D9
La Magdeleine
Bastide-Blanche
La Verdière
Bois de Queiraud
Bois de Pelenq
Aups
D49
Montferrat
Orat
D554
D60
D51
D71
La Bréguière
D557
Ampus
Varages
Amphoux
Tourtour
Le Logis
Rebouillon
Tavernes
Bresque
Villecroze
Figanié
D554
D32
D470
Les Annelles
Salernes
D560
Sillans-la-Cascade
D560
Le Flayosquet
D955
Barjols
Fauvery
D13
D22
D31
D557
Drag
Von. des Rigouards
Eau Salée
Le Pigeonnier
Les Moulières
Flayosc
Nartuby
D70
Cotignac
Masseboeuf
D562
Brue-Auriac
Bois de Bessillion
Sauve-Clare
Source d'Argens
D34
Entecasteaux
Les Nourrado
D35
Châteauvert
Cassole
St-Antonin-du-Var
D50
Lorgues
Ollons-Source-d'Argens
D45
197
Ollières
Caramy
Correns
201
Carcès
D562
Les Arcs sur-Argen
D560
Argens
Montfort-sur-Argens
Lac de Carcès
Argens
Abbaye du Thoronet
F
D
Bras
D554
E
D562
28
Le Thoronet
Les Germains
Taradeau
Réal-Martin

A
B
C
Seyne
Montagne de la Blanche
Grde. Séolane
2909 m
Super-Sauze
La Rente
Mont Aiga
2832 m
Le Villard d'Abas
Le Villard des-Arnauds
Col de la Bonnette
2860 m
Le Pra
Vens
Lacs de Vens
Col de Maure
1346 m
Couloubrous
Col d'Allos
2247 m
Parc
Le Cimet
3020 m
Col de la Moutière
2454 m
St-Dalmas-le-Selvage
Tinée
Montagne des Têtes
Tête de l'Estrop
2961 m
La Foux-d'Allos
Bouchier
Mont Pelat
3051 m
Col de Cayolle
2326 m
St-Étienne-de-Tinée
Le Vernet
Bès
Les Eaux Chaudes
Mourre Gros
2652 m
Allos
Villard
Auron
Col du Labouret
1240 m
La Favière
Le Seignus
Lac d'Allos
National
Las Donnas
2475 m
Prads
Bas-Clignon
Raléry
Beaujeu
Bléone
Montagne du Carton
Chasse
Colmars
Entraunes
du
Mont M
La Javie
Blégiers
Aune
Col des Champs
2045 m
Val Polons
St-Martin-d'Entraunes
Brusquet
Chanolles
Mouriès
2450 m
Le Monnard
Les Annous
Péone
La Valetta
Beauvezer
Villeneuve-d'Entraunes
Valberg
Montagne du Cheval Blanc
Mastre
Le Grand Coyer
2593 m
Guillaumes
Pic de Couard
1988 m
Thorame-Haute
Le Courradour
Mont St-Honorat
2517 m
Thorame-Basse
Barzès
La Bâtie
Peyresq
Dôme de Barrat
2137 m
Font-Gaillarde
Gorges de Daluis
Lambruisse
Montagne de Maurel
Coulomp
La Salette
Laubre
Méailles
Sausses
Montagne de Coupe
Encure
Pic de Rent
1974 m
St-Léger
Léouvé
Valaury
Vaucluse
Le Fugeret
Enriez
Var
Chaudon
Crête de Chamatte
Braux
Pont de St-Léger
Allons
Annot
Le Plan
31
La Mure
Pont-de-la-Reine Jeanne
Entrevaux
Puget-Théniers
La Bse-Palud
Moriez
St-André-les-Alpes
Les Scaffarels
N 85
N 202
L'Iscle
N 202
Barrême
Asse de Moriez
Vergons
Rouainette
La Penne
Avenos
Col de Toutes Aures
Ubraye
Val-de-Chalvagne
St-Pierre
Senez
St-Julien-du-Verdon
Barrage de Castillon
Sommet de la Bernarde
1941 m
Collongues
Bernaud
Maupoil
Le Bas-Chaudoul
La Tuillière
Col de la Blache
800 m
Col de St-Barabé
1367 m
La Sagne
Montblanc
Blieux
Col de Léques
1146 m
Demandolx
Soleilhas
Briançonnet
Les Tardons
Aiglun
Esteron
197
Barrage de Chaudanne
St-Auban
Castellane
Chaudanne
Gironde
Les Sausses
Col de Luens
1054 m
Les Lattes
Brans
La Garde
Peyroules
La Foux
Col de Bleine
1439 m
Régional
Verdon
Eoulx
Valderoure
Gréolières
Rougon
Malamaire
Corand
Soleils
Châteauvieux
Le-Logis-du-Pin
Séranon
Caille
Andon
Loup
Point Sublime
Le Bourguet
Brénon
L'Audibergue
Trigance
Riblaquon
La Martre
Villaute
Montagne de l'Audibergue
Caussols
22
Gorges du Verdon
Jabron
Plateau de Caussols
Bargème
La Bastide
La Roque-Esclapon
Escragnolles
Nans
Pas de la Faye
981 m
Col du Pilon
786 m
Le Moutet
St-Vallier-de-Thiey
Le Pré
Sublime
Comps-sur-Artuby
Mons
du Verdon
Camp Militaire de Canjuers
Cabris
Plan de Canjuers
Artuby
Bourigaille
St-Cézaire-sur-Siagne
Spéracèdes
Col du Bel-Homme
915 m
Le Tignet
Peymeinade
Montagne de Barjaude
Seillans
Fayence
Callian
La Magdeleine
Montauroux
St-Cassien-des-Bois
Mouans-Vieux
Col de Boussague
431 m
Montferrat
Bargemon
Les Selves
Tanneron
Les Saquetons
Ampus
Callas
Lac de St-Cassien
Les Marjoris
Tourtour
La Bégude
Les Margoutons
Reboullion
Figanières
Les Clèdes
St-Paul-en-Forêt
Massif du Tanneron
Mandelieu
Le Flayosquet
St-Pons
Bompin
Bagnols-en-Forêt
L'Eglise
Minelle
Draguignan
A 8
E 80
Florieye
Flayosc
Les Adrets de l'Esterel
St-Jean
Sauve-Clare
St-Michel-d'Esclans
La Bouverie
Col des Suvières
249 m
Lorgues
Les Nourradons
La Motte
Massif de l'Esterel
198
Le Muy
Parc Zoologique-Safari
La-Tour-de-Mare
Les Arcs-sur-Argens
Les Valises
202
Puget-sur-Argens
Valescure
Abbaye du Thoronet
Les Germains
Taradeau
La Cognasse
Roquebrune-sur-Argens
FRÉJUS
Agay
Le Thoronet
Anthéor

D
E
F
Pontebernardo
2423 m
S. Maurizio
Borgo S. Dalmazzo
Bóves
Peveragno
Neghino
Aisone
Demonte
Roccavione
Robilante
Pradebo
Bianche
Goletta
Forani
Festiona
Andonno
Brignola
Monte Ciaval 2642 m
Pratolungo
Tetto Chiappello
Bagni di Vinadio
S. Bernardo
Valdieri
Roáschia
Becco Costa 2404 m
Callieri
Tenuta di Caccia 2719 m
S. Anna di Valdieri
Vernante
5
S. Bernolfo
Maladecia 2745 m
Parco
Entràcque
Monte Matto 3088 m
Monte Bussáia 2451 m
Folchi
Limone Piemonte
Tête de l'Autaret 2761 m
Trinita
Naturale
St-Salvaire
Mont Malinvern 2938 m
Terme di Valdieri
Valle della Valletta
S. Giacomo di Entràcque
Pallanfré
Isola
Isola 2000
Cima d'Argentera 3297 m
Limonetto
Tunnel de 3182 m
Mont St-Sauveur 2711 m
Lago Brocan
delle
Alpi Marittime
Col de Tende 1871 m
Mounier
Cascade de Louch
Lac Nègre
Mercantour
817 m
Vignois
Cime du Gélas 3059 m
Lac de l'Agnel
Viévola
Mont Giraud 2606 m
La Valle
Gorges Valabres
Le Boreon
Lac Lop
Ste-Madeleine
Madonne de Fenestre
Beuil
Roure
St-Sauveur-sur-Tinée
Col St-Martin 1500 m
Casterino
Tende
Villars
Roubion
Lac du Basto
Les Mesches
St-Dalmas-de-Tende
Bergian
Valdeblore
St-Martin-Vésubie
St-Grat
12
Parc National du Mercantour
Granile
St-Dalmas
Venanson
Gorges de Paganin
Le Sueil
Rigons
Libaret
Pierlas
Ilonse
Marie
Roquebillière
Belvédère
Pointe des Communes
St-Claire
Gorges de Bergue
Mt. Tournairet 2085 m
Granges-de-la-Brasque
Mauriou
Gorges de Saorge
Saorge
Pra-d'Astier
Ciabanette
La Bollène-Vésubie
Col de Turini 1604 m
Rigaud
Les Fournes
Lantosque
Ste-Anne
Thiéry
La Madone
Pont-de-Clans
La Giandola
Villars-sur-Var
Roussillon
La Tour
Le Suquet
St-Arnoux
Moulinet
Breil-sur-Roya
Touët-sur-Var
Tournefort
Peira-Cava
Col de Brouis 879 m
Rourebel
Malaussène
Utelle
St-Jean-la-Rivière
Piaon
Basse
Mt. Brune 1518 m
Mt. Vial 1549 m
Alpes
Ascros
Toudon
L'Engarvin
Col de Braus 1002 m
Le Golf
Fanghetto
Airole
St-Antonin
Revest-les-Roches
Duranus
Lucéram
Sospel
Olivetta San Michele
Sigale
Bonson
Levens
St-Laurent
3
Ranc
Pierrefeu
Plan-du-Var
Coaraze
Castillon
Conségudes
Gilette
Bendejun
Berre-les-Alpes
L'Escarène
Gréolières-les-Neiges
Les Ferres
Gorges du Peillon
Monti
Bouyon
St-Martin-du-Var
Contes
La Garde
Peille
Latte
Gorges du Cheiron
Le Broc
Castagniers
Châteauneuf-de-Contes
Ste-Agnès
St-Pons
Coursegoules
Bézaudun-les-Alpes
Carros
Tourrette-Levens
Ventimiglia
Riviera
Aspremont
Cantaron
Roquebrune
Menton 20
Bramafan
Col de Vence 970 m
Gattières
Colomars
Rayet
Laghet
Trinité
Beausoleil
Falicon
Monte-Carlo
Gorges du Loup
Tourrettes-sur-Loup
Vence
La Gaude
Les Corniches
11
Eze
Monaco
Cap d'Ail
Monaco
2
Gourdon
13
8
La Baronne
Beaulieu-sur-Mer
Pont-du-Loup
St-Paul-de-Vence
Fondation Maeght
Villefranche-sur-Mer
Bar-sur-Loup
Loup
Nice
St-Jean-Cap-Ferrat
Pré du Lac
Rouret
St-Laurent-du-Var
3
Villa Ephrussi de Rothschild 19
Cagnes-sur-Mer
Cap Ferrat
Châteauneuf-Grasse
18
Villeneuve-Loubet
Cros-de-Cagnes
Aéroport Nice-Côte d'Azur
Grasse
14
Valbonne
Bouches-du-Loup
Villeneuve-Loubet-Plage
Sophia-Antipolis
Biot
17
La Brague
Mougins
Pégomas
Vallauris
Golfe-Juan
Antibes 16
Le Cannet
Juan-les-Pins
Château de la Garoupe
Cannes 15
Golfe Juan
Cap d'Antibes
Golfe de Napoule
Île Ste-Marguerite
La Napoule
Théoule-sur-Mer
Monastère
Île St-Honorat
Îles de Lérins
La Galère
Miramar
Les Trayas
Estérel
Pic du Cap Roux 453 m
Pointe du Cap Roux
203
I

A
B
C
5
4
3
2
1
Parc Régional du Luberon
196
195
Manosque
Montfuron
Les Naisses
Pierrevert
Grand Luberon
Montagne du Luberon
St-Véran
Bonnieux
La Bégude
Céreste
Saignon
Vitrolles-en-Lubéron
Cabrières-d'Aigues
La Motte-d'Aigues
Peypin-d'Aigues
Fiéraque
La Bastide-des-Jourdans
Pradine
Régusse
Auriol
St-Tulle
Corbières
Gréoux-les-
La Gravière
Cucuron
Lourmarin
Puget
Lauris
Sannes
La Danjotte
Beaumont-de-Pertuis
Cadenet
Ansouis
Mirabeau
Verdon
Vinon-sur-Verdon
Charleval
Abbaye de Silvacane
36
La Roque-d'Anthéron
Bassin de Christophe
Durance
Villelaure
Pertuis
La Bastidonne
Mallabe
Ginas
Le Puy-Ste-Réparade
Autoroute du Val de Durance
Le Logis-d'Anne
Mgne. de Vautubière
Bèdes
Aiguebelle
Lambesc
Rognes
37
La Cride
Château La Coste
Brest
Chaîne de la Trévaresse
Jouques
Château de la Barben
St-Cannat
Ganay
Venelles
Le Taulisson
Rians
Orat
Esparron
Canal de Provence
Clos-Guiot
Lignane
Les Gervais
Bios de la Gardiole
Vauvenargues
32
Le Puits-d'Auzon
Le Puits-de-Rians
Montagne Ste-Victoire
Coudoux
Ventabren
Lac de Bimont
Puyloubier
AIX-EN-PROVENCE
St-Pons
Arc
Châteauneuf-le-Rouge
Richeaume
Pourrières
Seillons
Le Merindolle
TGV
Chaîne de Vitrolles
Luynes
Rousset
Pourcieux
Étang de Varne
Bouc-Bel-Air
Gardanne
Fuveau
L'Arc
Peynier
Trets
St-Maximin-la-Ste-Baume
Vitrolles
Calas
Cabriès
La Salle
Cité Biver
Gréasque
Les Puits
Montvallon
Simiane-Collongue
St-Jean-du-Puy
Kirbon
Pas de la Couelle 500 m
Les Pennes-Mirabeau
Les Peyrets
St-Savournin
La Bouilladisse
Cadolive
Moulin-de-Redon
St-Zacharie
Notre-Dame-Limite
Chaîne de l'Etoile
Peypin
La Destrousse
Auriol
Le Pujol
Mont-Vert
Château
Nans-les-P
St-Antoine
Magicland
L'Estaque
Château-Gombert
Le Logis-Neuf
Plan-de-Cuques
Roquevaire
Les Bosq
Plan-d'Aups-Ste-Baume
La Vesse
Niolon
Rade de Marseille
Allauch
Pont de l'Etoile
Massif de la Sainte-Baume
Le Latay
MARSEILLE
St-Pierre-les-Aubagne
Napollon
Gémenos
Château d'If
Aubagne
39
Cuges-les-Pins
Chibron
Île Ratonneau
Parc National des Calanques
St-Marcel
La Penne-sur-Huveaune
Le Camp-du-Castellet
Col de l'Ange 218 m
Chaîne de St-Cyr
Carnoux-en-Provence
Île Pomègues
Col de la Gineste 327 m
Roquefort-la-Bédoule
Roquefort
Ste-Anne-du-Castellet
La Madrague-de-Montredon
Massif de Marseilleveyre
Le Brulat
Cap Croisette
Morgiou
Cassis
Ceyreste
Le Castellet
La Cadière-d'Azur
38
Clos-des-Plages
Les Lecques
Les Goudes
Sormiou
Cal. de Sormiou
Cal. de Morgiou
Cal. d'En-Vau
Cap Canaille
St-Cyr-sur-Mer
Ste-Anne-d'Evenos
Les Calanques
Île de Riou
La Ciotat
La Madrague
Port-d'Alon
Bandol
Parc National des Calanques
Sanary-sur-Mer
Six-Fours-les-Plages
Le Brusc
Île des Embiez
Notre-Dame-d
Mer Méditerranée

D
E
F
Valensole
Riez
Roumoules
197
Serre
Châteauneuf-les-Moustiers
Régional
Rougon
Verdon
Bel-Air
Montagnac
Allemagne-en-Provence
St-Martin-de-Brômes
Lac de Ste-Croix
Aiguines
Les Salles-sur-Verdon
La-Palud-sur-Verdon
Point Sublime
Trigance
Soleils
Riblaqu
Gorges du Verdon
Corniche Sublime
Grand Plan de Canjuers
Comps-sur-Artu
du Verdon
Camp
Lac d'Esparron
Canal du Verdon
La Cherine
Quinson
Basses Gorges du Verdon
St-Laurent-du-Verdon
Font-Castellan
Baudinard-sur-Verdon
Fontayne
St-Pierre
St-Andrieux
La Roquette
Régusse
Moissac-Bellevue
Montagne de Barjaude
Artuby
Le Pardigaou
Verignon
Montmeyan
Bois de Pélenq
Aups
La Magdeleine
Montferrat
Bastide-Blanche
La Verdière
Bois de Queiraud
Orat
La Bréguière
Amphoux
Ampus
Varages
Tavernes
Le Logis
Tourtour
Rebouillon
Figanié
Villecroze
Bresque
Les Annelles
Barjols
Sillans-la-Cascade
Salernes
Le Flayosquet
Draguignan
Fauvery
Von. des Rigouards
Les Moulières
Flayosc
Brue-Auriac
Le Pigeonnier
Cotignac
Massebœuf
Sauve-Clare
Bois de Bessillion
Entecasteaux
Source d'Argens
St-Antonin-du-Var
Lorgues
Les Nourrado
Châteauvert
Cassole
Ollières
Correns
Montfort-sur-Argens
Carcès
Lac de Carcès
Les Arcs-sur-Argens
Abbaye du Thoronet
Le Thoronet
Les Germains
Taradeau
Bras
Réal-Martin
Vidauban
Vins-sur-Caramy
Le Val
Ribeirotte
Cabasse
St-Pastour
Chaumes
St-Martin
Valiancelle
Tourves
Les Gaëtans
Brignoles
Le Luc
Les Espérifets
La Celle
Le Cannet-des-Maures
Rougiers
Escarelle
Camps-la-Source
La Miquelet
Flassans-sur-Issole
Repenti
Beillanne
Ste-Anastasie-sur-Issole
Besse-sur-Issole
Ste-Agathe
Col de
Mazaugues
La Roquebrussane
Forcalqueiret
Garéoult
Gonfaron
La Garde-Freinet
Thèmes
Les Mayons
La Verguine
Canal de Provence
Rocbaron
Carnoules
Servante
Pignans
La Foux
Sauvette 779 m
Signes
Col de la Bigue 423 m
Puget-Ville
Méounes-les-Montrieux
Vaucaude
Capelude
Les Vidaux
Pachoquin
Collobrières
Plateau de Siou-Blanc
Belgentier
Valcros
Réal Collobrières
La Rivière
Barrage de la Verne
Cuers
Montaud
Pierrefeu-du-Var
Les Campeaux
Col du Canadel
Gapeau
Massif des Maures
Mont Caume 801 m
Le Beausset
Solliès-Pont
Col de Gratteloup 199 m
Canadel-sur-Mer
Le Revest-les-Eaux
Le Broussan
Môle
Evenos
La Farlède
St-Honoré
Aiguebelle
Bormes-les-Mimosas
La Crau
La-Londe-les-Maures
Ollioules
Hyères
L'Argentière-Plage
St-Clair
La Favière
Le Lavandou
Baie du Gac
La Garde
Port-de-Miramar
Léoube
Gau
Bénat
La Moutonne
Port-Pothuau
Cabasson
Seyne-sur-Mer
TOULON
Le Pradet
Carqueiranne
Cap Blanc
Les Oursinières
Hyères-Plage
Les Sablettes
Golf de Giens
Port d'Hyères
Rade d'Hyères
202
Fabregas
St-Mandrier-sur-Mer
La Capte
Giens
Presqu'île de Giens
Presqu'île de St-Mandrier
La Madrague
La Tour-Fondue
Plage Notre-Dame
Île de Bagaud
Grand-A
Cap Sicié
Porquerolles
Port-Cros
Cap d'Arme
Île de Porquerolles
Parc National de Port-Cros
Îles d'H
201

Régional
Rougon
Point Sublime
Gorges du Verdon
Trigance
Soleils
Le Bourguet
Riblaquon
Jabron
La Garde
Eoulx
Châteauvieux
Brénon
Le Logis du Pin
La Martre
Villaute
Malamaire
Séranon
Valderoure
Peyroules
La Foux
Col de Bleine 1439 m
Caille
Andon
L'Audibergue
Montagne de l'Audibergue
Corand
Loup
Caussols
Plateau de Caussols
Bargème
La Bastide
La Roque-Esclapon
Le Moutet
Escragnolles
Pas de la Faye 981 m
Nans
Col du Pilon 786 m
St-Vallier-de-Thiey
Comps-sur-Artuby
du Verdon
Plan de Canjuers
Camp Militaire de Canjuers
Col du Bel-Homme 915 m
Bourigaille
Mons
St-Cézaire-sur-Siagne
Spéracèdes
Cabris
Le Tignet
Peymeinade
Seillans
Fayence
Callian
Montauroux
St-Cassien-des-Bois
La Magdeleine
Montferrat
Col de Boussague 431 m
Bargemon
Les Selves
Tanneron
Ampus
Callas
Les Saquetons
Lac de St-Cassien
Les Marjoris
Tourtour
Rebouillon
Figanières
Les Clèdes
La Bégude
Les Margoutons
St-Paul-en-Forêt
Massif du Tanneron
Mandelieu
Bompin
Flayosquet
Draguignan
St-Pons
Bagnols-en-Forêt
L'Eglise
Minelle
Flayosc
Les Adrets de l'Esterel
St-Jean
St-Michel-d'Esclans
La Bouverie
Col des Suvières 249 m
Sauve-Clare
Lorgues
Les Nourradons
la Motte
Parc Zoologique-Safari
Antonin-du-Var
Le Muy
La-Tour-de-Mare
Massif de l'Esterel
Les Arcs-sur-Argens
Les Valises
Puget-sur-Argens
Valescure
Agay
Abbaye du Thoronet
Le Thoronet
Les Germains
Taradeau
La Cognasse
Roquebrune-sur-Argens
FRÉJUS
Aquatica
ST-RAPHAËL
Le Dramont
Cap du Dram
Vidauban
Villepey
Golfe de Fréjus
Chaumes
Le Luc
Les Espérifets
La Bastide-Rouge
St-Aygulf
Le Cannet-des-Maures
La Miquelette
Col de Gratteloup 225 m
La Gaillarde
Les Pierrons
Corniche
Repenti
Reillanne
La Moure
Val d'Esquières
Les Issambres
San-Peïre-sur-Mer
Col de Vignon 352 m
Plan-de-la-Tour
La Nartelle
Cap des Sardinaux
La Garde-Freinet
Courruères
Ste-Maxime
Les Mayons
Golfe de St-Tropez
Beauvallon
Port-Grimaud
ST-TROPEZ
Château de la Moutte
Sauvette 779 m
Grimaud
La Foux
Plage des Salins
Vaucaude
Capelude
Cogolin
Plage de Tahiti
Collobrières
Pampelonne
La Rivière
Les Guiols
Rebois
Gassin
Ramatuelle
Plage de Bonne Terrasse
Col de Paillas 110 m
Cap Camarat
Les Campeaux
La Môle
La Croix-Valmer
Col de Collebasse 129 m
Col du Canadel 267 m
Plage de l'Escalet
Baie de Cavalaire
Gigaro
Cap Taillat
Canadel-sur-Mer
Le Rayol
Cavalaire-sur-Mer
Plage de la Briande
Cap Lardier
Aiguebelle
Bormes-les-Mimosas
St-Clair
Pramousquier
Baie du Gaou
L'Argentière-Plage
La Favière
Le Lavandou
Léoube
Gau
Bénat
Cabasson
Corniche des Maures
Cap Blanc
Rade d'Hyères
Grand-Avis
Île de Bagaud
Île du Levant
Heliopolis
Plage Notre-Dame
Port-Cros
Île de Port-Cros
Parc National de Port-Cros
Îles d'Hyères
198
201
202
A
B
C

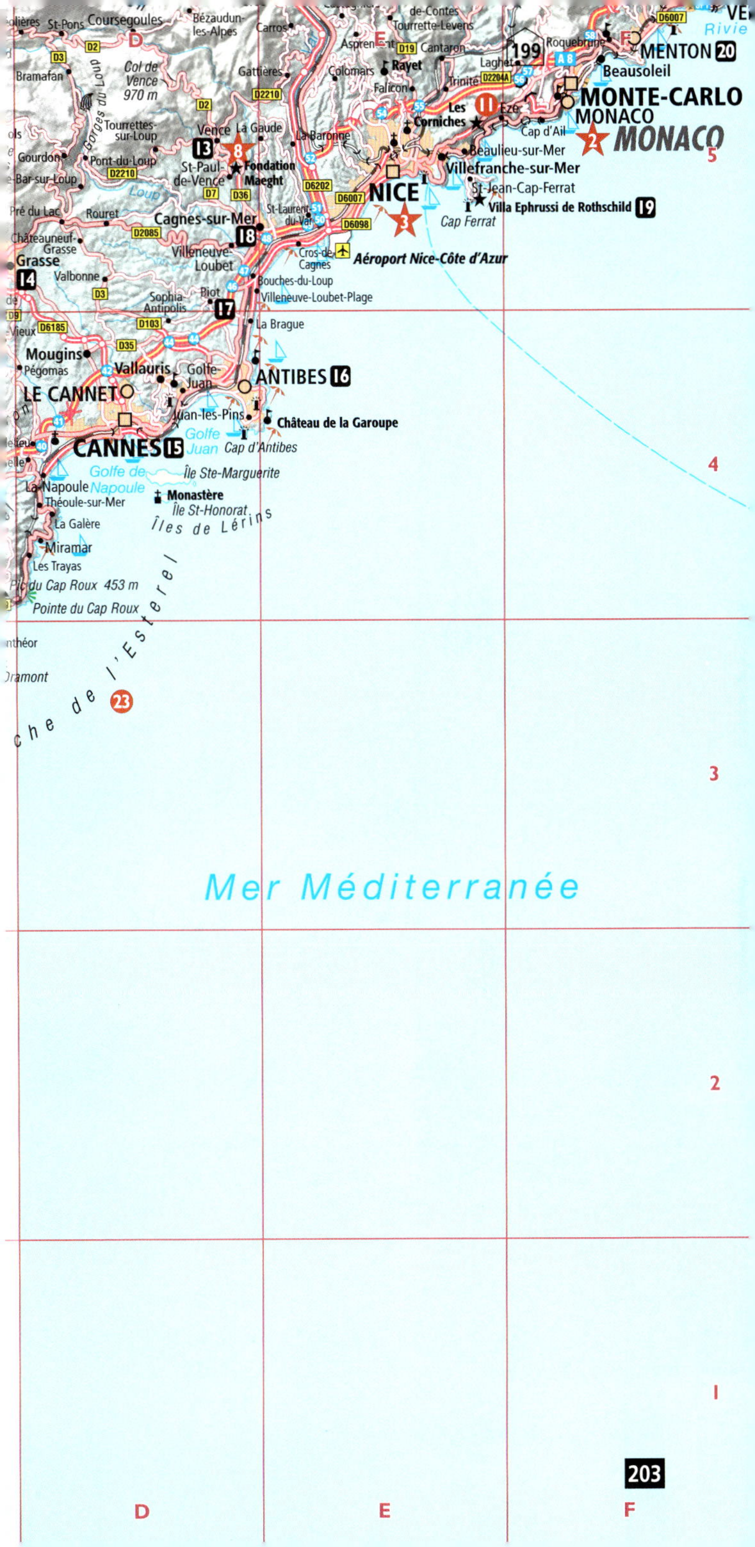
Coursegoules
St-Pons
Bézaudun-les-Alpes
Carros
de-Contes
Tourrette-Levens
Aspremont
Cantaron
Rayet
Colomars
Falicon
Laghet
Trinité
Roquebrune
MENTON 20
Beausoleil
MONTE-CARLO
MONACO
MONACO
199
Bramafan
Col de Vence 970 m
Gattières
Gorges du Loup
Tourrettes-sur-Loup
Vence
La Gaude
La Baronne
Les Corniches
Èze
Cap d'Ail
Gourdon
Pont-du-Loup
Bar-sur-Loup
St-Paul-de-Vence
Fondation Maeght
Beaulieu-sur-Mer
Villefranche-sur-Mer
St-Jean-Cap-Ferrat
Villa Ephrussi de Rothschild 19
Cap Ferrat
Loup
Pré du Lac
Rouret
Cagnes-sur-Mer
St-Laurent-du-Var
NICE
Châteauneuf-Grasse
Villeneuve-Loubet
Cros-de-Cagnes
Aéroport Nice-Côte d'Azur
Grasse
Valbonne
Bouches-du-Loup
Villeneuve-Loubet-Plage
Sophia-Antipolis
Biot
La Brague
Mougins
Pégomas
Vallauris
Golfe-Juan
ANTIBES 16
LE CANNET
Juan-les-Pins
Château de la Garoupe
Golfe Juan
Cap d'Antibes
CANNES 15
Golfe de Napoule
Île Ste-Marguerite
La Napoule
Théoule-sur-Mer
Monastère
Île St-Honorat
Îles de Lérins
La Galère
Miramar
Les Trayas
Pic du Cap Roux 453 m
Pointe du Cap Roux
Mer Méditerranée
D
E
F

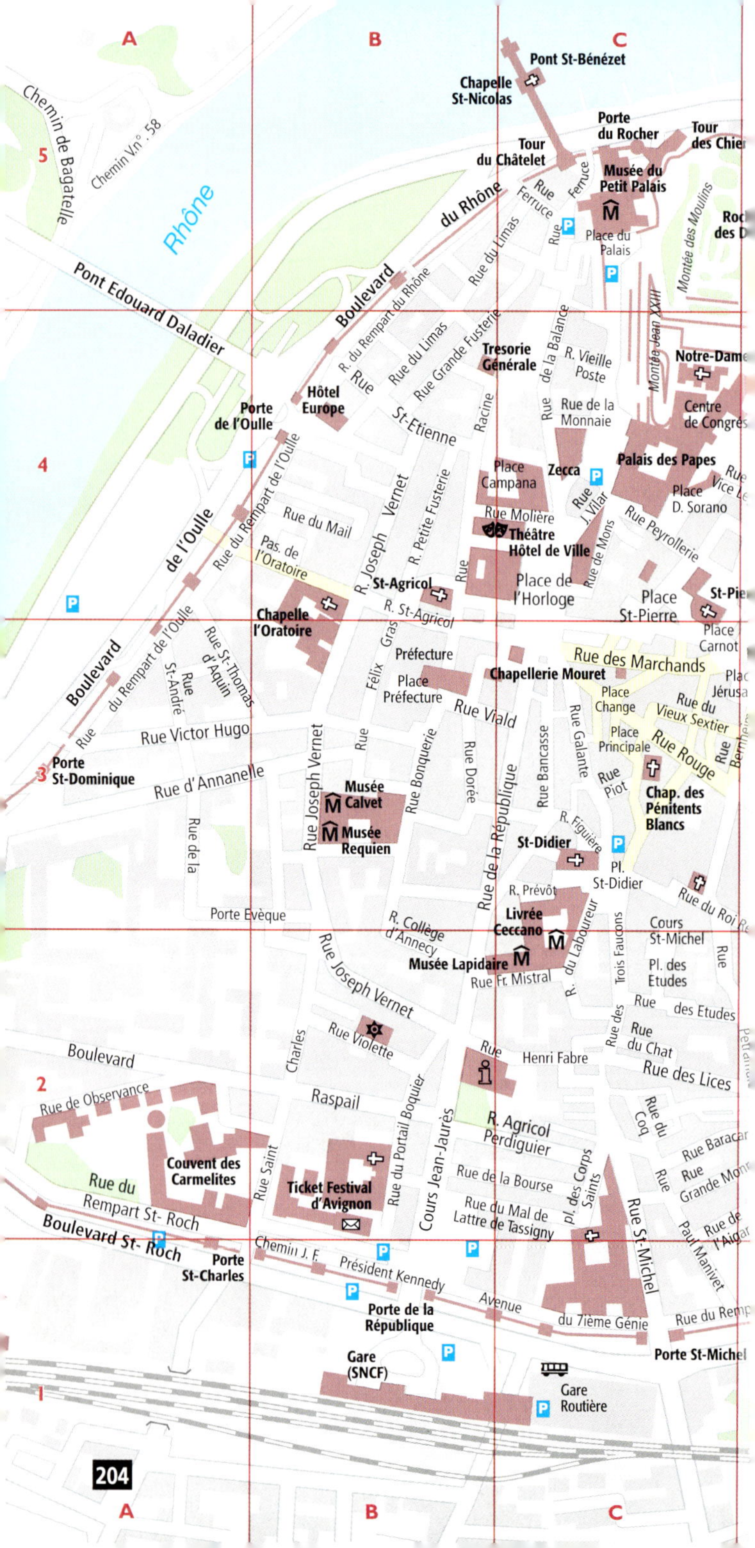

Pont St-Bénézet
Chapelle St-Nicolas
Porte du Rocher
Tour des Chiens
Tour du Châtelet
Musée du Petit Palais
Place du Palais
Montée des Moulins
Rhône
Chemin de Bagatelle
Chemin V.n° 58
Pont Edouard Daladier
Boulevard du Rhône
R. du Rempart du Rhône
Rue du Limas
Rue Grande Fusterie
Tresorie Générale
Rue de la Balance
R. Vieille Poste
Montée Jean XXIII
Notre-Dame
Centre de Congrès
Hôtel Europe
Porte de l'Oulle
Rue St-Etienne
Racine
Rue de la Monnaie
Palais des Papes
Place Campana
Zecca
Rue J. Vilar
Place D. Sorano
Rue Peyrollerie
Rue Molière
Théâtre
Hôtel de Ville
Place de l'Horloge
Rue de Mons
Place St-Pierre
St-Pierre
Place Carnot
Boulevard de l'Oulle
Rue du Rempart de l'Oulle
Rue du Mail
Pas. de l'Oratoire
R. Joseph Vernet
R. Petite Fusterie
St-Agricol
R. St-Agricol
Chapelle l'Oratoire
Félix Gras
Préfecture
Place Préfecture
Chapellerie Mouret
Rue des Marchands
Place Change
Rue du Vieux Sextier
Place Principale
Rue Rouge
Rue Bercheire
Rue St-Thomas d'Aquin
Rue St-André
Rue Victor Hugo
Rue Viald
Rue Bancasse
Rue Galante
Rue Piot
Porte St-Dominique
Rue d'Annanelle
Rue Joseph Vernet
Musée Calvet
Musée Requien
Rue Bonquerie
Rue Dorée
Rue de la République
Chap. des Pénitents Blancs
R. Figuière
St-Didier
Pl. St-Didier
R. Prévôt
Rue du Roi René
Rue de la
Porte Evèque
R. Collège d'Annecy
Livrée Ceccano
Musée Lapidaire
Rue Fr. Mistral
R. du Laboureur
Trois Faucons
Cours St-Michel
Pl. des Etudes
Rue des Etudes
Rue des
Rue du Chat
Rue des Lices
Rue Violette
Charles
Boulevard Raspail
Rue Henri Fabre
Rue de Observance
Rue du Coq
Couvent des Carmelites
Rue Saint
Ticket Festival d'Avignon
Rue du Portail Boquier
Cours Jean-Jaurès
R. Agricol Perdiguier
Rue de la Bourse
Rue du Mal de Lattre de Tassigny
pl. des Corps Saints
Rue St-Michel
Rue Baracane
Rue Grande Monnaie
Paul Manivet
Rue de l'Aigarden
Rue du Rempart St-Roch
Boulevard St-Roch
Porte St-Charles
Chemin J. F.
Avenue Président Kennedy
Porte de la République
du 7ième Génie
Rue du Rempart
Porte St-Michel
Gare (SNCF)
Gare Routière

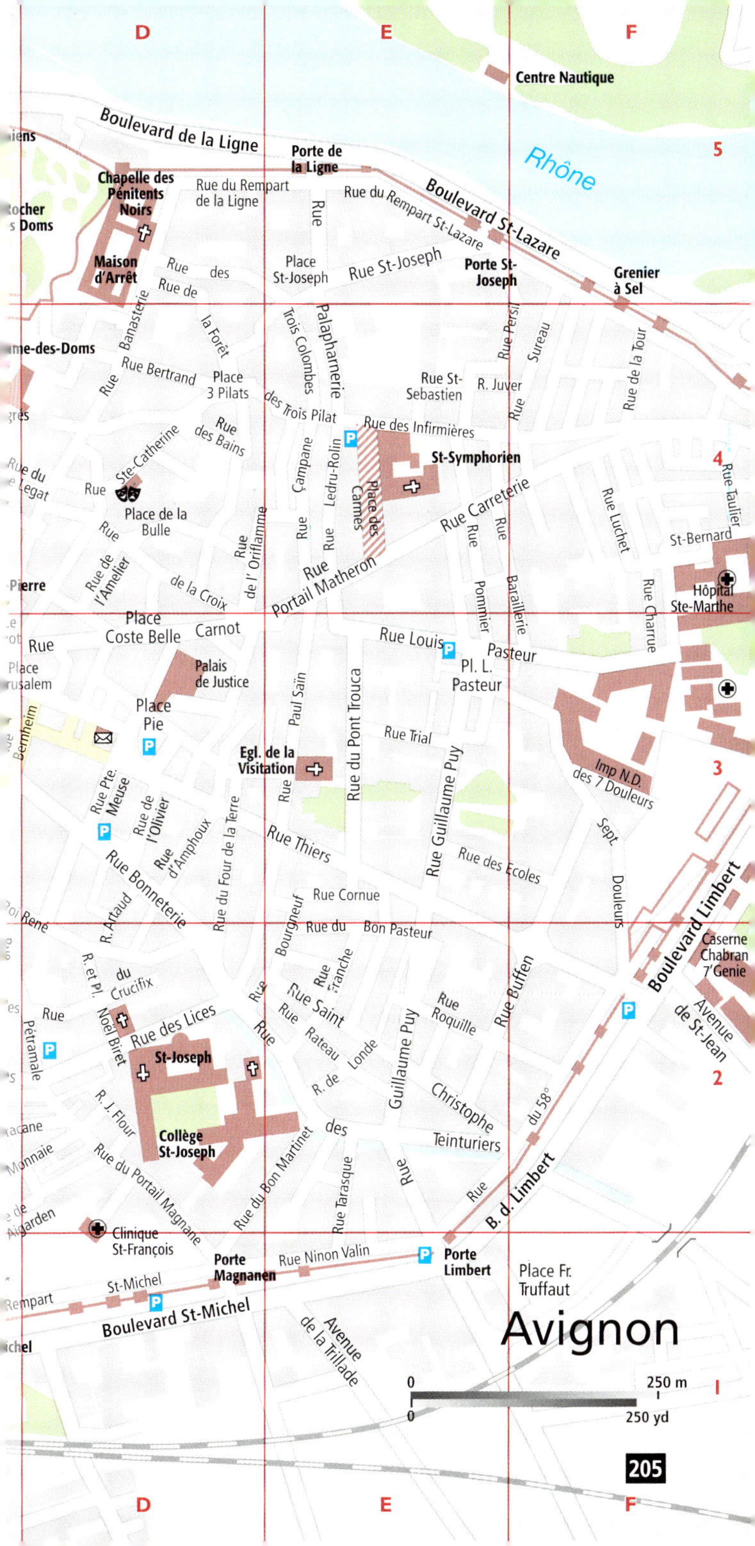
D
E
F
Centre Nautique
Boulevard de la Ligne
Porte de la Ligne
Rhône
Chapelle des Pénitents Noirs
Rue du Rempart de la Ligne
Rue du Rempart St-Lazare
Boulevard St-Lazare
Rocher des Doms
Maison d'Arrêt
Place St-Joseph
Rue St-Joseph
Porte St-Joseph
Grenier à Sel
Rue des
Rue de la Forêt
Rue Banasterie
Trois Colombes
Palapharnerie
Rue Persil
Sureau
Rue de la Tour
Rue Bertrand
Place 3 Pilats
Rue des Trois Pilat
Rue St-Sebastien
R. Juver
Rue des Infirmières
St-Symphorien
Rue Ste-Catherine
Rue des Bains
Rue Campane
Rue Ledru-Rolin
Place des Carmes
Rue Carreterie
Rue Luchet
Rue Taulier
St-Bernard
Place de la Bulle
Rue de l'Oriflamme
Rue Portail Matheron
Rue Pommier
Rue Baraillerie
Hôpital Ste-Marthe
Rue de l'Amelier
Rue de la Croix
Rue Charrue
Place Coste Belle
Rue Carnot
Rue Louis Pasteur
Pl. L. Pasteur
Palais de Justice
Place Pie
Rue Paul Saïn
Rue du Pont Trouca
Rue Trial
Egl. de la Visitation
Rue Guillaume Puy
Imp N.D. des 7 Douleurs
Rue Pte. Meuse
Rue de l'Olivier
Rue d'Amphoux
Rue du Four de la Terre
Rue Thiers
Rue des Ecoles
Rue Sept Douleurs
Rue Bonneterie
Rue Cornue
Boulevard Limbert
R. Artaud
Rue Bourgneuf
Rue du Bon Pasteur
Caserne Chabran 7'Genie
R. et Pl. du Crucifix
Rue Franche
Rue Saint Christophe
Rue Roquille
Rue Buffon
Avenue de St-Jean
Rue Pétramale
Noël Biret
Rue des Lices
St-Joseph
Rue Rateau
R. de Londe
Guillaume Puy
du 58°
R. J. Flour
Collège St-Joseph
Rue du Bon Martinet
Rue des Teinturiers
Rue du Portail Magnane
Rue Tarasque
B. d. Limbert
Clinique St-François
Porte Magnanen
Rue Ninon Valin
Porte Limbert
Place Fr. Truffaut
Rempart St-Michel
Boulevard St-Michel
Avenue de la Trillade
Avignon
0
250 m
250 yd
5
4
3
2
1

Marseille

Marseille
0 400 m
0 400 yd
A
B
C
5
4
3
2
1
LA JOLIETTE
HÔTEL DE VILLE
Vieux Port
LE PHARO
ST-VICTOR
N.-D. DE LA GARDE
Gare Maritime Nationale
Gare Maritime Internationale
Bassin de la Grande Joliette
Port Autonôme de Marse
Cathédrale de la Major
Égl. la Major
FRAC Vieille Charité Centre Polyculturel
Musée d'Archéologie méditerranéenne
Tour des Trinitaires
Clocher des Accoules
Hôtel-Dieu
Notre-Dame des Accoules
Hôpital de l'Hôtel-Dieu
Préau des Accoules (Esp. d. Enfants)
Maison Diamantée Musée du Vieux Marseille
Musée des Docks romaines
Théâtre de Lenche
Parvis St-Laurent
Musée Regards de Provence
MuCEM
CRM
Fort St-Jean
Fort St-Nicolas
Hôtel de Ville
Notre-Dame du Mont Carmel
St-Cannat
Joliette
République Dames
Colbert
Jules Guesde
Vieux Port Hôtel de Ville
St-Ferréol
Hôpital P. Desbief
Hôtel de la Marine
Théâtre Municipal "La Criée"
Musée du Santon
Basilique St-Victor
Fort d'Entrecasteaux
Institut Pasteur
Caserne d'Aurelle
Jardin du Pharo
Port de la Réserve
Club Nautique Marseillais
Parc E. Duclaux
Rowing Club
Bassin de Carénage
Pl. de la Corderie H. Bergasse
Jardin de la Colonne
Jardin P. Puget
PALAIS JUSTI
Place du 4 Septembre
Gr. Scol. R. Blanc
Stade Tellène
Jardin Poinso Chapuis
Notre-Dame de la Garde
Pl. Cl. Edon
Pl. St-Maria
Bd. du Littoral
Tunnel de la Major
Tunnel du Vieux Port
Boulevard Charles Livon
Quai de Rive Neuve
Quai du Port
Bd. des Dames
R. de la République
Boulevard de la Corderie
Rue d'Endoume
Boulevard Tellene
Boulevard Notre Dame
Rue Neuve St-Catherine
Av. de la Corse
Rampe St-Maurice
Av. Pasteur
Bd. Marius Thomas
Bd. Bompard

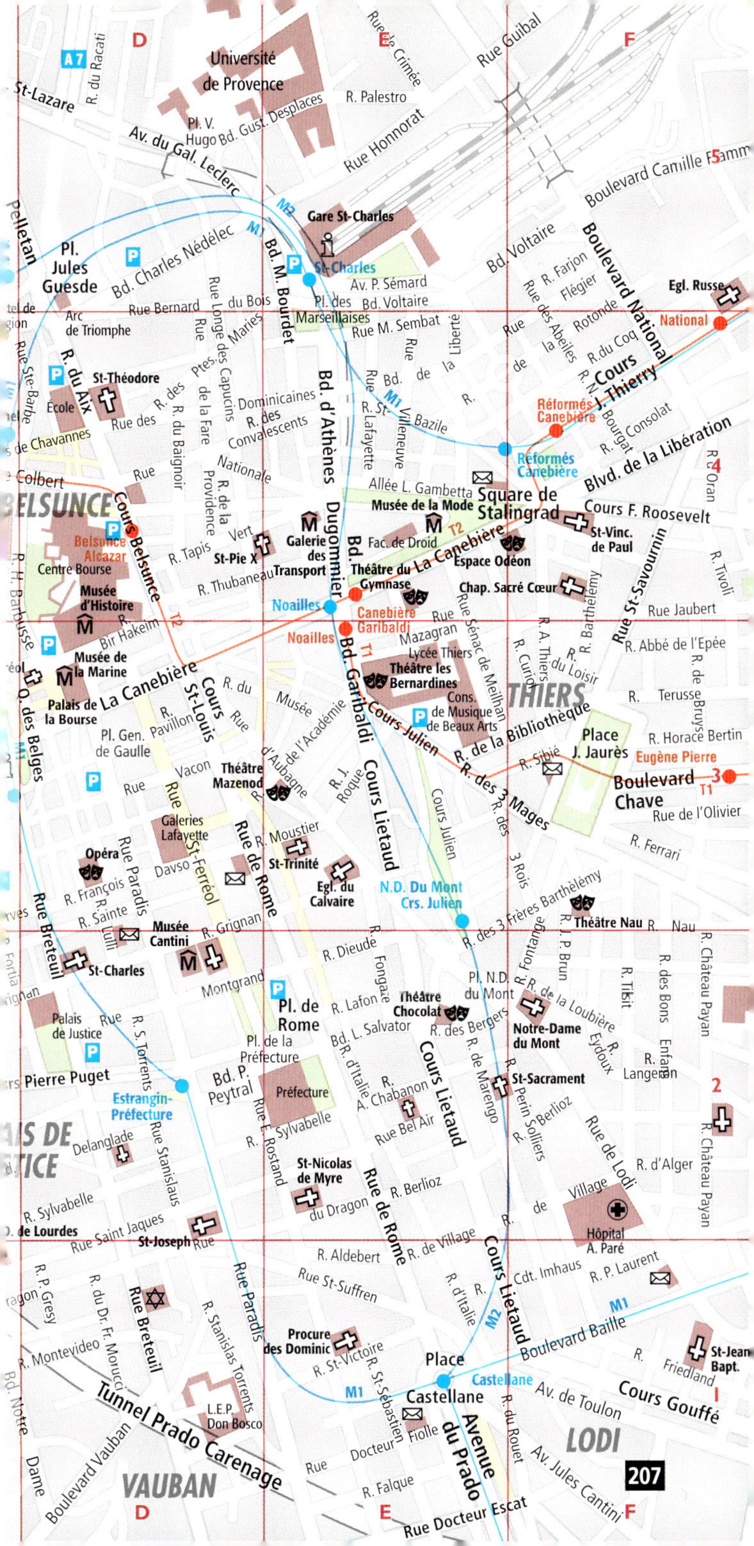
D
E
F
A7
R. du Racati
Université
de Provence
Rue de Crimée
Rue Guibal
St-Lazare
Pl. V. Hugo
Bd. Gust. Desplaces
R. Palestro
Av. du Gal. Leclerc
Rue Honnorat
5
Boulevard Camille Flammarion
Pelletan
M2
M1
Gare St-Charles
Pl. Jules Guesde
Bd. Charles Nédélec
Bd. M. Bourdet
St-Charles
Av. P. Sémard
Bd. Voltaire
Bd. Voltaire
R. Farjon
Flégier
Boulevard National
Egl. Russe
Arc de Triomphe
Rue Bernard du Bois
Rue Longue des Capucins
Pl. des Marseillaises
Rue M. Sembat
Liberté
Rue des Abeilles
Rotonde
R. du Coq
National
Rue Ste-Barbe
R. du Aix
St-Théodore
École
Ptes. Maries
R. des Dominicaines
R. des Convalescents
Bd. d'Athènes
Bd. de la Liberté
Rue de la Rotonde
Cours J. Thierry
R. N. Bourgat
Rue des Chavannes
R. du Baignoir
R. de la Fare
Nationale
R. Lafayette
R. St-Bazile
Villeneuve
Réformés Canebière
R. Consolat
Blvd. de la Libération
R. d'Oran
4
Colbert
BELSUNCE
Cours Belsunce
Belsunce Alcazar
Centre Bourse
Musée d'Histoire
R. de la Providence
R. Tapis Vert
St-Pie X
R. Thubaneau
Galerie des Transport
Noailles
Dugommier
Bd.
Allée L. Gambetta
Musée de la Mode
Fac. de Droit
Théâtre du Gymnase
La Canebière
Square de Stalingrad
Espace Odéon
Cours F. Roosevelt
St-Vinc. de Paul
Chap. Sacré Cœur
Rue St-Savournin
R. Tivoli
Rue Jaubert
T2
R. H. Barbusse
Bir Hakeim
Musée de la Marine
Palais de la Bourse
Q. des Belges
La Canebière
Cours St-Louis
Noailles
Canebière Garibaldi
T1
Rue Mazagran
Lycée Thiers
Théâtre les Bernardines
Cons. de Musique de Beaux Arts
Rue Sénac de Meilhan
R. Curiol
R. A. Thiers
R. du Loisir
R. Barthélemy
R. Abbé de l'Epée
R. de Bruys
THIERS
R. Terusse
R. du Musée
Rue de l'Académie
R. Pavillon
Pl. Gen. de Gaulle
Bd. Garibaldi
Cours Julien
R. de la Bibliothèque
Place J. Jaurès
R. Horace Bertin
Eugène Pierre
Rue Vacon
Théâtre Mazenod
Rue d'Aubagne
R. J. Roque
Cours Lietaud
R. des 3 Mages
R. Sibié
Boulevard Chave
3
Rue de l'Olivier
Galeries Lafayette
Rue St-Ferréol
Rue de Rome
R. Moustier
Cours Julien
R. des 3 Rois
R. Ferrari
Opéra
Rue Paradis
R. Davso
St-Trinité
Egl. du Calvaire
N.D. Du Mont Crs. Julien
R. François
R. Sainte
R. Lulli
Musée Cantini
R. Grignan
R. des 3 Frères Barthélemy
Théâtre Nau
R. Nau
Rue Breteuil
St-Charles
Montgrand
R. Dieudé
R. Fongate
R. Fontange
R. J. P. Brun
Pl. N.D. du Mont
R. de la Loubière
R. Tibit
R. des Bons Enfants
R. Château Payan
Palais de Justice
R. S. Torrents
Pl. de Rome
R. Lafon
Théâtre Chocolat
R. des Bergers
Notre-Dame du Mont
Eydoux
Pl. de la Préfecture
Bd. L. Salvator
R. d'Italie
R. de Marengo
R. Langeron
Pierre Puget
Bd. P. Peytral
Préfecture
R. A. Chabanon
St-Sacrament
R. Perin Solliers
R. Berlioz
Rue de Lodi
2
Estrangin-Préfecture
Delanglade
Rue Stanislaus
R. E. Rostand
R. Sylvabelle
Rue Bel Air
R. d'Alger
R. Château Payan
St-Nicolas de Myre
R. Berlioz
R. du Dragon
Rue de Village
Hôpital A. Paré
R. Sylvabelle
R. de Lourdes
Rue Saint Jaques
St-Joseph
R. Aldebert
R. de Village
Cours Lietaud
R. Cdt. Imhaus
R. P. Laurent
R. P. Gresy
R. du Dr. Fr. Morucci
Rue Breteuil
R. Stanislas Torrents
Rue Paradis
Rue St-Suffren
R. d'Italie
M1
R. Montevideo
Procure des Dominic
R. St-Victoire
Place Castellane
Boulevard Baille
R. Friedland
St-Jean Bapt.
Bd. Notre Dame
Tunnel Prado Carenage
L.E.P. Don Bosco
R. St-Sébastien
Castellane
Av. de Toulon
Cours Gouffé
Boulevard Vauban
Docteur Fiolle
Avenue du Prado
R. du Rouet
LODI
Av. Jules Cantini
VAUBAN
R. Falque
Rue Docteur Escat

Nice

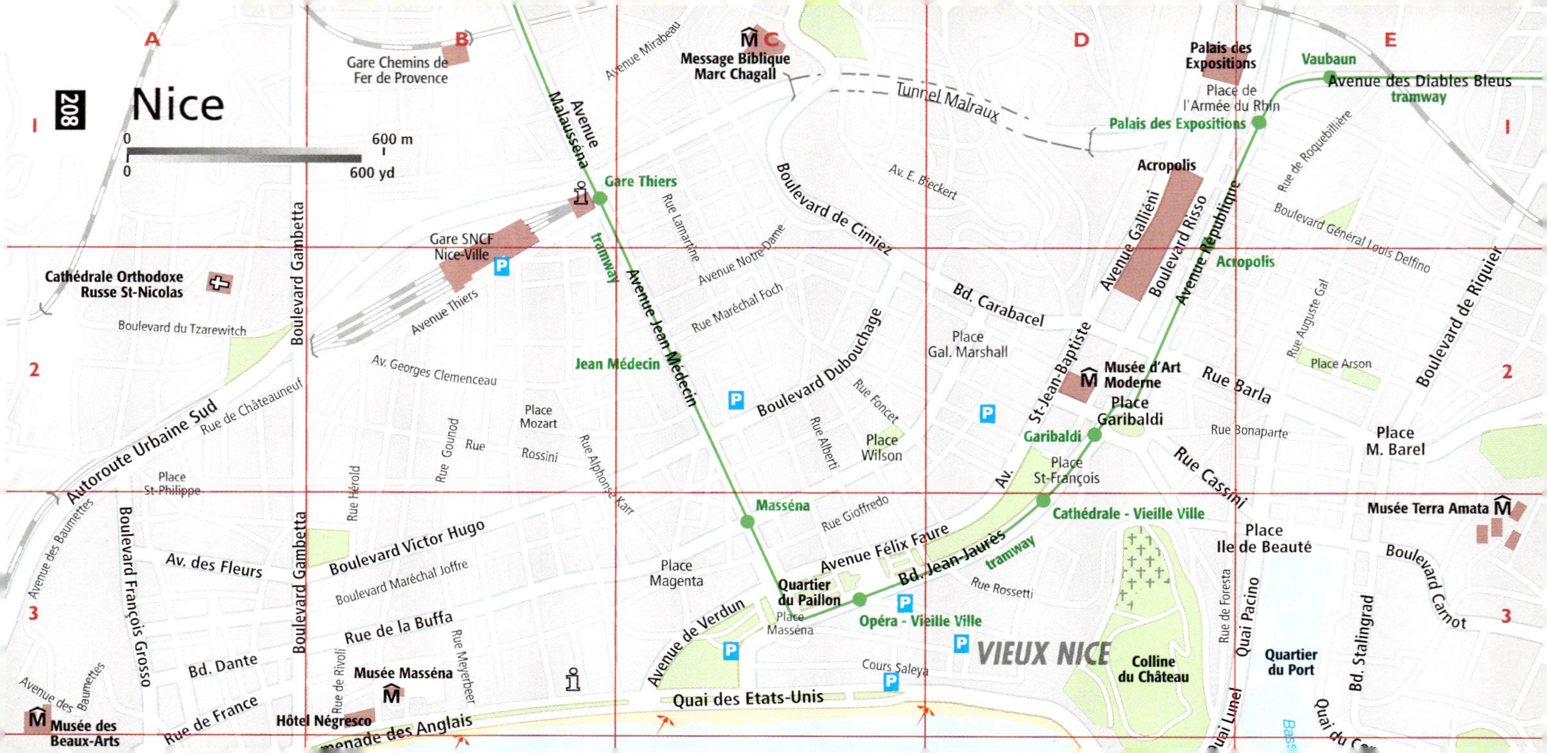

A
B
C
D
E
1
2
3
0
600 m
600 yd
Gare Chemins de Fer de Provence
Message Biblique Marc Chagall
Palais des Expositions
Place de l'Armée du Rhin
Vaubaun
Avenue des Diables Bleus
tramway
Palais des Expositions
Tunnel Malraux
Avenue Mirabeau
Avenue Malausséna
Gare Thiers
Gare SNCF Nice-Ville
Cathédrale Orthodoxe Russe St-Nicolas
Boulevard du Tzarewitch
Boulevard Gambetta
Avenue Thiers
Avenue Jean Médecin
Rue Lamartine
Avenue Notre-Dame
Rue Maréchal Foch
Boulevard de Cimiez
Av. E. Bieckert
Acropolis
Avenue Galliéni
Boulevard Risso
Avenue République
Rue de Roquebillière
Boulevard Général Louis Delfino
Boulevard de Riquier
Bd. Carabacel
Place Gal. Marshall
Av. St-Jean-Baptiste
Musée d'Art Moderne
Place Garibaldi
Garibaldi
Rue Barla
Rue Auguste Gal
Place Arson
Rue Bonaparte
Place M. Barel
Rue Cassini
Av. Georges Clemenceau
Jean Médecin
Boulevard Dubouchage
Rue Foncet
Rue Alberti
Place Wilson
Place Mozart
Rue Gounod
Rue Rossini
Rue Alphonse Karr
Rue de Châteauneuf
Autoroute Urbaine Sud
Place St-Philippe
Rue Hérold
Place St-François
Cathédrale - Vieille Ville
Musée Terra Amata
Place Ile de Beauté
Boulevard Carnot
Masséna
Rue Gioffredo
Avenue Félix Faure
Bd. Jean-Jaurès
Rue Rossetti
Avenue des Baumettes
Boulevard François Grosso
Av. des Fleurs
Boulevard Victor Hugo
Boulevard Maréchal Joffre
Rue de la Buffa
Rue Meyerbeer
Place Magenta
Quartier du Paillon
Place Masséna
Opéra - Vieille Ville
Avenue de Verdun
VIEUX NICE
Colline du Château
Rue de Foresta
Quai Pacino
Quartier du Port
Bd. Stalingrad
Bd. Dante
Rue de France
Rue de Rivoli
Musée Masséna
Hôtel Négresco
Musée des Beaux-Arts
Cours Saleya
Quai des Etats-Unis
menade des Anglais
Quai Lunel
Quai du C
Bass

Arles

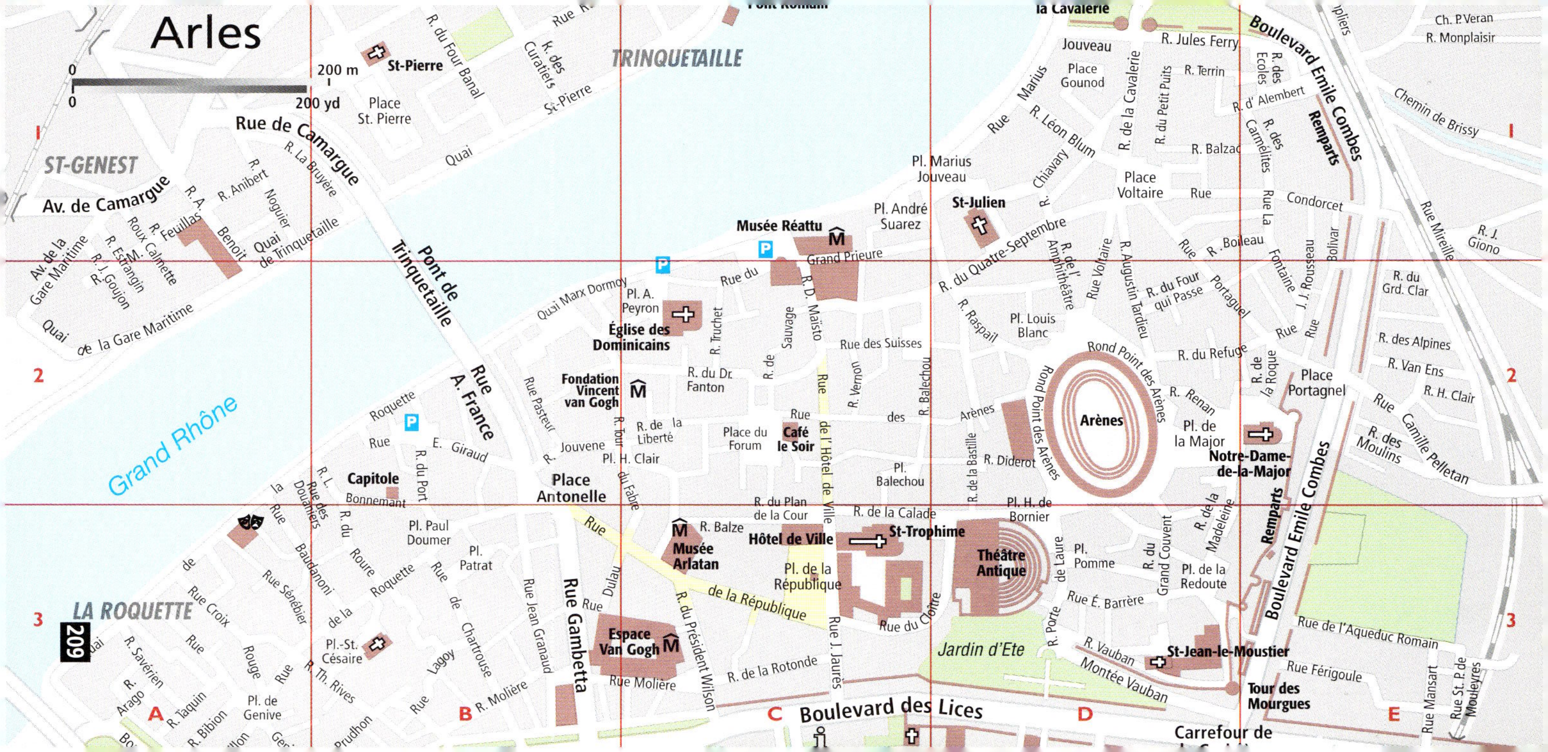

Arles
0 200 m
0 200 yd
St-Pierre
Place St. Pierre
R. du Four Banal
R. des Curatiers
St-Pierre
Quai
TRINQUETAILLE
Rue de Camargue
ST-GENEST
Av. de Camargue
R. La Bruyère
R. Anibert
R. A. Benoit
Noguier
R. Feuillas
Roux
M. Calmette
R. Estrangin
R. J. Goujon
Av. de la Gare Maritime
Quai de la Gare Maritime
Quai de Trinquetaille
Pont de Trinquetaille
Grand Rhône
Musée Réattu
Grand Prieure
Pl. André Suarez
St-Julien
Pl. Marius Jouveau
Quai Marx Dormoy
Rue du Sauvage
R. D. Maïsto
Pl. A. Peyron
Église des Dominicains
R. Truchet
R. du Dr. Fanton
Rue des Suisses
R. Vernon
R. Balechou
Fondation Vincent van Gogh
R. de la Liberté
R. Tour du Fabre
Pl. H. Clair
R. Jouvene
Rue Pasteur
Rue A. France
Roquette
Rue E. Giraud
R. du Port
Capitole
Bonnemant
R. L.
Rue des Douaniers
la Rue
Place Antonelle
Place du Forum
Café le Soir
Rue de l'Hôtel de Ville
Pl. Balechou
R. du Plan de la Cour
Hôtel de Ville
R. de la Calade
St-Trophime
Pl. de la République
Rue de la République
Musée Arlatan
R. Balze
Rue Dulau
Rue Gambetta
Espace Van Gogh
Rue Molière
R. du Président Wilson
R. de la Rotonde
Rue J. Jaurès
Rue du Cloître
Boulevard des Lices
Théâtre Antique
Jardin d'Ete
R. Porte de Laure
Pl. Pomme
Rue É. Barrère
R. du Grand Couvent
Pl. de la Redoute
R. de la Madeleine
R. Vauban
Montée Vauban
St-Jean-le-Moustier
Tour des Mourgues
Carrefour de
Rue Férigoule
Rue de l'Aqueduc Romain
Rue Mansart
Rue St. P. de Mouleyres
Boulevard Emile Combes
Remparts
Notre-Dame-de-la-Major
Pl. de la Major
R. Renan
Arènes
Rond Point des Arènes
R. des Arènes
R. Diderot
R. de la Bastille
Pl. H. de Bornier
Pl. Louis Blanc
R. Raspail
R. du Quatre-Septembre
R. de l'Amphithéâtre
Rue Voltaire
R. Augustin Tardieu
R. du Four qui Passe
Rue Portaguel
R. du Refuge
R. de la Roque
Rue Fontaine
R. Boileau
Rue J. J. Rousseau
Bolivar
Place Portagnel
Rue Camille Pelletan
R. des Moulins
R. H. Clair
R. Van Ens
R. des Alpines
R. du Grd. Clar
R. J. Giono
Rue Mireille
Chemin de Brissy
Ch. P. Veran
R. Monplaisir
R. des Ecoles
R. d' Alembert
R. des Carmélites
Rue La Condorcet
R. Balzac
R. Terrin
R. du Petit Puits
R. de la Cavalerie
R. Jules Ferry
la Cavalerie
Jouveau
Place Gounod
Rue Marius
R. Léon Blum
R. Chiavary
Place Voltaire
LA ROQUETTE
Rue Croix Rouge
Rue Sénébier
Baudanoni
Rue de la Roquette
R. du Roure
Pl. Paul Doumer
Pl. Patrat
Rue de Chartrouse
Rue Jean Granaud
Rue Lagoy
R. Molière
Pl.-St. Césaire
R. Th. Rives
Rue Prudhon
Pl. de Genive
R. Arago
R. Savérien
R. Taquin
R. Bibion
A
B
C
D
E
1
2
3

Monaco
A
B
C
D
E
1
2
3
210
N7
N98
Moyenne Corniche
Avenue Hector Otto
Boulevard du Jardin Exotique
Boulevard de Belgique
Boulevard Rainier III
Boulevard du Larvotto
Avenue Pasteur
Jardin Exotique
Boulevard Charles III
Terrasses de Fontvieilles
Avenue Albert II
Stade Louis II
FONTVIEILLE
Avenue des Papalins
Quai Jean-Charles Rey
Espace de Fontvieille
Héliport
Port de Fontvieille
Musée des Souvenirs
Palais Princier
Place du Palais
MONACO-VILLE
Place d'Armes
Rue Grimaldi
LA CONDAMINE
R. Baron de Ste-Suzanne
R. Princesse Florestine
Rue L. Notari
Rue Princesse Caroline
Boulevard Albert Ier
Rue de la Piscine
Rue de l'Eglise
Rue des Remparts
R. Princesse Marie de Lorraine
Rue Emile de Loth
Avenue de la Porte Neuve
Avenue de la Quarantaine
Quai Antoine Ier
Cathédrale Notre-Dame Immaculée
Avenue Saint-Martin
Musée Océanographique
Port de Monaco
Gare (SNCF)
Boulevard
Rue Bellevue
Rue Paradis
Av. St-Michel
Boulevard Princesse Charlotte
Rue des Iris
Av. de Suisse
la Costa
Avenue d'Ostende
Av. du Président J.F. Kennedy
Av. Princesse Alice
MONTE CARLO
Hôtel de Paris
Place du Casino
Allée des Boulingrins
Casino
Auditorium Rainier III
Avenue du Maréchal Foch
Av. de la République
Place de la Crémaillère
St-Charles
Boulevard des Moulins
Avenue de Grand Bretagne
Avenue des Spélugues
Place des Moulins
Chemin de l'Annociade
LA LARVOTTO
Boulevard d'Italie
Musée National
Boulevard du Larvotto
Avenue Princesse Grace
Grimaldi Forum Monaco
Plage du Larvotto
Jardin Japonais de Monaco
0
400 m
0
400 yd

Abbildungsnachweis

AA/A Baker 10, 11 (oben), 14/15, 45 (unten), 46, 76, 77, 81, 84, 106 (oben), 107, 118 (oben), 124 (oben), 146, 147, 150/151, 157 (unten), 158, 159 (oben), 161, 163 (oben), 165

AA/B Smith 71, 86/87, 128/129

AA/C Sawyer 12, 13, 23, 24/25, 25 Mitte, 26, 42, 43, 47, 48 (oben), 49 (unten), 50 (oben und unten), 51, 59 (oben und unten), 60, 68, 70 (unten), 72, 73, 78/79, 80, 83, 85 (unten), 96, 97 (oben und unten), 98, 100, 101, 102 (oben), 103, 104/105, 108, 109 (oben), 116 (oben und unten), 118 (unten), 119 (unten), 121 (oben), 122 (oben und unten), 125, 156 (oben und unten), 157 (oben), 159 (unten), 160, 162 (oben), 163 (unten), 178, 182

AA/R Moore 48 (unten), 87 (oben), 132/133, 135

AA/R Strange 18, 53 (oben und unten), 58, 75 (oben), 82, 106 (unten), 119 (oben), 120/121, 123, 124 (unten), 136 (oben), 136/137, 145, 154 (oben und unten), 180, 181, 184

AA/T Oliver 70 (oben), 162 (unten)

Avenue Images/José Antonio Moreno 131

Avenue Images/Ruth Tomlinson 105 (oben)

DuMont Bildarchiv/Roland Gerth 8, 11 (unten), 19, 85 (oben), 99, 102 (unten), 108/109, 127, 144, 148, 149, 152, 155, 164, 167, 168

DuMont Bildarchiv/Björn Göttlicher 40, 44, 45 (oben), 49 (oben), 54/55, 56, 94

DuMont Bildarchiv/Michael Riehle 17, 133, 134

Laif/Heeb 153

Laif/Romain Cintract/hemis.fr 21

Laif/Jean-Daniel Sudres/hemis 165

Mauritius Images/Alamy 52

Mauritius Images/CuboImages 4

Mauritius Images/Foodanddrinkphotos 6/7

Mauritius Images/Robert Harding 74/75

Mauritius Images/François Martin 126

Mauritius Images/United Archives 16

Titelbild: Carlos Sanchez Pereyra/Design Pics/Corbis

©MAIRDUMONT GmbH & Co. KG
VERLAG KARL BAEDEKER

1. Aufl. 2015

Text: Pam Stagg, Neville Walker, Peter Bausch
Übersetzung: Joachim Nagel und Dagmar Lutz
Redaktion: Christiane Wagner
Programmleitung: Birgit Borowski
Chefredaktion: Rainer Eisenschmid

Kartografie: ©MAIRDUMONT GmbH & Co. KG, Ostfildern
3D-Illustrationen: jangled nerves, Stuttgart

Anzeigenvermarktung:
MAIRDUMONT MEDIA
Tel. 0711/4502 333
media@mairdumont.com
media.mairdumont.com

Printed in China

Trotz aller Sorgfalt von Autoren und Redaktion sind Fehler und Änderungen nach Drucklegung leider nicht auszuschließen. Dafür kann der Verlag keine Haftung übernehmen. Berichtigungen, Kritik und Verbesserungsvorschläge sind uns jederzeit willkommen, bitte informieren Sie uns unter:

Verlag Karl Baedeker/Redaktion
Postfach 3162
D-73751 Ostfildern
Tel. 0711 4502 262
smart@baedeker.com
www.baedeker.com

FSC
www.fsc.org
MIX
Papier aus verantwortungsvollen Quellen
FSC® C020056

10 GRÜNDE WIEDERZUKOMMEN

1. So viel **Sonne** wie in der Provence gibt es sonst nirgendwo in Frankreich.
2. Die **Kunstmuseen** bieten auch noch beim zehnten Besuch tausend Überraschungen.
3. Selbst im September **Wassertemperaturen** von über 20 °C im Mittelmeer sind ein Vergnügen.
4. Der **Frühling** beginnt hier schon Mitte Januar mit der ersten Mimosen- und Mandelblüte.
5. Die **Mittelmeerküche** mit viel Gemüse und Olivenöl ist so gesund und schmeckt so lecker.
6. Die Sonne verwöhnt auch die biologisch angebauten Reben für **köstliche Tropfen.**
7. Die **Paläste der Belle Époque** an der Küste sind nach 100 Jahren noch eine Augenweide.
8. **Mittelalter kann so schön sein,** wenn Dörfer wie Lourmarin liebevoll in Schuss gehalten werden.
9. Für die **Fülle an architektonischen Schätzen** reicht ein Besuch keineswegs aus.
10. Jede der Inseln **Porquerolles, Port-Cros** und **Levant** ist einen eigenen Urlaub wert.